Jamais sans elles

DES MÊMES AUTEURS

L'Elysée. Coulisses et secrets d'un palais, Plon, 2012.
Les Flingueurs. Anthologie des cruautés politiques, Plon, 2014.

Patrice Duhamel

Cartes sur table : entretiens avec Renaud Revel, Plon, 2010 (avec Alain Duhamel).

Jacques Santamaria

Un cœur oublié (scénario du film), Florent Massot, 2002.
La Reine et le Cardinal : les amours secrètes de Mazarin et Anne d'Autriche (avec Emmanuel Haymann), Michel Lafon, 2008.

Patrice Duhamel
Jacques Santamaria

Jamais sans elles

Des femmes d'influence pour des hommes de pouvoir

PLON
www.plon.fr

12, avenue d'Italie
75013 Paris
Tél. : 01 44 16 09 00
Fax : 01 44 16 09 01
www.plon.fr

ISBN : 978-2-259-22969-2

à nos épouses

à Augustin

à Marie
à Madeleine

aux femmes qui apportent
aux hommes politiques courage,
lucidité, intelligence et culture

« De quoi vous mêlez-vous, ma chère sœur,
de déplacer des ministres, d'en faire renvoyer
un autre sur ses terres, de faire donner tel
département à celui-ci ou à celui-là, de faire gagner
un procès à l'un, de créer une nouvelle charge
dispendieuse à votre Cour ; enfin de parler d'affaires,
de vous servir même de termes peu convenables à
votre situation ? Vous êtes-vous demandé, une fois,
par quel droit vous vous mêlez des affaires du
gouvernement et de la monarchie française ? Quelles
études avez-vous faites ? Quelles connaissances
avez-vous acquises pour oser imaginer que
votre avis ou opinion doit être bon à quelque
chose, surtout dans des affaires qui exigent
des connaissances si étendues ? »

Lettre de l'empereur d'Autriche Joseph II
à sa sœur Marie-Antoinette, reine de France

« La politique, c'est les femmes. »

Talleyrand

Avant-propos

La marquise de Lambert, femme d'esprit et d'influence, qui publia en 1726 un ouvrage intitulé *Avis d'une mère à son fils,* aimait à raconter aux habitués de son salon – parmi lesquels Fénelon, auteur d'un *Traité de l'éducation des filles* – l'histoire de cet ambassadeur de Perse demandant à l'épouse de Léonidas pourquoi, à Lacédémone, on honorait les femmes avec tant de ferveur. La réponse fut aussi juste que poétique : « Parce qu'elles seules savent faire des hommes. »

Nous avons eu tout loisir de méditer cette belle réplique au moment où les recherches pour nos deux précédents livres nous apportaient d'inattendues et précieuses informations sur la vie des hommes politiques. Nous découvrions que la plupart d'entre eux devaient quelque chose à une femme, parfois à plusieurs : une éducation, des idées, une pensée, des décisions, des stratégies, des alliances, des rejets, des choix de carrière, et au final la carrière elle-même.

Il n'en fallait pas davantage pour nous inciter à poser un autre regard sur les hommes de pouvoir. L'idée de nous intéresser à quelques fauves politiques d'hier et d'aujourd'hui qui ont été aidés, soutenus, poussés à la réussite par des femmes, s'est finalement imposée. Nous avons choisi vingt-six personnalités au destin romanesque, dans une période allant, à peu près, de la Révolution à nos jours. Et nous avons observé la place que les femmes tenaient dans leur vie politique.

Mais de quelles femmes parlons-nous ? La palette est large : grands-mères, épouses, compagnes, maîtresses, filles, nièces, cousines, conseillères, et avant tout… mères.

« Avec l'amour d'une mère, la vie vous fait à l'aube une promesse qu'elle ne tient jamais », écrivait Romain Gary. Les mères ont ici la première place. Le plus souvent ce sont elles qui ont marqué l'enfant, façonné l'adolescent, et pour certaines orienté la personnalité de l'homme mûr. On découvrira le rôle déterminant qu'ont joué les mères de Napoléon, Clemenceau, Jaurès, Pompidou, Giscard, Badinter, Juppé, Sarkozy, Hollande et bien d'autres encore.

Le lecteur sera peut-être surpris de trouver au fil des rencontres une grande diversité pour un même rôle. Ainsi des épouses. Rien de commun, on s'en doute, entre Jeannette Thorez-Vermeersch et Bernadette Chirac, mais on verra qu'une influence idéologique, surtout étalée au grand jour, a souvent été moins efficace qu'une aide personnelle permanente mais discrète, présence rassurante faite de conseils et d'encouragements.

François Mitterrand goûtait cette pensée de Jacques Chardonne : « Les liens entre les êtres ne sont pas à notre disposition. » On pourrait ajouter : encore moins quand il s'agit des liens de famille. Influences remarquables des nièces, comme ce fut le cas pour Geneviève de Gaulle ; des filles, à l'image de Claude Chirac ; des cousines, comme la princesse Mathilde Bonaparte aux côtés de Napoléon III. Quant aux relations entre certains hommes d'Etat et leurs irremplaçables grands-mères, on s'amusera à établir un parallèle – qui ne sera pas le premier – entre Talleyrand et François Mitterrand.

Hors de la famille, on constatera que les conseillères, même lorsqu'elles ne deviennent jamais ministres, comme Marie-France Garaud, se sont accaparé la part d'influence la plus importante auprès des hommes politiques dont elles ont modelé la carrière, et jusqu'à la vie personnelle.

Aucun de ces hommes n'aurait franchi les étapes les conduisant au pouvoir sans ces femmes dont nous racontons l'histoire. Ainsi l'adage populaire qui nous dit que derrière chaque grand homme se cache une femme se vérifie-t-il une fois encore.

Précisons toutefois que, dans notre esprit, le rôle des femmes en matière de pouvoir ne se limite pas à influencer les hommes. Mais parler des femmes de pouvoir elles-mêmes, et en conséquence des hommes susceptibles d'avoir sur elles une influence, c'est aborder la suite naturelle de ce livre, qui pourrait s'intituler *Jamais sans eux*... Mais pourra-t-on jamais répondre à la question fondamentale, déjà au cœur de cet ouvrage : qui détient réellement le pouvoir ? Celle ou celui qui officiellement l'exerce, ou bien celle ou celui qui l'influence ?

Patrice DUHAMEL
Jacques SANTAMARIA
Août 2015

Charles-Maurice de Talleyrand-Périgord

A la recherche du « bonheur d'aimer »

En cet été 1754, l'enfant n'a pas encore six mois. Sa nourrice doit s'occuper de lui mais aussi de ses frères de lait, et la pauvre femme n'a guère le temps de distribuer de l'affection. Il faut souvent séparer les petits pensionnaires impatients quand vient l'heure de donner le sein. Elle installe l'enfant sur une commode, dans l'espoir qu'il cesse de pleurer. Mais les larmes jaillissent plus fort encore. Il tend les bras et tombe. Les cris emplissent la maison du faubourg Saint-Jacques. La nourrice se dit que s'il s'est fait mal, il n'en restera rien quand elle lui aura donné le lait. Elle ne saura jamais que le pied droit de l'enfant vient de se briser. Et que Charles-Maurice de Talleyrand-Périgord boitera toute sa vie[1].

Que disent le père de l'enfant, Charles-Daniel, et la mère, Alexandrine-Victoire-Eléonore de Damas d'Antigny ? Rien. Le jour même de sa naissance, le 2 février 1754, Charles-Maurice a été baptisé et immédiatement confié à la nourrice.

1. Cette explication, donnée par Talleyrand lui-même dans ses *Mémoires*, s'oppose aux recherches, historiques et médicales, les plus récentes. Talleyrand serait, en fait, né avec un pied bot.

Il restera quatre longues années dans la maison du faubourg Saint-Jacques, sans que ses parents se préoccupent de son sort. En 1792, Talleyrand, alors en exil à Londres, osera cette confidence – lui qui en était si avare, car s'épancher ou se plaindre lui semblaient indigne : jamais sa mère, ni son père, ne l'avaient embrassé. Jean Orieux note avec justesse : « Ce qu'il y a de plus dramatique pour cet enfant exceptionnellement fin, sensible et observateur, c'est qu'il reçut l'affront ineffaçable de ses propres parents. [...] Toute la suite sort de là ! Plus tard, tous les affronts, tous les dangers, toutes les injures s'émoussèrent contre ce désespoir incurable[1]. »

En 1758, Talleyrand a quatre ans. Vont alors commencer deux années et demie de félicité dont lui-même ne pouvait rêver. Le petit infirme, qui porte en lui une autre douleur, celle de l'enfance sans amour, est confié à sa grand-mère – en fait son arrière-grand-mère[2] – Marie-Françoise de Rochechouart-Mortemart, princesse de Chalais. Dans ses *Mémoires*, Talleyrand évoque cette femme qui avait soixante-douze ans quand elle l'accueillit à Chalais, près d'Angoulême : « [...] elle me fit connaître un genre de douceur que je n'avais pas encore éprouvé. C'est la première personne de ma famille qui m'ait témoigné de l'affection, c'est la première aussi qui m'ait fait goûter le bonheur d'aimer. Grâces lui en soient rendues... Oui, je l'aimais beaucoup ! Sa mémoire m'est encore très chère. Que de fois dans ma vie je l'ai regrettée ! Que de fois j'ai senti avec amertume

1. Jean Orieux, *Talleyrand ou le Sphinx incompris*, Flammarion, 1970.
2. Dans ses *Mémoires*, Talleyrand explique : « Quoique Madame de Chalais fut ma bisaïeule, il a toujours été dans mes habitudes de l'appeler grand-mère, je crois que c'est parce que ce nom me rapproche davantage d'elle. »

le prix dont devait être une affection sincère trouvée dans sa propre famille[1]. »

Auprès de sa grand-mère, Charles-Maurice découvre l'amour maternel dont il a été privé pendant les quatre premières années de sa vie, mais c'est aussi son esprit qui s'éveille et se forme. Talleyrand appartient par sa naissance à la plus haute noblesse de France, et c'est en regardant vivre sa grand-mère, en l'observant et l'écoutant quotidiennement que vont s'ancrer en lui les valeurs de l'aristocratie. La vraie, celle qui porte en elle des siècles d'histoire et qui disparaîtra avec la monarchie. Il s'agit moins d'une position sociale que d'une manière d'être, faite de bonne tenue et de respect, envers les plus humbles pour commencer, de générosité sans familiarité, de distinction sans arrogance et de charme sans ostentation. Toutes façons « à l'ancienne », pourrait-on dire. Il écrira à la fin de sa vie : « L'élégance et la simplicité réunies sont pour toute chose et toute personne le caractère distinctif de la noblesse. » C'est une véritable éducation que Talleyrand reçoit de sa grand-mère. Toute sa vie, il impressionnera ses interlocuteurs par sa façon d'agir et de parler, mélange de douceur et de lenteur. Ce style impassible, propre à entretenir les mystères, s'il en a exaspéré plus d'un, s'est révélé fort utile à la diplomatie française. Tout ce que le très jeune Charles-Maurice a vu et entendu à Chalais lui a été précieux viatique. Rien qui ne s'apprenne vraiment, mais tout qui se mêle harmonieusement pour forger une personnalité. « [...] si j'ai gardé, en différentes circonstances, quelque élévation sans aucune hauteur, si j'aime, si je respecte les vieilles gens, c'est à

1. Talleyrand, *Mémoires*, Plon, 1957.

Chalais, c'est près de ma grand-mère que j'ai puisé tous les bons sentiments dont je [la] voyais entourée [...][1]. »

En 1760, Charles-Maurice quitte Chalais et sa grand-mère, qu'il ne reverra jamais. Les larmes furent longues à se tarir. Il n'oubliera pas cette femme d'exception, ni ces deux années qui marqueront toute sa vie. Emmanuel de Waresquiel a souligné un passage des *Mémoires* qui lève le voile sur cette période de la vie de Talleyrand, de sa naissance à son départ de Chalais : « La manière dont se passent nos premières années influe sur toute la vie, et si je vous disais de quelle façon j'ai passé ma jeunesse, vous arriveriez à vous moins étonner de beaucoup de choses[2]. »

Le frère cadet de Talleyrand, Archambaud, avait perdu son fils aîné en 1808. Des deux enfants qu'il lui restait, Edmond devait devenir l'héritier de Talleyrand. Le mariage d'Edmond va occuper son oncle une bonne partie de l'année 1808. Il y apporte un soin particulier, et use de toute son influence pour convaincre la promise qu'il a lui-même choisie... Il s'agit d'une des filles de la duchesse de Courlande, Dorothée. Talleyrand fait jouer toutes sortes de relations dans l'Europe entière – Dorothée est prussienne – mais rien n'y fait. Elle ne veut pas d'Edmond, dont le manque de personnalité la désespère. « Il était impossible d'augurer de son caractère et de son esprit, car personne n'a jamais fait autant d'usage... du silence », rapporte-t-elle dans ses *Mémoires*[3].

1. Talleyrand, *Mémoires*, *op. cit.*

2. Emmanuel de Waresquiel, *Talleyrand, le prince immobile*, Fayard, 2003.

3. Dorothée, princesse de Courlande, duchesse de Dino, *Mémoires*, 7 tomes, textes établis par Clémence Muller, Paleo, coll. « Sources de l'histoire de France », 2003-2004.

Il faudra user d'un stratagème assez bas, auquel Talleyrand n'est sûrement pas étranger – faire croire à Dorothée que l'homme qu'elle aime venait de se marier avec une autre – pour qu'enfin elle consente, avec tout le dépit qu'on imagine, à épouser Edmond. Ce dernier n'avait en fait pas plus envie de se retrouver enchaîné par les liens du mariage que Dorothée d'épouser cet Edmond sans envergure, mais il fallait en passer par ce que l'oncle voulait. Double avantage que ce mariage aux yeux de Talleyrand : Edmond épouse une fortune qui ne peut être que la bienvenue, et le prince en profite pour établir, notamment avec le tsar, des relations d'amitié et de confiance qui ne manqueront pas de servir le moment venu...

Le mariage de Dorothée de Courlande et du comte Edmond de Périgord se déroule en avril 1809. Les jeunes époux s'installent à Paris chez Talleyrand. Les débuts sont difficiles. Edmond est le plus souvent absent – il est colonel dans l'armée de Murat –, et serait-il là que Dorothée ne se sentirait pas moins perdue. Elle n'a que seize ans et n'est pas chez elle à Paris. La France, c'est l'étranger, et cet oncle de cinquante-cinq ans ne lui prête guère attention. Elle a démontré, en n'acceptant pas facilement d'épouser Edmond, qu'elle était douée de caractère et, fort heureusement, elle n'entend pas le mettre de côté dans ce milieu qui lui est plutôt hostile. Pourquoi faire comme tout ce monde qui grouille autour du prince, son oncle ? Le seul sujet digne d'intérêt, c'est lui. Tous les jours elle l'observe. Mieux, elle l'étudie. Que cache son impénétrable visage ? Qu'y a-t-il derrière cette humeur égale ? Faut-il constamment se méfier de lui, ou tenter de percer ses secrets ? Ce que va découvrir Dorothée au fil des années, nous le savons depuis ce séjour de Talleyrand auprès de sa grand-mère cinquante ans plus tôt : il a un cœur. Il n'est pas qu'une mécanique intelligente, il est aussi l'homme d'une conscience et d'un courage. Elle écrira dans ses *Mémoires* : « Il y avait, sous la noblesse de ses traits, la lenteur de ses mouvements, le sybaritisme de ses habitudes, un fond de témérité audacieuse qui éclatait par moments, révélait tout un ordre nouveau de facultés et le rendait, par le contraste même, une des plus originales et des plus attachantes créatures[1]. »

Le temps devra passer avant que Talleyrand s'intéresse à Dorothée. Il faudra attendre qu'elle mette au monde son premier enfant ; qu'elle souffre des incartades d'Edmond, plus irresponsable que jamais, qui dilapide au jeu l'argent de son épouse et multiplie les aventures galantes ; il faudra endurer les vexations de Napoléon visant « ces pauvres Périgord » – donc Talleyrand lui-même ; il faudra même supporter la cour pressante que lui fait un fidèle de son oncle, le comte de Narbonne, lequel finit par s'attirer une cinglante remarque du prince : « Tais-toi, Narbonne, madame de Périgord est trop jeune pour te comprendre et trop allemande pour t'apprécier[2]. » A partir de là, le regard de Talleyrand sur Dorothée va changer. Cette nièce qui s'ennuie fort comme dame d'honneur de l'Impératrice, cette épouse bien seule dans le tourbillon de la Cour où on la méprise, cette petite protestante qui s'est convertie au catholicisme, ne lui donne-t-elle pas tous les gages de sincérité et d'attachement ? En 1814, les choses prennent tournure alors que l'Empire se défait. Les puissances alliées s'installent à Paris et Napoléon s'apprête à abdiquer. Le 10 avril, Talleyrand reçoit à dîner le tsar Alexandre, mais exige que Dorothée joue le rôle de

1. Dorothée, princesse de Courlande, duchesse de Dino, *Mémoires*, *op. cit.*

2. Jean Orieux, *Talleyrand ou le Sphinx incompris*, *op. cit.*

maîtresse de maison. Bon calcul politique. On ne voit qu'elle. La jeune fille maigre et renfrognée est devenue une belle et rayonnante jeune femme. De ce 10 avril 1814 il est permis de dater les véritables débuts de Dorothée dans la vie de Talleyrand, et de l'influence qu'elle y exercera.

Arrive le temps du congrès de Vienne. Talleyrand va y représenter la France, laquelle ne pèse guère face à ses vainqueurs[1]. A Paris, où Louis XVIII a retrouvé son trône, c'est la fièvre des préparatifs. Talleyrand, haï des fidèles de l'Empereur, est tout absorbé par la tâche qui l'attend. Il n'en trouve pas moins le temps, chaque jour, de partager le terrible chagrin de Dorothée, qui vient de perdre une petite fille. Ces prévenances, ces mots consolants, cette présence, tendre et affectueuse, permettent à la jeune femme de surmonter l'épreuve et de comprendre que, au fond, il n'y a pas dans sa vie homme meilleur que cet oncle, seul bonheur d'un mariage raté. Edmond, tout à la joie d'avoir été promu général, s'efface sans regret de l'existence de Dorothée. Pourquoi, de son côté, éprouverait-elle des remords, lorsqu'elle part le 16 septembre 1814 pour Vienne, où Talleyrand veut qu'elle occupe, à ses côtés, la première place ? Le congrès de Vienne va être, sur le plan politique, une fantastique partie d'échecs – tout le monde ne peut prétendre être un joueur de génie comme Talleyrand – et la plus vaste scène où se donnera la comédie humaine. Trahisons, séductions, retournements, alliances nouées ou défaites en une nuit... « A Vienne, la cuisine se fait dans les alcôves », note le prince. Dorothée éblouit jusqu'aux ennemis de son oncle – qui *a priori* n'en manque pas. Il a soixante

1. Le congrès de Vienne, qui rassemblait les vainqueurs de Napoléon (Russie, Autriche, Prusse, Angleterre), avait pour but de se partager l'Empire. Talleyrand imposera la France comme puissance à part entière et empêchera le dépeçage voulu par les Alliés.

ans, elle en a vingt-deux. C'est, à Vienne, le seul couple que l'on voit, que l'on envie, que l'on admire. Elle est resplendissante chaque soir qu'elle reçoit dans le magnifique palais Kaunitz où s'est installée la délégation française. Son intelligence fait autant de ravages que sa beauté. On l'aura compris, elle ne s'arrête pas à ce rôle décoratif pour réceptions somptueuses. Auprès de son oncle, qui sans doute n'a jamais été autant subjugué par une femme, elle se fait confidente, conseillère et stratège remarquable. Les puissances alliées, les cours d'Europe qui ont vaincu Napoléon, elle les connaît. Quand Talleyrand lui demande son avis sur la façon d'agir, elle raisonne comme si elle avait à résoudre un problème de mathématiques. Elle est la force, il est la finesse. Elle a pour elle la spontanéité et l'ambition ; il possède le flegme, l'expérience, et l'intuition. A eux deux, ils peuvent déjouer un calcul de l'adversaire. Tout ne va pas sans heurts, bien sûr. Au cours des négociations auxquelles Talleyrand seul participe, il faut ruser, mentir, amadouer, menacer – à ce jeu-là, il ne craint personne –, mais l'oncle et la nièce parviennent à gagner sur presque tous les tableaux. Par l'intelligence, le rayonnement, et cette entente unique, qui n'est jamais donnée d'emblée, privilège des cœurs blessés et des amants heureux. Car ils appartiennent désormais à l'une et l'autre catégorie. Cette belle complicité a toutefois à subir, pour Talleyrand du moins, de douloureux revers. A l'âge qui est le sien, Dorothée ne peut se contenter d'un amant sexagénaire, fût-il le plus grand diplomate d'Europe. Dans les coulisses du congrès de Vienne, elle multiplie les aventures. Celle qui la jette dans les bras du comte de Clam va durer bien trop longtemps aux yeux de l'oncle, qui en souffre, au point, une fois rentré à Paris, d'apparaître comme abattu et vieilli. On parlerait aujourd'hui de dépression. En fait, il redoute plus que tout, en cet été 1815, que Dorothée ne le quitte, la liaison avec Clam prenant un tour sérieux. Il faudra pour Talleyrand attendre le début de l'année 1816 pour qu'elle lui revienne, et définitivement. Il lui écrit : « Convenez que nous aurions grand tort de nous passer l'un de l'autre, car je perdrais mon mouvement et vous votre repos. »

En retrouvant Dorothée, Talleyrand renoue avec la vie. Du château de Valençay – qu'il a acheté en 1803 à Bourbon-l'Archambault – où il prend les eaux –, des Pyrénées à Marseille, ils voyagent et ne se quittent plus. C'est un bonheur pour Dorothée de recevoir en 1817 le titre de duchesse de Dino (cadeau du roi de Naples pour le neveu de Talleyrand, Edmond, mari de Dorothée). C'est un plus grand bonheur encore quand, en décembre 1820, Dorothée donne naissance à la petite Pauline. Talleyrand en est-il le père ? Tout l'indique. Pour éviter le scandale, Edmond a été prié, au début de la même année, de se montrer chez Talleyrand – sans pour autant avoir de relations avec Dorothée... Pour prix du silence, Talleyrand a payé les dettes de son neveu et lui a obtenu la Légion d'honneur. Edmond se montre satisfait de ces arrangements. Que son oncle soit le père de l'enfant de sa femme ne le trouble pas vraiment. A ce stade, on ne parle plus de complaisance, mais de participation.

Louis XVIII meurt en 1824, son frère Charles X monte sur le trône. Talleyrand et Dorothée vivent comme vit un couple. Ils séjournent souvent à Rochecotte, en Touraine, où Dorothée a acheté une magnifique propriété. La politique n'a pas disparu des préoccupations. Adolphe Thiers, que la duchesse aime beaucoup, est un des premiers à être reçu à Rochecotte. « Nous pensons souvent à vous et nous causons de votre destinée. Elle nous intéresse beaucoup », écrit Dorothée au futur président de la IIIe République. Le

« nous » en dit beaucoup sur la part que prend Dorothée dès qu'il s'agit de questions politiques. C'est vrai depuis le congrès de Vienne, mais son influence s'est encore renforcée à l'approche de 1830. Le château de Rochecotte est d'ailleurs le cadre de rencontres, pour ne pas dire d'intrigues, destinées à favoriser l'accession au pouvoir de Louis-Philippe. C'est le choix commun de Talleyrand et Dorothée. Choix judicieux. En 1830, Louis-Philippe devient le roi des Français. Talleyrand est alors, aux yeux de la plupart des gens de Cour, « un historique vieillard », selon une formule en vogue[1]. Il est vrai qu'il a soixante-seize ans, et que Dorothée, auprès de cet homme qu'elle continue d'aimer et d'admirer, trouve parfois le temps long. Ces dernières années, elle a multiplié les escapades, surtout dans les villes d'eaux, plus probablement pour retrouver des amants que pour soigner une santé défaillante. Et voilà qu'arrive l'inattendu, ou peut-être le secrètement espéré... Louis-Philippe insiste auprès de Talleyrand pour qu'il accepte l'ambassade de France à Londres. C'est bien tard, songe Talleyrand. C'est idéal, pense Dorothée. Elle voit bien que c'est là le moyen de ragaillardir cet oncle qui se laisse glisser nonchalamment vers le grand âge, et, pour elle, qui a trente-sept ans, ce n'est rien de moins qu'un sauvetage. Elle va pouvoir quitter cette société parisienne qui ne l'a jamais aimée et retrouver un rôle à la hauteur de son ambition, qui est grande. Un rôle politique, naturellement, comme au congrès de Vienne, dont la nostalgie vient toujours la titiller. Londres est désormais la place internationale qui compte, elle le sait. Son oncle, s'il est toujours vilipendé à

1. La formule est attribuée au comte Molé, un des plus remarquables exemples de « girouette » en 1815. Après avoir servi avec zèle Napoléon, il se retrouve ministre de la Marine sous la Restauration, puis ministre des Affaires étrangères de Louis-Philippe.

Paris, jouit à l'étranger d'une insurpassable réputation : il incarne la France. Elle le sait aussi. Il ne faudra pas à Dorothée beaucoup de temps pour convaincre le vieil homme, malgré quinze années d'absence aux affaires, de reprendre le collier.

A Londres, Talleyrand et Dorothée font merveille. On se croirait à Vienne seize ans plus tôt. On fête Talleyrand, on admire Dorothée. Le vieux diplomate a refusé les collaborateurs que le ministre français des Affaires étrangères, le comte Molé, voulait lui imposer. Talleyrand a choisi comme premiers secrétaires... sa nièce et un certain Fourier de Bacourt, lequel, au passage, deviendra l'amant de Dorothée. Il ne faut pas croire que cette vie brillante se résume à des réceptions grandioses auxquelles tout le monde se précipite. L'activité diplomatique est intense, et la vision politique qui habite Talleyrand, et que partage sa nièce, traduit une réflexion poussée et lucide. Ainsi cette confidence faite à Lamartine, qui le visite en 1831 : « J'ai quatre-vingts ans, je vois plus loin que ma vue, vous aurez un grand rôle dans les événements qui succéderont à Ceci [par « Ceci », Talleyrand entend le règne de Louis-Philippe]. J'ai vu les manèges des cours, vous verrez les mouvements bien autrement imposants du peuple[1]. » Difficile de se montrer plus visionnaire ! Dix-sept ans avant la Révolution de 1848, Talleyrand annonce le retour de la République. Dorothée fait de même en entretenant avec Adolphe Thiers une correspondance suivie, où elle l'encourage discrètement à attaquer les ministres de Louis-Philippe...

1. Rapporté par Lamartine dans l'un des entretiens de son *Cours familier de littérature*.

En 1834, Talleyrand songe que sa carrière est accomplie et que sa place est désormais à Valençay, parmi les siens. Dorothée, qui l'avait si fort exhorté à accepter l'ambassade de Londres, le conforte dans cette voie en lui faisant valoir avec délicatesse que le temps est venu de se retirer : « Déclarez-vous vieux pour qu'on ne vous trouve pas vieilli ; dites noblement, simplement, avant tout le monde : l'heure a sonné. » Il suit le conseil et adresse sa démission en novembre 1834 – c'est Dorothée elle-même qui rédige la lettre. A Adolphe Thiers elle écrit : « Nous serons bientôt oubliés, c'est ce qui nous convient. Nos vrais amis nous resteront, vous surtout, je le sais, et je vous en remercie. » En lui conseillant cette retraite, Dorothée agit en faveur de son oncle de sa manière la plus personnelle, car elle répond à un unique et noble souci : que le prince de Talleyrand demeure le prince de Talleyrand, et que jamais il n'apparaisse diminué par l'âge, les faiblesses de l'esprit ou les trahisons du corps.

L'oncle et la nièce partagent leur temps entre Paris – l'hôtel particulier de la rue Saint-Florentin, acheté en 1812 –, Valençay et Rochecotte. C'est là que Dorothée, en 1836, organise la seule rencontre entre Talleyrand et Balzac, lequel lui déplaît. Le prince, lui, est de plus en plus présent auprès de Pauline, sa petite-nièce, la fille de Dorothée – probablement, nous l'avons vu, sa propre fille. Il est attentif à son éducation, ses divertissements, et se montre particulièrement touché par la piété de la jeune fille. Comme peut l'être un père.

L'ultime influence que Dorothée va avoir sur son oncle se situe dans un domaine plus inattendu. Il fallait qu'avant de mourir Talleyrand se mît en règle avec l'Eglise, faute de quoi la sépulture religieuse lui aurait été refusée. On sait que Talleyrand, ancien évêque d'Autun, s'était détourné de l'Eglise pour se consacrer aux affaires publiques, mais, le fait était plus grave, qu'il avait, sur injonction de Napoléon, épousé civilement en 1802 Mme Grand, la belle Indienne qu'il avait installée sous son toit. Cette épouse délaissée était morte en 1834, mais cela ne suffisait pas à l'Eglise pour absoudre le prince de tous ses péchés. Dorothée s'entremet alors pour que son oncle quitte ce monde l'âme en paix. Mais ce qui convainc Talleyrand de signer le document où il reconnaît ses fautes, ce sont moins les tractations avec le clergé que mène Dorothée, que l'idée qu'elle a de demander l'intervention de Pauline. La jeune fille a maintenant dix-huit ans et sa piété, toujours aussi vive, touche Talleyrand aux larmes. Se souvient-il à cet instant que la devise de sa famille est : « Rien que Dieu » ? Le jeudi 17 mai 1838, après avoir signé la déclaration, peut-être se sent-il plus apaisé sur le plan spirituel, mais, au fond de son cœur, il se passe autre chose. Cet homme dont le secret avait été, sa vie entière, un besoin éperdu de tendresse, voit Dorothée et Pauline, terriblement émues, se saisir de ses mains, et tenter de les réchauffer au moment où la vie s'en retire.

Quatre-vingts ans séparent ces deux dates, 1758 et 1838. Deux femmes les incarnent. La première combla de son affection le très jeune enfant, la seconde donna à l'homme vieillissant la force d'être lui-même jusqu'à la fin. Dans la vie du prince de Talleyrand, les femmes furent nombreuses. Mais les deux seules qui eurent sur lui une influence véritable furent bien la princesse de Chalais et la duchesse de Dino.

Napoléon Ier

Madame Mère n'aime pas l'impératrice

Au mois de mars 1805, Napoléon quitte le camp de Boulogne pour rejoindre l'impératrice Joséphine à Aix-la-Chapelle, où est prévue une grande réception en l'honneur de l'Empereur. Sophie Gay, la femme du receveur impérial des finances du département, se réjouit à l'idée d'être présentée à Napoléon. Elle a déjà commis plusieurs ouvrages littéraires, et on loue partout son savoir et sa finesse. Face à Sophie, l'Empereur se montre à la hauteur de sa réputation avec les femmes. « Savez-vous, madame, que je n'aime pas les femmes d'esprit ? » Sophie Gay décoche son plus beau sourire : « Oui, Sire, on me l'a dit, mais je ne l'ai pas cru. » Celui qui entend être le maître de l'Europe n'insiste pas. Cette histoire n'a rien d'anodin. Napoléon et les femmes, c'est le plus souvent un condensé de brusquerie, de machisme et de misogynie avec des manières de soudard[1]. Dès lors, comment considérer qu'une femme ait pu avoir

1. Les femmes ne sont guère mieux considérées par le code civil, promulgué en 1804, voulu par Bonaparte Premier consul, et à la rédaction duquel il a activement participé. Privée de droits civils et politiques, la femme, suivant son statut, dépend de son père ou de son mari. Elle n'a en outre aucun droit sur ses enfants, dont seul le père est responsable.

une influence, même minime, sur ce tyran qui fut aussi un génie ? Et pourtant...

Letizia Bonaparte née Ramolino n'a jamais eu pour ambition que le bonheur et le bien-être de ses huit enfants. A dix-neuf ans, elle met au monde son deuxième fils, baptisé Napoléon. Dès son jeune âge, à Ajaccio, ce garçon à qui on trouve une tête trop grosse manifeste une tendance à l'autorité qui ne va pas sans querelles, d'abord avec son frère aîné Joseph, puis avec sa mère. Letizia n'est pas du genre à subir. Dans son roman *Letizia R. Bonaparte, la mère de toutes les douleurs*, Patrick de Carolis a repris les confidences de Letizia au soir de sa vie : « A la moindre observation, Napoléon avait tendance à s'emporter, mais avec moi il se retenait. J'étais la seule à pouvoir lui tenir tête. Il respectait mon jugement mais ne le suivait pas pour autant[1]. » Excellent élève pour le calcul, plus tard pour les mathématiques, Napoléon entraîne ses jeunes camarades à le suivre pour affronter d'autres gamins. Il aime à échafauder des plans guerriers. Dans ses *Souvenirs*, Letizia reconnaît l'avoir encouragé au métier des armes, ne serait-ce qu'en offrant à l'enfant batailleur un tambour et un sabre de bois[2]. La légende rapporte que, sur le chemin de l'école, Napoléon échangeait le petit morceau de pain blanc que lui avait donné sa mère contre le pain de munition d'un soldat, au motif qu'il lui fallait, lui le futur chef de guerre, s'habituer à manger de ce pain. Letizia ne décourageait pas ce genre de troc, au contraire. Ce qu'elle recherchait pour ses enfants, ce n'était pas tant des carrières glorieuses que des situations

1. Patrick de Carolis, *Letizia R. Bonaparte, la mère de toutes les douleurs*, Plon, 2014.

2. *Souvenirs*, dictés par Madame Mère à Rosa Mellini, dame de compagnie.

où ils seraient sûrs de ne manquer de rien. Fort heureusement, ces deux visées n'étaient pas incompatibles. Précisons que Letizia Bonaparte était d'une avarice rare, et que ce trait de caractère ne la quitta jamais. « Elle me donnait l'orgueil et prêchait la raison, dira Napoléon. [...] elle était par trop parcimonieuse, c'en était ridicule[1] [...] » Ce souci d'être à l'abri du besoin et de protéger sa famille la poussa à rappeler à Napoléon, à chaque étape de sa glorieuse destinée, qu'il avait une famille, des frères et des sœurs dont il fallait qu'il s'occupât, lui à qui la fortune ouvrait grand les bras. De ce côté-là, Napoléon aura scrupuleusement respecté les désirs de sa mère. Il a fait rois, reines, princes, princesses, pour le moins ministres, ses frères et sœurs, qui ne se distinguaient par aucun mérite particulier. Les hommes étaient piètres militaires et les femmes ne collectionnaient pas les prix de vertu. Unis par le destin de leur frère, avides à en profiter, mus par une réelle cupidité, Joseph, Lucien, Pauline, Caroline, Jérôme et les autres ont-ils au moins été reconnaissants à Napoléon... et de fait à Letizia ? « Mes frères ont été beaucoup plus rois que moi. Ils ont eu les jouissances de la royauté, je n'en ai eu que les fatigues », dira l'Empereur à la fin de sa vie.

Le soutien, les encouragements de Letizia à Napoléon ne manquent pas. Quotidiens, répétés. Le premier accroc sérieux va concerner Joséphine de Beauharnais. C'est peu dire que Letizia ne l'aime pas. Non seulement Joséphine a déjà deux enfants – aux yeux de sa mère, Napoléon ne peut épouser une veuve chargée d'enfants –, mais Letizia, bien

1. Les propos de Napoléon rapportés dans ce chapitre sont tirés de sa volumineuse correspondance ; du *Journal de Sainte-Hélène*, rédigé par le général Gourgaud, Edition Octave Aubry, 1947 ; du *Mémorial de Sainte-Hélène 1815-1818* d'Emmanuel de Las Cases, Gallimard, 1956.

informée, la sait volage, sans caractère, dépensière, et donc la suppose intéressée. Napoléon continue d'éprouver une vive admiration pour cette « âme forte » qu'est sa mère, mais il ne cède pas à ce qui ressemble de plus en plus à des injonctions. En 1796, il épouse donc Joséphine. Letizia n'approuve pas davantage, huit ans plus tard, l'idée de l'Empire. Son fils, empereur des Français ? Elle n'y voit rien de bon. Pour marquer sa désapprobation, elle refuse tout bonnement d'assister au sacre, en décembre 1804, à Notre-Dame de Paris, bien que l'événement se déroule en présence du pape Pie VII[1]. La réconciliation n'ira pas sans mal. Letizia est sensible au titre que son fils lui accorde par décret du 23 mars 1805, « Altesse impériale, Madame, Mère de l'Empereur », mais continue de se montrer soucieuse que Napoléon n'oublie pas ses frères et sœurs. Elle sera entendue. Vient le temps des distributions de titres, d'honneurs, et des beaux mariages. Joseph est fait roi de Naples en 1806, Elisa princesse de Lucques, Louis roi de Hollande, Caroline grande-duchesse de Berg et de Clèves, Jérôme roi de Westphalie... Madame Mère est satisfaite. Et si elle avait eu tort de s'opposer à l'Empire ? Elle n'y trouve, au fond, que des avantages pour sa famille. « Pourvou qué ça doure », répète-t-elle alors, ignorant que cette seule phrase la conduira à la postérité. En 1808, l'Empereur, totalement réconcilié avec sa mère, lui attribue une rente viagère d'un montant annuel d'un million de francs. Elle accepte volontiers, mais, ne s'étant jamais départie de son avarice, entend

1. Le tableau de David intitulé *Sacre de l'empereur Napoléon Ier et couronnement de l'impératrice Joséphine dans la cathédrale Notre-Dame de Paris, le 2 décembre 1804*, montre 191 personnages. Parmi eux, Letizia Bonaparte... qui n'y assistait pas ! Mais David travaillait pour la légende plus que pour la vérité historique. Imaginée par le peintre, Letizia fut donc représentée, admirant son fils dans ce moment de gloire.

ne pas les dépenser. « J'ai été jusqu'à lui offrir des sommes considérables par mois si elle voulait les distribuer, notera plus tard Napoléon. Elle voulait bien les recevoir, mais pourvu, disait-elle, qu'elle fût maîtresse de les garder. Dans le fond, tout cela n'était qu'excès de prévoyance de sa part; toute sa peur était de se trouver un jour sans rien. Elle avait connu le besoin, et ces terribles moments ne lui sortaient pas de la pensée. » L'Empereur savait en fait très bien que, secrètement, sa mère donnait beaucoup d'argent à ses sept autres enfants. L'année 1809 est heureuse pour Letizia : Napoléon divorce de Joséphine, qui ne peut lui donner d'héritier. 1811 est une autre année heureuse : Marie-Louise d'Autriche, que Napoléon a épousée l'année précédente, met au monde le fils tant espéré. Il régnera un jour, dit son père, sous le nom de Napoléon II, et le voici, dès sa naissance, proclamé roi de Rome.

Pourvou qué ça doure... Ça ne dure jamais. A partir de 1813 les épreuves s'accumulent. Si les événements contribuent à détériorer les relations de la fratrie, Madame Mère, elle, est plus que jamais présente. Et voici 1814, *annus horribilis*. Napoléon abdique et s'embarque pour l'île d'Elbe. « Cette même femme à laquelle on eût si difficilement arraché un écu eût tout donné pour préparer mon retour de l'île d'Elbe. » En 1815, au terme des Cent-Jours, Napoléon se prépare à abdiquer pour la seconde fois. « [...] après Waterloo, elle m'eût remis entre les mains tout ce qu'elle possédait pour aider à rétablir mes affaires : elle me l'a offert; elle se fût condamnée au pain noir sans murmure. C'est que, chez elle, le grand l'emportait encore sur le petit. La fierté, la noble ambition marchaient chez elle avant l'avarice. » Certes, Letizia n'a jamais renié ce qu'elle écrivait à Napoléon lorsqu'il était pensionnaire à l'école militaire de

Brienne : « Vous êtes celui de mes enfants que je chéris le plus », mais le bonheur de *tous* ses enfants fut le constant souci de sa vie. Et c'est peut-être là la véritable influence que Letizia eut sur Napoléon. Sans les demandes répétées de sa mère, Napoléon aurait-il distribué autant de titres et de rentes à ses frères et sœurs, aurait-il décidé des mariages des uns et des autres, toutes choses répondant le plus souvent à ses calculs politiques ?

Lorsque, à la fin de l'année 1815, l'Empereur arrive à Sainte-Hélène, Letizia demande à le rejoindre. Elle entreprend toutes les démarches possibles pour se retrouver aux côtés de son fils préféré. Tout lui sera refusé. Elle ne le revit donc jamais après juillet 1815. L'Empereur mourut à Sainte-Hélène en 1821, Madame Mère à Rome en 1836, à l'âge de quatre-vingt-six ans.

A la guerre comme à l'amour. La même volonté, le même acharnement, la même passion, la même fougue. Quand on n'est pas occupé par les affaires de la guerre, on est pris par celles de l'amour, et, pour un homme du tempérament de Napoléon Bonaparte, la différence se ressent-elle ? La « petite Marseillaise » Désirée Clary a dix-neuf ans quand Napoléon la rencontre. Il en a vingt-six. C'est le premier grand amour du général Bonaparte, alors auréolé de ses exploits militaires au siège de Toulon. Les fiançailles sont annoncées. Ce qui n'empêche pas Napoléon de demander dans le même temps la main d'Emilia Laurenti, la fille du riche marchand chez lequel il loge. Sans doute le futur conquérant a-t-il éprouvé quelque chose de sincère pour Désirée, mais les constantes séparations qu'impose la vie d'un militaire, tout comme les manières peu délicates du fiancé, vont dissoudre ce lien amoureux, laissant Désirée au désespoir[1]. Napoléon, lui, n'est pas désespéré. Il a encore le temps de proposer le mariage à une amie de sa mère[2] avant de rencontrer celle qu'il appellera Joséphine...

Marie-Josèphe Rose Tascher de La Pagerie, née en Martinique en 1763, est la veuve du général de Beauharnais, guillotiné en 1794. Elle a deux enfants, Eugène et Hortense, et quand Bonaparte la rencontre en septembre 1795, il en tombe aussitôt amoureux. De son côté, Joséphine n'est pas insensible à ce général plus jeune qu'elle de cinq ans... Cette passion qui s'allume n'exclut pas les intérêts de chacune des parties. Joséphine mène l'existence d'une femme entretenue, qui doit renouveler sa liste de protecteurs potentiels. Bonaparte croit Joséphine riche. C'est un avantage qu'il ne peut négliger. Il aura tout le temps de déchanter. Il sait par ailleurs que Mme de Beauharnais est la maîtresse de Barras, général en chef de l'armée de l'Intérieur, et futur membre du Directoire. Depuis le siège de Toulon, en septembre 1794, Barras a favorisé la carrière militaire de Bonaparte. Mais pour une ambition comme celle du « petit général », être aimé de la maîtresse de son bienfaiteur est aussi un investissement. Il n'ignore pas que Joséphine a eu d'autres amants (sans doute le général Hoche), mais les rumeurs ne font pas renoncer un homme aussi passionnément épris. La belle et langoureuse créole est dotée d'un beau tempérament amoureux, et Bonaparte, espérant de cette liaison d'autres avancées dans sa carrière, n'éprouve aucun scrupule à joindre ainsi l'utile et l'agréable. Lorsque

1. Désirée Clary épousera le général Bernadotte, maréchal d'Empire en 1804, prince héritier puis roi de Suède et de Norvège en 1814.

2. Il s'agit de Mme Permon, Corse d'origine. Sa fille Laure épousera le général Junot, aide de camp de Bonaparte, et deviendra duchesse d'Abrantès.

Barras donne au général Bonaparte le commandement de l'armée d'Italie, au début de l'année 1796, Joséphine lui reproche de l'avoir séduite uniquement pour servir ses intérêts. Bonaparte s'insurge, mais ses apaisantes paroles sonnent faux. De son côté, Barras, roi de la corruption et du cynisme, assure que le commandement de l'armée d'Italie constitue un cadeau de noces pour Bonaparte et Joséphine... qui se marient le 9 mars 1796, une semaine après avoir reçu ce fameux « cadeau ».

Frivole, légère, dépensant sans compter, généreuse de cœur et de corps – après son mariage, Joséphine a pris pour amant le lieutenant de hussards Hippolyte Charles, de dix ans son cadet –, l'épouse de Napoléon Bonaparte – lequel fait la guerre en Italie – ne perd jamais de vue ses buts personnels. Quand son mari, après l'avoir maintes fois suppliée de le rejoindre, l'accueille à Milan, il feint de ne pas remarquer qu'elle est accompagnée de représentants de maisons de commerce avec qui elle s'est entendue : elle recevra une commission sur tous les marchés qu'ils passeront avec l'armée. Joséphine ne se contente pas d'Hippolyte. Bien des officiers de l'armée d'Italie seront des amants de passage. Quand Bonaparte rentre en France en 1799 après l'expédition d'Egypte, il est décidé à divorcer. Tout le clan Bonaparte, Letizia en tête, l'y pousse. Barras notera dans ses *Mémoires*[1] que la famille n'était qu'« oiseaux de proie » attendant « les dépouilles » de Joséphine... Mais Bonaparte ne divorce pas. Il semble bien plus préoccupé par sa carrière et, mieux, par son destin. Il sait ce qu'il vaut, il sait ce qu'il veut. Dix ans après la Révolution, en finir avec elle. Etre le maître. Coup d'Etat de Brumaire et le voici Premier consul.

1. Mercure de France, 2010.

Bonaparte est un travailleur acharné, et les relations orageuses avec Joséphine finissent par s'apaiser. Elle s'occupe au mieux de ses deux enfants, essaie d'entretenir de bonnes relations avec la famille, fait tout ce qui est en son pouvoir pour adoucir la vie de Napoléon. Elle est souriante, attentive, généreuse. Il comprend qu'il peut tirer de la personnalité et du comportement de sa femme un bénéfice politique certain : « Je ne fais que gagner des batailles. Joséphine, par sa bienveillance, gagne les cœurs du peuple. » La popularité de l'épouse du Premier consul est réelle, et rejaillit sur Bonaparte lui-même. L'influence de Joséphine se limite alors à demander à son mari de faire venir plantes et fleurs exotiques qu'elle acclimate, pour certaines avec succès, à la Malmaison, cette maison à la campagne où elle se sent si bien. Elle ne se mêle pas des affaires de l'Etat, mais tente d'éviter à son mari des choix qu'elle pressent dangereux. Lorsqu'il refuse l'idée de restaurer la monarchie, et même toute forme de compromis, ne se voyant pas en connétable de Louis XVIII, Joséphine tente de convaincre Bonaparte que ce serait pourtant la voie la plus sage. Il écoute, marche de long en large, puis déclare : « La difficulté n'est pas de rétablir le roi mais la royauté. » Il est le maître. Il veut le rester. Au dîner, seul moment de la journée qu'il passe avec Joséphine, il s'inquiète régulièrement qu'elle ne lui annonce pas l'heureuse nouvelle que tant il espère : la venue d'un héritier. Indolente, Joséphine, mais pas sotte. Elle comprend le danger. Si elle ne donne pas d'enfant à Bonaparte, il n'hésitera pas à la répudier. Elle voit surtout que plus il deviendra puissant, plus cette menace se précisera. Elle a donc intérêt à jouer auprès de lui un rôle de conseillère pour l'inciter à limiter ses ambitions. Elle le fait franchement lorsqu'il décide de se faire sacrer empereur : « Personne n'en comprendra la nécessité, et tout le monde y verra de l'ambition ou de l'orgueil», écrit-elle. Elle aura le tort d'avoir raison. Cinq ans après le sacre, où Napoléon Ier posa lui-même la couronne sur la tête de Joséphine émue aux larmes, le divorce est prononcé. Entre-temps, le désir d'enfant de Bonaparte s'est transformé en nécessité politique. Il fallait un héritier qui pût régner à la suite de son père. «Je vous aime toujours, dit-il à Joséphine fin novembre 1809, mais en politique, il n'y a pas de cœur. Seule compte la tête.» On rapprochera cette réponse de celle qu'il fit à Germaine de Staël – laquelle se serait bien vue à la place de la «petite créole» – quand elle lui demanda qui serait, aux yeux de Napoléon, la femme la plus remarquable. «Celle qui aurait le plus d'enfants, madame.»

Dans son *Napoléon*, Vincent Cronin note que l'Empereur «avait deux hantises héritées de la monarchie. En même temps qu'il s'était juré de ne jamais tomber sous l'influence des femmes, il s'était promis d'éviter les constructions extravagantes[1]». Encore faudrait-il, pour ne pas subir l'influence des femmes, ne pas les aimer. Et les aimer, c'est déjà accepter leur influence. A cet égard, Joséphine restera la femme que Napoléon Bonaparte aura le plus aimée, et celle, la seule sans doute, dont il aura finalement écouté souvent les conseils de modération. Quant aux amants de Joséphine, ils ne sauraient éclipser en nombre les maîtresses de Napoléon. D'une liste non exhaustive – certains historiens ont totalisé plus de cinquante noms – on retiendra Pauline Fourès, qu'il rencontre en Egypte; l'actrice Mademoiselle George; Eléonore Denuelle de La Plaigne – dont il eut un fils, prénommé Léon; Joséphine Grassini; Marie-Antoinette Duchâtel – qui fit tant pleurer Joséphine, laquelle suppliait

1. Vincent Cronin, *Napoléon*, Albin Michel, 1979.

Napoléon de rompre avec cette rivale... Jusqu'à la douce Polonaise Marie Walewska, qui, en 1807, lors de la campagne de Pologne, exerça malgré elle une curieuse influence sur l'Empereur. Le gouvernement provisoire de Varsovie avait décidé que rien ne devait être négligé pour séduire Napoléon. Marie Walewska faisait, en quelque sorte, partie du dispositif, et pour se faire bien comprendre, les gouverneurs n'hésitèrent pas à rappeler à Marie l'exemple d'Esther, qui avait épousé le roi Assuérus pour sauver son peuple...

Elle a vingt ans, Napoléon trente-sept. Elle est belle et aime son pays, qu'elle veut voir renaître à la liberté. La Pologne a tant de fois été dépecée, le plus souvent au profit des Russes. « Ma petite patriote », dit l'Empereur en parlant de Marie. En 1810, elle lui donne un fils. Il portera un nom de conquérant, Alexandre. La jeune Polonaise, qui avait fait cadeau à Napoléon d'un médaillon portant cette inscription « Quand vous aurez cessé de m'aimer, n'oubliez pas que je vous aime encore », lui restera fidèle jusque dans les derniers moments. En 1814, elle lui rend visite secrètement, avec son fils, à l'île d'Elbe. L'année suivante, après la seconde abdication, elle le supplie en vain de l'autoriser à le suivre dans son exil. Napoléon, qui avait fait à Marie le serment de rendre à la Pologne sa liberté, avait tenu parole. La création du grand-duché de Varsovie en était la preuve. Mais allons plus loin : Napoléon se sent-il lié par ce serment, que renforce encore le sens de l'honneur, lorsque, en 1813, il refuse à Metternich, qui négocie pour le compte des puissances alliées contre la France, de rendre à la Russie cette terre de Pologne que chérit sa « petite patriote » ? On ne peut écarter l'idée que l'une des causes de la guerre et de l'effondrement de l'Empire soit liée à un réel et profond sentiment où se mêlent l'amour et la fidélité.

Le second mariage de Napoléon obéit, plus encore que le premier, à un calcul politique. Avant que de jeter son dévolu sur Marie-Louise d'Autriche, l'Empereur, à peine divorcé de Joséphine, avait demandé la main d'Anna, la jeune sœur – seize ans – du tsar Alexandre Ier. Aux yeux de Napoléon, cette alliance devait garantir la paix et, ce qui n'était en rien négligeable, affermir son propre pouvoir. A Saint-Pétersbourg, l'ambassadeur Caulaincourt avait été prié de récolter tous les renseignements dont l'Empereur avait besoin au sujet d'Anna : « Partez du principe que ce qui est essentiel, ce sont les enfants. Faites-moi savoir quand elle peut être mère, car dans les circonstances présentes, même six mois comptent. » A demande ouvertement politique, réponse politique dissimulée. La cour de Russie se réfugie derrière la nécessité d'attendre les dix-huit ans d'Anna pour opposer un refus à Napoléon. Qui se tourne alors vers l'Autriche, où l'empereur François accueille favorablement l'offre pour sa fille. Napoléon pensait là aussi que cette union favoriserait la paix ou du moins, en cas de conflit, qu'elle assurerait la neutralité de l'Autriche. On peut aujourd'hui encore se demander comment un homme de haute intelligence comme Napoléon a pu négliger que les bonnes dispositions affichées par l'empereur François pourraient un jour se retourner contre lui par faiblesse ou duplicité...

Marie-Louise d'Autriche, dix-huit ans, épouse l'Empereur des Français le 2 avril 1810. Napoléon n'a pas la patience d'attendre l'arrivée de sa future femme à Paris et va à sa rencontre, qui a lieu à Compiègne. Même s'il n'éprouve pas pour Marie-Louise la passion qui le dévora pour Joséphine, l'Empereur est réellement amoureux... et un peu jaloux. Les vingt-deux années qui séparent les deux époux incitent aux précautions. Aucun homme, quel que soit son rang, ne doit entrer chez l'impératrice sans une autorisation écrite de Napoléon en personne. L'Empereur devient père le 20 mars 1811 avec la naissance du roi de Rome. L'empereur d'Autriche dit sa satisfaction d'avoir un petit-fils et Napoléon comble de cadeaux son beau-père. Pressent-il à ce moment-là que la Russie et la Prusse finiront par se réveiller et qu'elles entraîneront l'Autriche ? Sans doute, car Napoléon a l'idée d'instituer Marie-Louise régente pour le temps où il repartira en campagne. Il s'empresse de le faire savoir à son beau-père : « L'impératrice est maintenant mon Premier ministre. » A l'origine de cette décision, nulle demande de la part de Marie-Louise, aucune volonté de participer aux affaires publiques, mais une nouvelle manœuvre de Napoléon pour s'assurer du soutien de l'Autriche, quoi qu'il arrive. Peine perdue. Le 12 août 1813, l'Autriche déclare la guerre. Avec elle, la Prusse, l'Angleterre, la Suède et la Russie veulent en finir avec « l'ogre » Napoléon. C'est le début de la chute. Napoléon redevient chef de guerre. A Marie-Louise, il demande de jouer de son influence : « Ecrivez à votre père, et pressez-le d'être de notre côté et de ne pas écouter seulement les Russes et les Anglais. » Elle obtempère de son mieux, mais quelle terrible position que la sienne ! Comment faire oublier qu'elle est la fille de cet empereur d'Autriche qui livre bataille contre son mari ? Marie-Louise et son fils sont ballottés de Paris à Blois. D'Orléans, elle écrit à Napoléon qu'elle veut le rejoindre, que jamais elle ne l'abandonnera. Mais face à son père l'empereur d'Autriche, que peut-elle exiger ? « [...] je t'aime tant, que cela me déchire le cœur, écrit-elle à Napoléon, alors à Fontainebleau. Je crains que tu ne penses que ce soit un complot que je ne forme contre toi avec mon père [...] je veux partager ton malheur, je veux te soigner, te consoler, t'être utile, et adoucir tes chagrins [...] C'est ton fils qui est bien heureux, il ne sent pas toute l'étendue de son malheur. » Quelques jours plus tard, après avoir prié son père de l'autoriser à accompagner Napoléon en exil, Marie-Louise écrit : « Il a été très tendre et bon pour moi, mais cela a été anéanti par le coup le plus affreux qu'il ait pu me porter. Il m'empêche de te rejoindre, de te voir, il ne veut pas me permettre de faire le voyage avec toi. J'ai eu beau lui représenter que c'était mon destin de te suivre, il m'a dit qu'il ne le voulait pas. » Napoléon et Marie-Louise ne se reverront jamais. Occupée à d'autres amours, elle ne le visitera pas sur sa terre d'exil, contrairement à Letizia Bonaparte et à Marie Walewska. Joséphine, elle, meurt de la diphtérie le 29 mai 1814, vingt-cinq jours après l'arrivée de Napoléon à l'île d'Elbe. Elle ne cessa jamais de parler de lui comme s'il n'avait jamais quitté sa vie.

L'influence qu'exerçait Napoléon sur les femmes fera toujours plus parler que l'inverse. Malgré tout, l'histoire montre que les relations, amoureuses ou pas, ne tournèrent jamais vraiment à son avantage. Il n'hésitait pas à se montrer détestable avec les femmes, et quand il se voulait galant, il était maladroit. Et si, tout simplement, il avait eu à souffrir de timidité, compensée par cette forme d'agressivité derrière laquelle, souvent, se réfugient les conquérants ?

Napoléon III

Hortense et Mathilde, la reine et la princesse

La destinée romanesque de Napoléon Ier ferait presque pâle figure à côté de celle de son neveu Napoléon III. Proscrit, comploteur, soldat, aventurier, séducteur, prisonnier, évadé, éternel conspirateur devenu président de la République puis empereur... Ces vies multiples n'habitent pourtant qu'un seul homme : Louis Napoléon Bonaparte.

Troisième fils de Louis, roi de Hollande, frère de Napoléon, et de son épouse Hortense de Beauharnais, la fille de l'impératrice Joséphine, Louis Napoléon voit le jour en 1808. Le mariage de Louis et Hortense, comme tous les mariages chez les Bonaparte, a été décidé par l'Empereur. Il fallait bien cela pour que ces deux-là s'unissent, puisque nul n'aurait pu trouver un début de sentiment partagé chez les époux. On sait aujourd'hui, grâce aux travaux menés sur l'ADN de Napoléon III, que celui-ci n'était pas un Bonaparte[1]. Certes, la vertu d'Hortense était sujette à des

1. Les résultats de l'étude sur l'ADN de Napoléon III, conduite par le Pr Gérard Lucotte, généticien, à la demande du Souvenir napoléonien, ont été communiqués à la fin de l'année 2013. Louis Napoléon Bonaparte n'était pas le fils biologique du frère de l'Empereur. La suspicion existait depuis

incartades, mais on lui accordera des circonstances largement atténuantes. Insupportable et odieux, le roi de Hollande tourmentait sans cesse son épouse, et sans le veto formel de Napoléon, le divorce aurait été prononcé. Louis Bonaparte avait des doutes sur sa troisième paternité, et le cardinal Fesch, oncle de Napoléon, ne s'était pas privé de les commenter à sa façon : « Quand il s'agit des pères de ses enfants, Hortense s'embrouille toujours dans ses calculs. »

Frappée de bannissement après Waterloo et le départ de Napoléon pour Sainte-Hélène, la famille Bonaparte s'éparpille dans toute l'Europe. Pour Hortense et son troisième enfant, Louis Napoléon, commence alors un périple chaotique qui les mènera jusqu'à Arenenberg, en Suisse, au bord du lac de Constance[1]. En dépit des événements, Louis Napoléon n'est pas un enfant difficile. On le décrit obéissant, aimant, en admiration devant sa mère. Le surnom de « Oui-Oui » qu'elle lui donne convient bien à ce trait de caractère dont il ne se départira jamais, et qui ôte bien des soucis à Hortense : son fils est toujours d'accord sur tout. « Ma grand-mère [l'impératrice Joséphine] me gâtait dans toute la force du terme, écrira Napoléon III, tandis qu'au contraire ma mère, dès ma plus tendre enfance, s'occupait à

longtemps, mais reste à savoir à qui attribuer cette paternité. Le lieu de séjour de la reine Hortense (Cauterets, en 1807), l'entourage, les circonstances incitent les spécialistes à avancer le nom de l'écuyer hollandais d'Hortense, le comte de Bylandt, ou celui d'Elie Decazes, futur préfet et ministre de Louis XVIII, qui était alors conseiller du roi de Hollande Louis Bonaparte.

1. L'aîné des trois enfants, Napoléon Charles, né en 1802, était mort de diphtérie en 1807. Au moment de l'exil des Bonaparte, le cadet, Napoléon Louis, avait rejoint en Italie son père, Louis. Le troisième fils, Louis Napoléon, était resté avec sa mère Hortense. La séparation d'avec son frère avait provoqué un vif chagrin chez Louis Napoléon.

réprimer mes défauts et à développer mes qualités[1]. » Hortense n'a jamais négligé l'éducation de ses enfants. Ainsi, au moment où s'achevait le règne de Napoléon Ier en 1815, elle avait choisi de tenir un langage de franchise et de vérité : « Combien je me félicitai alors d'avoir de bonne heure inspiré à mes enfants de ces principes qui fortifient l'homme contre toutes les vicissitudes de la vie. Je profitai de cette circonstance pour les habituer à ne pas compter sur tout ce qui était en dehors d'eux. Je mis une espèce de satisfaction à leur peindre leur situation présente sous de tristes couleurs et je leur dis gaiement : "Mes enfants, vous n'êtes plus rien. Plus de royauté, de principauté, plus de duchés. Vous en vaudrez peut-être mieux, mais il faudra pour cela être bien obéissants et bien travailler."[2] » Pareil discours peut-il être entendu par un petit garçon de sept ans ? Il y a fort à parier que c'est le cas. Comprendre et admettre qu'on n'est plus rien, n'est-ce pas le moyen, quand on est un enfant ballotté par les duretés de l'exil et l'éclatement de sa famille, de se consoler en pensant qu'on sera à nouveau quelqu'un ?

Si Hortense éprouve des difficultés à trouver un bon précepteur pour Louis Napoléon, elle se réserve bien des aspects de son éducation. Elle seule peut apaiser les angoisses et les cauchemars de son petit garçon, si doux, si généreux. Elle lui parle doucement, lui raconte que la vie inflige bien des épreuves, mais qu'il faut œuvrer sans relâche à sa propre réussite. Et quand Louis Napoléon demande à sa mère si, un jour, la fortune leur sourira, elle répond affirmativement, sans hésiter, en répétant qu'il n'y

1. Cité par André Castelot, *Napoléon III*, Librairie académique Perrin, 1973.
2. *Mémoires de la reine Hortense*, Mercure de France, 2006.

a pas d'heureuse destinée sans ambition. Il n'oubliera jamais la leçon.

Jeune homme, Louis Napoléon a pris de l'assurance, sans jamais se départir d'un calme souriant qui lui est un précieux atout. En Italie il a retrouvé son frère, avec lequel il s'engage contre les Etats pontificaux. Puis tous deux participent à l'insurrection des duchés centraux d'Italie. Les préceptes d'Hortense ont porté. La machine à conquérir le pouvoir est lancée, quels que soient les moyens employés, que la fin justifiera. Mais ce sont les années 1831 et 1832 qui sont les plus déterminantes. Le frère de Louis Napoléon disparaît à la suite d'une épidémie de rougeole[1]. L'année suivante, le fils de Napoléon Ier, l'Aiglon, meurt au château de Schönbrunn, en Autriche. Louis Napoléon se retrouve donc à vingt-quatre ans l'unique héritier de la couronne impériale. Sa mère lui représente l'avantage de cette position inespérée. C'est exactement le genre d'encouragement qu'il lui faut pour partir à la reconquête de ce qui était perdu. Commence alors une longue période faite de complots, d'intrigues, de tentatives de coups d'Etat, de moments d'exil en Angleterre, aux Etats-Unis, en Suisse, où Louis Napoléon circule souvent sous de fausses identités. Emprisonnements et évasions rocambolesques complètent cette existence d'aventurier. Mais il est persuadé qu'il ne fait qu'appliquer les principes que sa mère lui a répétés, en particulier celui-ci : la plus grande force dont on puisse

1. La rougeole reste la cause officielle de la mort de Napoléon Louis. Une autre version, attribuée au médecin de Madame Mère, exilée à Rome, dit que le fils d'Hortense a été tué à la tête des partisans qu'il commandait. Cette mort glorieuse a pu être imaginée de façon à ne pas choquer Madame Letizia, qui aimait profondément ses petits-enfants, et par là même à dissimuler ce que des témoins avaient alors affirmé : Napoléon Louis aurait été assassiné.

jouir, c'est de ne pas se décourager. Si l'adversité déploie ses efforts, il faut l'imiter, et redoubler les siens propres.

En 1837, Louis Napoléon rentre des Etats-Unis, où il s'est refugié, pour se précipiter à Arenenberg au chevet de sa mère qui n'a plus que quelques jours à vivre. Le 5 octobre, elle meurt dans ses bras. Louis Napoléon écrit à son père : « Je viens d'éprouver une perte irréparable. » Quand il ouvre le testament, Louis Napoléon constate pourtant qu'Hortense ne l'abandonne pas. « Je n'ai point de conseils politiques à donner à mon fils : je sais qu'il connaît sa position et tous les devoirs que son nom lui impose. » Mais dans ce même testament, elle va plus loin et se montre fine stratège. Il est acquis que la place à prendre est la première. Il faut juste trouver « l'heure opportune ». Quant à la méthode, Hortense balaie tout scrupule : « Le monde peut bien être pris deux fois au même lacet[1] »...

Devenu Président, Louis Napoléon Bonaparte multipliera les gestes d'hommage à sa mère. Le premier jour de son installation à l'Elysée, il fait placer dans son bureau un petit buste d'Hortense et un autre de Napoléon. Les grands travaux de rénovation du palais qu'il entreprendra plus tard s'accompagneront du percement d'une rue latérale qu'il baptisera rue de la Reine-Hortense. C'est aujourd'hui la rue de l'Elysée.

Dans l'adresse testamentaire à son fils, Hortense fait allusion « au nom qu'il porte ». On sait donc aujourd'hui – et Hortense ne pouvait guère l'ignorer – que, des Bonaparte, Louis Napoléon ne tenait que le nom. Il est une femme qui

1. *Mémoires de la reine Hortense*, *op. cit.*

sut convaincre le futur Napoléon III qu'un nom comme celui-là, alors proscrit dans toute l'Europe, représentait un atout précieux pour l'avenir. Pour peu qu'on sache s'y prendre. En un mot, c'est quand la cote est au plus bas qu'il faut acheter. Cette femme, c'est Mathilde Bonaparte, la fille du dernier frère de Napoléon, Jérôme, roi de Westphalie. La princesse Mathilde a quinze ans lorsque Louis Napoléon la voit pour la première fois au château d'Arenenberg. Il a vingt-sept ans et trouve sa cousine ravissante. Hortense et Jérôme se prennent à rêver : pourquoi ne pas les marier ? L'idée est d'autant plus séduisante que Mathilde, fille de Catherine de Wurtemberg, peut espérer que le tsar Nicolas et le roi de Wurtemberg, ses oncles, la dotent généreusement. Il faut bien vite abandonner l'idée de la dot, mais la vitesse des sentiments étant supérieure à celle des calculs politiques, il faut aussi se résigner à voir les deux amoureux décidés à convoler, persuadés que ce projet aurait été voulu par l'Empereur. Hélas, en l'absence de dot, on n'ira pas plus loin que la remise d'une bague de fiançailles, en avril 1836, au moment où Mathilde va quitter Arenenberg. Les larmes coulent, et deux mois plus tard, la jeune fille toujours éprise écrit à son cousin : « Je vous envoie de mes cheveux : je désire qu'ils vous rappellent, cher Louis, quelquefois, une cousine qui ne cesse de penser à vous et qui vous rend bien toute l'amitié et tout l'attachement que vous lui portez. Adieu, cher, cher Louis, croyez à ma constante amitié que rien ne pourra jamais altérer[1]. »

Les fiançailles ne furent jamais rompues – on considéra simplement qu'elles n'avaient eu qu'un caractère familial et officieux. Une erreur de jeunesse, en quelque sorte. Il

1. Cité par Jean des Cars, *La Princesse Mathilde*, Perrin, 1988.

restait l'attachement, profond et sincère, de deux êtres qui allaient avoir besoin l'un de l'autre. Les années passèrent, avec leur cortège de faux espoirs et de complots sans lendemains. En 1848, la République est proclamée. Louis Napoléon n'a rien oublié des paroles de sa mère, mais sa nature profonde exige qu'une voix les lui rappelle et l'empêche de glisser vers le découragement. Cette voix sera celle de Mathilde. Louis Napoléon ne manque pas alors de fidèles et de conseillers, mais Mathilde possède un atout unique : elle parle comme Hortense. Souvent, il est vrai, elle fait preuve de moins de patience devant l'impassibilité, voire l'apathie de son cousin – « Si je l'avais épousé, dira-t-elle, il me semble que je lui aurais cassé la tête pour savoir ce qu'il y avait dedans ! » – mais le prince l'écoute, comme il écoutait cette mère chérie qui l'a tant exhorté à la ténacité et si fort encouragé à savoir attendre « l'heure opportune ». Mathilde confirme à son « cher, cher Louis » que cette heure-là vient de sonner. Elle lui représente tout l'intérêt pour un Bonaparte de se faire élire sous les couleurs de la République. Le raisonnement est simple : le souvenir de Napoléon Ier compte un tel nombre de nostalgiques dans le pays qu'il serait dommage de ne pas profiter de l'éclat dont jouit à nouveau le nom. Déjà en 1839, lorsqu'on commençait à parler du retour des cendres de l'Empereur, qui furent déposées aux Invalides l'année suivante, Mathilde s'était écriée : « Ce ne sont pas seulement les cendres de Napoléon qui doivent revenir, ce sont aussi ses idées. » Louis Napoléon s'était empressé de reprendre la formule à son compte dans son ouvrage *Des idées napoléoniennes*. Mais puisque, en 1848, nous sommes de nouveau en République, Louis Napoléon décide qu'il n'y aura pas plus républicain que lui. En attendant mieux. N'avoue-t-il pas qu'il a parié avec la princesse Mathilde qu'il signerait

« du nom d'empereur d'ici quatre ans » ? Lorsque, enfin, il est élu président de la République, ayant dans ce but dépensé beaucoup d'argent et une infinie habileté – y compris celle de passer pour un personnage falot, toujours de l'avis de tout le monde –, il n'oublie pas que sa cousine Mathilde, qui l'a abreuvé de si précieux conseils pour parvenir au pouvoir, peut lui être encore d'une grande utilité. Louis Napoléon est célibataire – ce qui ne signifie pas qu'il manque de femmes – et l'Elysée, où va résider le prince-président, a besoin d'une maîtresse de maison. Pourquoi pas Mathilde ? On reparle même d'un possible mariage. Mais le temps a passé, et les émois sentimentaux n'ont plus cours. Mathilde n'a plus la grâce de sa jeunesse – « dommage qu'elle ait de gros bras », dira Louis Napoléon – mais quelle présence ! Elle reçoit les invités aux côtés du Président, le conseille sur les affaires, et le guide dans le choix de ses amours. Follement éprise de Louis Napoléon, Elizabeth Ann Haryett – qui a gardé son nom de théâtre, Miss Howard – l'a suivi de Londres à Paris et a financé presque entièrement sa campagne électorale. Installée à deux pas de l'Elysée, rue du Cirque, Miss Howard attend que le prince-président l'épouse. « Quand pourrai-je enfin traverser la rue ? » supplie-t-elle. C'est Mathilde qui répond : « Quand on vous le demandera. » On ne lui demandera jamais. Pour Mathilde, il n'était pas envisageable qu'un Bonaparte épousât une Anglaise ! Elle se montrera d'ailleurs toujours sourcilleuse sur les questions de famille. Ceux des Bonaparte qui étaient rentrés en France ne devaient pas être oubliés. A commencer par son propre père, Jérôme, l'ex-roi de Westphalie. A la demande de Mathilde, Louis Napoléon le nommera maréchal de France – rien ne permettait à Jérôme de porter ce titre – et par la suite gouverneur des Invalides.

Femme de haute intelligence, cultivée, douée d'un esprit vif et d'un sens aiguisé de la repartie, Mathilde établit de solides relations avec les écrivains et les artistes. Elle contribue à définir et à lancer ce qui sera le style Second Empire, que l'impératrice Eugénie soutiendra et développera quelques années plus tard. Eugénie, justement... Comment imaginer que Mathilde ne soit pour rien dans cette rencontre entre le prince-président et la jeune Espagnole Eugénie de Montijo, venue à Paris avec sa mère dans l'espoir de trouver un mari ? C'est en effet lors d'une soirée chez la princesse que Louis Napoléon voit pour la première fois Mlle de Montijo. Dans son désir d'éloigner Miss Howard et de présenter à son cousin une nouvelle maîtresse, Mathilde se révèle fine organisatrice. A la place d'honneur où il se tient, Louis Napoléon ne peut que porter son regard sur la beauté de la jeune femme. Calcul parfait, prévision exacte. Aussi, le 31 décembre 1849, Mathilde parachève-t-elle son entreprise. Au dîner de réveillon, elle invite Eugénie, qu'elle place à côté du prince-président, lequel est prêt à toutes les conquêtes. Quand sonnent les douze coups de minuit, Mathilde lance : « Tout le monde s'embrasse ! » Le conquérant dit à la jeune Espagnole : « Embrassons-nous ! », mais elle se dégage, avec un sourire gêné. « Je voulais vous souhaiter une bonne année et vous embrasser, dit Louis Napoléon. C'est l'usage en France ! — Pas en Espagne, Monseigneur, répond la jeune fille, mais je vous souhaite aussi une bonne année ! » Mathilde jubile. Elle connaît son cousin : ce refus va le piquer au vif. Il n'aura désormais de cesse de revoir Eugénie. Mais toute médaille a son revers. Mathilde, qui ne songeait qu'à faire remplacer l'encombrante Miss Howard par la belle Mlle de Montijo, éprouvera l'amertume des comploteurs devant les plans qui réussissent trop bien. Le mariage de son cousin avec Eugénie en 1853 annonce son retrait de la vie publique. Elle le fera avec élégance. Au fond, l'essentiel de la tâche n'est-il pas accompli depuis la proclamation du Second Empire ?

La princesse Mathilde ne s'est pas contentée de jouer les maîtresses de maison à l'Elysée en attendant de céder la place à une épouse officielle. Cette fonction toute politique en cachait une autre plus politique encore. Mathilde n'ignorait pas que la IIe République n'autorisait pas le Président à solliciter un deuxième mandat. Or celui-ci devait s'achever en 1852, et l'Assemblée refusait toute modification de la Constitution. Dès 1850, il faut donc s'occuper de ce que sera demain... Quand on tient au pouvoir, aucune précaution ne saurait se prendre trop tôt. L'ombre tutélaire d'Hortense plane sur l'Elysée. Car Louis Napoléon a retrouvé son demi-frère, Morny, enfant naturel d'Hortense et de Charles de Flahaut, lui-même fils naturel de la comtesse de Flahaut et de Talleyrand[1]. C'est lui, Morny, qui sera le principal artisan du coup d'Etat de 1851, lequel permettra au prince-président d'étouffer l'hostilité de l'Assemblée, de se maintenir au pouvoir, et d'ouvrir la voie au Second Empire. Mais, dès 1850, Mathilde rappelle à son cousin que son intérêt, plus que jamais, est de répéter qu'il est le neveu du grand

1. Louis Napoléon avait été averti de l'existence de son demi-frère, né en 1811, après la mort de sa mère, en 1837. Certains historiens situent la première rencontre entre les deux frères à Londres l'année suivante. Mais c'est en janvier 1849 qu'ils se voient véritablement en tête à tête à l'Elysée. Le comte de Morny sera fait duc par son frère l'empereur.

Louis Napoléon ira plus loin. En 1851, il proposera à Charles de Flahaut, le père de Morny, d'être l'ambassadeur de France à Londres. Flahaut déclinera la proposition, mais Louis Napoléon tenait à honorer celui qui fut la grande passion amoureuse de sa mère. Le souvenir d'Hortense restait bien présent.

Napoléon, et que sa tâche, pour être à la hauteur de celle accomplie par son oncle, ne peut être contrariée par les obstacles édifiés par l'Assemblée. Dans le discours que le prince-président prononce à Cherbourg le 6 septembre 1850, apparaît toute l'influence de la princesse Mathilde : « Pourquoi l'Empereur, malgré la guerre, a-t-il couvert la France de ces travaux impérissables qu'on retrouve à chaque pas ? [...] C'est qu'indépendamment de son génie, il vint à une époque où la nation, fatiguée de révolutions, lui donna le pouvoir nécessaire pour abattre l'anarchie, combattre les factions et faire triompher, à l'extérieur par la gloire, à l'intérieur par une impulsion vigoureuse, les intérêts généraux du pays. [...] Les résultats ne s'obtiendront que si vous me donnez le moyen de les accomplir, et ce moyen est tout entier dans votre concours à fortifier le Pouvoir[1]. »

Si Mathilde approuve la décision de son cousin de provoquer un coup d'Etat, elle n'admet pas que le sang ait coulé. Après le mariage de Louis Napoléon, elle se retire peu à peu pour se consacrer à son salon littéraire, artistique et philosophique, le plus célèbre de l'époque. Elle disparaît à l'âge de quatre-vingt-quatre ans. Léon Daudet a laissé une description de la princesse Mathilde dans les dernières années. Un soleil qui s'éteint. Dans sa maison qu'avaient fréquentée Edmond de Goncourt, Sainte-Beuve, Taine, Renan, elle recevait ses derniers fidèles. Entourée de souvenirs impériaux – bustes de Napoléon, tapisseries couvertes d'effigies d'aigles et d'abeilles –, elle s'amusait encore à réveiller les invités assoupis en lançant une de ses

1. Cité par Adrien Dansette, *Louis-Napoléon à la conquête du pouvoir. Histoire du Second Empire*, Hachette, 1961.

phrases favorites : « Nous qui avons eu un militaire dans la famille[1]... »

On prête à Napoléon III une dizaine de maîtresses et quelques enfants naturels. Toutes ses conquêtes ne peuvent revendiquer une influence sur le jeune conspirateur, le prince-président ou l'empereur, mais certaines ont joué un rôle non négligeable. C'est le cas d'Eléonore Brault, qui, en 1836, pousse Louis Napoléon à se lancer dans un premier coup d'Etat. Il tente de soulever la garnison de Strasbourg contre Louis-Philippe et subit un échec mémorable. Le comploteur est exilé en Amérique. Nous avons évoqué le cas de Miss Howard, qui finança la campagne électorale de Louis Napoléon en 1848 – sa fortune personnelle était considérable, mais on sait aujourd'hui qu'elle était très probablement abondée par les fonds secrets du Foreign Office. Le rêve de Miss Howard d'épouser le prince-président se heurta au refus de la princesse Mathilde, mais Louis Napoléon remboursa sa bienfaitrice de quatre millions de francs et lui offrit un domaine. L'Italienne Virginia Oldoïni, plus connue sous le nom de comtesse de Castiglione, devint la maîtresse de Napoléon III en 1857, sur ordre de son compatriote Cavour, qui recherchait l'alliance avec la France pour chasser les Autrichiens de la Lombardie et aboutir à l'unité de l'Italie. Sans cette belle espionne, Napoléon III se serait-il engagé aussi intensément dans la guerre, qui sera marquée par les victoires de Solferino et de Magenta ? Sans la Castiglione, Nice et la Savoie, cédées en 1860 pour le prix de l'aide apportée par l'empereur, seraient-elles aujourd'hui françaises ?

1. Léon Daudet, *Souvenirs des milieux littéraires, politiques, artistiques et médicaux,* Robert Laffont, coll. « Bouquins », 1992.

Les historiens restent encore divisés sur l'influence de l'impératrice Eugénie. Sa personnalité n'a jamais été facile à cerner. A ceux qui ont vu en elle une femme frivole douée pour l'intrigue, mais ne possédant pas les moyens intellectuels de ses ambitions, ont répondu d'autres voix, faisant valoir ses réelles qualités de femme politique. A l'origine le plus souvent de ses interventions dans la vie publique, la défense d'un catholicisme strict hérité de son éducation au couvent. Mais ses conseils et manœuvres lors de la guerre du Mexique n'empêchent pas l'issue sanglante, pour autant qu'ils n'y contribuent pas. En 1859, elle assure convenablement la régence pendant que Napoléon III combat en Italie ceux-là mêmes qu'elle soutient : les Autrichiens. Mais à partir de 1865, où elle est pour la deuxième fois régente – l'empereur est en Algérie –, son influence se renforce. Une des raisons est à rechercher dans l'état de santé de Napoléon III, qui souffre depuis l'année précédente de terribles crises de lithiase urinaire. L'envoi des troupes à Rome en 1867 pour défendre l'Etat pontifical face à Garibaldi est à cet égard nettement marqué de l'influence d'Eugénie, perpétuellement soucieuse de protéger le pape et les catholiques. C'est en 1870 que son calcul est le plus personnel. Napoléon III est affaibli par la maladie, et le temps est proche, selon elle, où il ne pourra plus gouverner. Aussi voit-elle, dans cette guerre par laquelle Bismarck a décidé d'écraser la France, l'occasion de préparer au pouvoir son fils unique le prince impérial, et de le faire couronner à brève échéance. L'erreur de l'impératrice est d'avoir cru – comme le pays tout entier, à l'exception notable d'Adolphe Thiers – que cette guerre serait gagnée. Le désastre de Sedan mit fin à ses espoirs.

L'impératrice Eugénie a cependant joué un rôle déterminant dans d'autres domaines. Elle a soutenu les travaux de Pasteur et encouragé Ferdinand de Lesseps dans cet immense projet qui deviendra le canal de Suez. Elle a aussi contribué à faire du Second Empire un style, suivant en cela l'exemple et les idées de la princesse Mathilde, laquelle, en 1852 déjà, se plaisait à parler du « style Napoléon III »...

Jean Jaurès
Mérotte, la mère, d'abord...

Si une femme a exercé une influence réelle sur Jaurès, c'est bien Adélaïde, sa mère. Une femme forte, affectueuse, qui aura pour son fils une véritable passion. Mérotte, comme sa famille et ses proches la surnomment, est aussi une femme libre, cultivée, indépendante. Un caractère bien trempé, de solides convictions, une vraie conscience sociale. Et une grande ambition pour le jeune Jean qui, très vite, sort du lot et brille par sa vivacité, son ouverture d'esprit, sa curiosité. Mérotte et Jean vont former un duo surprenant et atypique. Ils vivront ensemble, côte à côte, soudés et fusionnels. Elle, c'est un vrai personnage. Cette bourgeoise du début du XIXe siècle, telle qu'on peut l'observer sur les gravures de l'époque, est un attachant mélange de délicatesse, d'équilibre et de fermeté. Lui, c'est, dès l'adolescence, comme le montrent les innombrables photos, un physique imposant, une présence indéniable. C'est aussi une intelligence exceptionnelle, une véritable empathie pour les autres, un appétit d'apprendre insatiable, une étonnante capacité de travail. « Une force paysanne que rien ne saurait ébranler [...] c'était merveilleux de voir comment, à son insu, il commençait par créer chaleur et vie autour de lui pour pouvoir ensuite, dans ce climat, laisser libre cours à sa vitalité créatrice », écrira plus tard Stefan Zweig dans un texte de référence[1]. Entre Jean et sa mère, comme aimait à le conter avec talent l'historien Jean-Michel Gaillard, il y a bien davantage que de la complicité. Il leur suffit de croiser le regard pour se comprendre. Jules, le père, qui disparaît quand Jean a vingt-trois ans, a connu des revers professionnels avant de reprendre une modeste exploitation agricole de quelques hectares. Il admire son fils et se félicite de sa réussite scolaire et universitaire. Son caractère est parfois un peu raide. La mère, à l'inverse, selon tous les témoignages, est ouverte, toujours disponible pour les autres. Assez libérale pour l'époque aussi, notamment sur les convictions religieuses, bien qu'élevée dans la religion catholique et pratiquante. Une personnalité rare. Elle pèsera très lourd dans le parcours, les choix et le destin de son fils aîné.

Très tôt, Jaurès impressionne. Sa mère, bien sûr, mais aussi son entourage familial et les professeurs qui vont le distinguer, le soutenir et le guider. Mérotte l'accompagne et l'encourage dans ses premières décisions. Des études plutôt brillantes, un succès au concours général de lettres, une troisième place à l'agrégation de philosophie. Jean est parti pour mener une belle carrière d'enseignant. Adélaïde le souhaite. Le sans-faute continue : normalien à dix-neuf ans, professeur à Albi, puis à l'université de Toulouse. Mais l'attrait de la politique est trop fort. Dans un premier temps, Mérotte ne fait rien pour le conforter dans cette voie. Mais elle comprend que cette vocation s'impose et passe largement avant le reste. Jean aime les débats politiques enflammés, comme il en a parfois connu chez lui. Il adore parler en

1. *Neue Freie Presse* (journal autrichien), 1916.

public, et s'y préparait déjà depuis longtemps, dès l'école en réalité. Ce talent oratoire va très vite étonner. Sa mémoire est encyclopédique. Il veut faire bouger les choses, convaincre, séduire, chercher et trouver les solutions. Tout naturellement, il est très vite candidat aux législatives, et élu député du Tarn à vingt-six ans avec l'étiquette des républicains. Le plus jeune de la Chambre en cette année 1885. Mérotte, veuve depuis trois ans, de plus en plus proche de son fils, applaudit, mais regrette la sécurité et la relative tranquillité de la profession d'enseignant. Elle ne vivra donc pas trop mal le revers électoral de son fils, quatre années plus tard. Jean revient enseigner à Toulouse. Sans pour autant oublier ses combats politiques. Il est élu conseiller municipal, puis adjoint au maire de Toulouse, et, en 1893, redevient député de Carmaux, la ville symbole à laquelle il restera toujours attaché. Jean est d'abord un député républicain. Patriote et laïc. « [...] il n'y a pas d'égalité des droits si l'attachement de tel ou tel citoyen à telle ou telle croyance, à telle ou telle religion, est pour lui une cause de privilège ou une cause de disgrâce. Dans aucun des actes de la vie civile, politique ou sociale, la démocratie ne fait intervenir, légalement, la question religieuse », déclare-t-il, fermement, dans un célèbre discours sur la laïcité[1]. En même temps, sa conscience sociale s'affirme chaque jour, en chaque occasion, en particulier lors des conflits violents qui secouent Carmaux, avec les grandes grèves dans les mines de charbon d'abord, dans la verrerie plus tard. De ce point de vue, c'est l'influence de sa mère qui va peu à peu apparaître, comme une sorte d'évidence. Mérotte a mal vécu, avec son mari, ce que l'on qualifierait aujourd'hui de « déclassement ». La fibre sociale maternelle est incontestable. Elle

1. Discours de Castres, 30 juillet 1904.

déteste l'injustice, l'arbitraire, les passe-droits. Depuis son enfance, Jean baigne dans ce climat. Il en est presque imprégné. Progressivement, il va donc, au contact de cette réalité, rejoindre, moderniser et renouveler le courant socialiste. Tous les amis de Jaurès en témoignent : Mérotte aura été un artisan essentiel de son évolution politique.

La mère de Jean ne cherche même pas à dissimuler sa fierté en suivant cette ascension que rien ne vient freiner, et qu'évoquent si bien Jean-Pierre Rioux d'un côté[1], Gilles Candar et Vincent Duclert[2] de l'autre. Le fils d'Adélaïde est sur orbite. Rien ni personne ne pourra réellement s'y opposer. Certes, il connaît une seconde défaite électorale, en 1898. Mais c'est un incident de parcours sans lendemain. Jean sera ensuite réélu à chaque élection jusqu'en 1914. Il devient le leader charismatique des socialistes. Grâce à Zola et Blum, dont il devient l'ami, et aux côtés d'une femme influente, une journaliste passionnée et combative, Caroline Rémy, surnommée Séverine, l'une des créatrices du prix Femina en 1904, il rejoint, déterminé, après une période de prudence, les rangs des dreyfusards. Résolu et actif, il crée *L'Humanité*. Il défend avec véhémence le monde ouvrier. Patriote jusqu'au bout des ongles, il se bat déjà de toutes ses forces contre la montée des nationalismes et des périls en Europe. Jusqu'à sa disparition brutale, en juillet 1906, Mérotte reste proche, très proche de son fils. Elle suit ses combats avec intensité. Il lui parle longuement de ses espoirs, de ses certitudes, mais aussi de ses doutes. Tant que sa santé le lui permet, et malgré son âge, elle approuve, critique ou encourage. Avec passion. Parfois, elle ne cache

1. Jean-Pierre Rioux, *Jean Jaurès*, Perrin, 2005.
2. Gilles Candar et Vincent Duclert, *Jean Jaurès*, Fayard, 2014.

pas ses réserves, notamment lorsque son fils affronte en duel des adversaires politiques comme Barthou ou Déroulède. En revanche, elle soutient ardemment sa combativité face au patronat lors des grands conflits, sa lutte pour les avancées sociales et syndicales, ses efforts pour rassembler la gauche socialiste. Elle l'appuie fortement lorsqu'il engage la bataille en faveur du droit de vote des femmes. Mais elle ne sera plus là pour applaudir son grand discours de 1908 contre la peine de mort. La disparition de Mérotte le plonge dans une profonde détresse. Au-delà d'une mère, il perd une confidente, une conseillère, une complice, l'alliée influente de tous les jours...

Et puis, il y a sa femme, Louise. Le jour de leur mariage, en juin 1886, il a vingt-sept ans. Elle n'en a pas encore vingt. Elle ne s'intéresse pas spontanément à la vie politique. Son mari est un jeune député. Elle va plutôt accompagner le mouvement, et joue d'abord, sans vraiment l'influencer, le rôle d'une simple collaboratrice. On le voit sur les portraits, Louise est une femme effacée et plutôt discrète. Issue d'une bourgeoisie aisée, c'est une épouse dévouée. Certains amis de Jean la jugent un peu fade, trop éloignée des préoccupations de son mari. D'autres, à l'inverse, apprécient sa modestie et reconnaissent son bon sens, son pragmatisme, sa culture, son intérêt pour la littérature notamment. Le couple est simple, soudé par une vraie connivence. Louise juge parfois excessives certaines prises de position partisanes de son mari. De par sa culture familiale, elle n'est pas franchement socialiste. Aux yeux de leurs amis, ils sont donc très différents. Et sur le plan privé, elle vit assez mal l'extraordinaire complicité qui unit Jean et Mérotte, sa mère. Il y a entre les deux femmes, selon leurs proches, une sorte de paix armée, une hostilité tranquille. Le couple Jaurès ne connaîtra qu'une vraie difficulté, dont Jean se serait bien passé : la fameuse « affaire » de la communion solennelle de leur fille Madeleine. En juillet 1901, cette cérémonie religieuse va déclencher des foudres socialistes, plus laïcardes que laïques, contre un Jaurès qui ne s'y attendait pas vraiment. « Stupeur de Jaurès, d'être si honteusement attaqué et si faussement accablé, mais aussi de voir les ravages à gauche de l'anticléricalisme le plus abject et de la libre pensée de ruisseau[1]. » Catholique convaincue et pratiquante, Louise avait tout préparé, tout organisé. Jean était informé, bien sûr, mais respectueux, comme sa mère, de la liberté et de la responsabilité de chacun, il n'y accordait qu'une importance toute relative. La tempête politique va réellement, selon tous les biographes et les historiens, surprendre ce laïc à la fois sincère et tolérant. « Je suis, depuis l'adolescence, affranchi de toute religion et de tout dogme [...] non seulement je n'ai jamais fait appel à la violence contre des croyances, quelles qu'elles soient, mais je me suis toujours abstenu, envers les croyances religieuses, de cette forme de violence qui s'appelle l'insulte[2] », commentera Jaurès dans un célèbre article de presse. Jalousé, combattu, et parfois très violemment, il sera contraint de s'expliquer devant ses pairs socialistes, de se justifier, d'indiquer, embarrassé, que cette décision privée était le fruit d'une sorte d'accommodement familial, peut-être un peu bourgeois. Politiquement, cet épisode assez rude restera sans lendemain. Mais selon leurs proches, le couple en souffrira. Certes, la femme de Jaurès continuera de suivre les dernières et ardentes batailles politiques de son mari. Néanmoins elle le fera d'assez loin.

1. Jean-Pierre Rioux, *Jean Jaurès*, *op. cit.*
2. Jean Jaurès, *La Petite République*, 1901.

Après l'assassinat de Jean, le 31 juillet 1914, Louise mènera un véritable combat judiciaire, long, admirable et passionné, contre Raoul Villain, le meurtrier de son mari. Ce nationaliste enragé et déséquilibré sera acquitté... et Louise condamnée aux dépens ! Un jugement inique qui la plongera dans le désespoir. En novembre 1924, plus de dix ans après son assassinat, Jaurès entre au Panthéon et dans la légende politique française. Bien sûr, Louise en est fière. Mais elle n'aura jamais pu jouer auprès de lui le rôle de Mérotte. Celle qui a vraiment compté. Plus que tout.

Georges Clemenceau
D'Emma à Marguerite

Entre Clemenceau et les femmes, c'est plus une affaire de séduction et de plaisir que d'influence. Pendant plus de soixante ans, le Tigre a multiplié les conquêtes. Il n'a cessé de séduire. Sans répit. A la hussarde, avec une bonne dose de misogynie et un solide antiféminisme. A sa manière, directe, abrupte, à l'emporte-pièce. Des relations souvent fugaces, sans lendemain. « Qu'il ait aimé les femmes, voilà qui est avéré. Mais jamais en chasseur avide d'étaler ses bonnes fortunes. Il préfère la discrétion, qui est une forme d'hommage plus raffiné [...] Il ne fait jamais étalage de supériorité psychologique et intellectuelle sur ses compagnes [...] Il leur parle, il leur écrit sur un pied d'égalité [...] Il est avec elles au plus haut de sa séduction et de son talent privé[1] » : cette analyse de Jean-Noël Jeanneney donne parfaitement le ton. Pour le Père la Victoire, certaines femmes ont vraiment compté. Des amies, très différentes, de la courageuse communarde Louise Michel à l'immense comédienne Sarah Bernhardt. Mais trois femmes seulement l'ont réellement influencé. Sa mère, Sophie-Emma pour l'état civil, Emma

1. Jean-Noël Jeanneney, *Georges Clemenceau. Portrait d'un homme libre*, Mengès, 2014.

pour sa famille ; son épouse, Mary Plummer, pendant quelque temps ; son amie des dernières années, Marguerite.

Emma, c'est l'influence de l'éducation, à la fois scolaire et civique. Georges ne cessera de lui rendre hommage. Il aime sincèrement, profondément, cette femme cultivée, tendre et bienveillante. Issue d'une famille bourgeoise et protestante, amoureuse de la littérature, elle a épousé en 1839 un homme de caractère, Benjamin, un médecin nantais connu pour des convictions pour le moins affirmées : anticlérical, antimonarchiste, profondément républicain, laïc militant. Grand amateur d'art aussi, et Georges suivra ses traces en devenant plus tard l'ami intime, le conseiller et le protecteur de Claude Monet. De ce point de vue, philosophique et culturel, c'est lui, le père, qui aura sur Georges l'influence déterminante. Emma est là, douce, affectueuse, toujours prête à aider Georges, le deuxième d'une fratrie de six frères et sœurs. Souvent, pour son anniversaire, Emma lui offre un ouvrage rare, comme cette ancienne édition de 1828 du *Mariage de Figaro*, de Beaumarchais, que Clemenceau choisira, comme un dernier hommage à sa mère, de conserver auprès de lui, dans son cercueil, au Colombier, l'ancienne propriété familiale, dans ce bourg de Mouchamps, en Vendée, où les personnalités politiques viennent toujours se recueillir[1]. La légende familiale, que l'historien de la IIIe République Pierre Miquel évoquait avec brio et délice, veut qu'Emma ait appris le latin, voire le grec, pour mieux soutenir les études de ses enfants. Ce qui est sûr, c'est qu'elle s'attache, aux côtés de son mari, à transmettre à Georges une éthique républicaine,

1. Hors série de *L'Illustration* consacré à Georges Clemenceau, novembre 1929.

des valeurs universelles de solidarité et de justice. Elle suivra ensuite de très près les études de ce fils préféré dont elle ne devine sans doute pas encore l'ambition et l'avenir. Des études moyennes, parfois dilettantes. Du droit, de la médecine, jusqu'au diplôme obtenu en 1865, à vingt-quatre ans. Un peu de journalisme. Ses amis, très nombreux et très différents, repèrent tout de suite chez Georges Clemenceau des qualités hors du commun : le courage, physique et intellectuel, la passion des idées et du débat, la férocité, la brutalité, la combativité. Emma observe d'un peu loin l'activité intense, et même fébrile, de Georges. Son fils l'impressionne. Lorsqu'il rentre dans la maison familiale, en Vendée, ce qui est rare, elle suit, étonnée et passionnée, le récit de ses aventures. Et Georges écoute patiemment, s'il en est exceptionnellement capable, les conseils d'Emma, sa mère.

A moins de trente ans, Georges a choisi sa voie, la politique. Il n'en déviera plus jamais. Maire de Montmartre, président du conseil municipal de Paris, député radical, il bataille et ferraille du matin au soir. Un héritage du père plus que d'Emma. Mais il y a chez lui, au-delà de la rudesse et de la brutalité verbale, une sorte d'empathie, une volonté de convaincre, un appétit pour les autres qui lui viennent clairement d'Emma. L'influence de la mère, chez Clemenceau, est aussi dans cette ardeur de vivre. Georges a soixante-deux ans, en 1903, quand Emma disparaît. Acteur essentiel de la vie publique, il est alors aux portes du pouvoir, comme le décrit si bien Michel Winock dans sa biographie[1]. Il a remporté une belle bataille parlementaire en arrachant l'amnistie pour les communards, un combat

1. Michel Winock, *Clemenceau*, Perrin, coll. « Tempus », 2011.

commun avec une femme étonnante, une grande figure de la Commune, Louise Michel, condamnée à la déportation en Nouvelle-Calédonie pour ses faits d'armes pendant cette insurrection populaire, et qui deviendra une amie proche. Il a défendu avec succès, courage et talent le capitaine Dreyfus avec le soutien actif, comme son « meilleur ennemi » Jaurès, de Séverine, la tempétueuse journaliste. Bref, son caractère, son talent oratoire exceptionnel, son volontarisme, son énergie ont fait de lui un acteur politique essentiel. Ce 20 avril 1903, ce douloureux jour de deuil, lorsque sa mère s'en va à quatre-vingt-six ans, Clemenceau perd la femme qui a largement contribué à forger cette personnalité...

Avec Mary, son épouse de 1869 à 1892, la relation est étrange. Au début, c'est le coup de foudre. Une grande histoire d'amour comme on en voit dans les romans et dans les films hollywoodiens. Clemenceau est en voyage aux Etats-Unis. C'est là qu'il rencontre cette jeune Américaine sympathique, moderne, enthousiaste. Ils se marient en 1869. Elle a vingt et un ans, lui presque vingt-huit. Quelques années de bonheur, trois enfants. Mary connaît l'ambition de Georges. Elle est impressionnée par son intelligence. Elle s'amuse et se détend avec ses innombrables amis ou ennemis, cela dépendait des jours et des circonstances. Il pourra, auprès d'elle, bénéficier d'un vrai réconfort et d'une grande liberté. Mais le charme est vite rompu. Au fond, cette bourgeoise américaine ne s'intéresse pas vraiment à la politique française. Ils ont peu de points communs. Leurs centres d'intérêt sont aux antipodes. Ils se trompent mutuellement. Leurs relations deviennent vite détestables. Le divorce, violent et agressif, ne sera prononcé qu'en mars 1892, après plus de vingt-deux ans de mariage. Mais le couple a explosé depuis longtemps. L'influence de Mary, qui a porté pour l'essentiel sur la vie familiale du Tigre, aura été fugace mais réelle.

Il en va tout autrement avec celle qui comptera plus que tout au crépuscule de sa vie. Nous sommes en 1923. Clemenceau a quatre-vingt-deux ans. Marguerite Baldensperger en a une quarantaine de moins. Mariée, elle travaille chez Plon. C'est une étrange relation qui se noue entre les deux dès leur première rencontre. Georges est entré dans la légende. Président du Conseil à deux reprises, de 1906 à 1909 d'abord, de 1917 à 1920 ensuite, il est devenu une sorte de héros, à coup sûr l'homme d'Etat le plus populaire de l'époque. Premier flic de France, il a révolutionné la police. Chef de guerre, il a gagné en 1918 le surnom, qu'il aime tant, de Père la Victoire. Sa défaite à l'élection présidentielle de 1920 reste bien sûr un mauvais souvenir. Mais il est désormais retiré, après une série impressionnante, et physiquement éprouvante, de longs et grands voyages triomphaux. Des femmes, amies, maîtresses, alliées politiques, Clemenceau en a connu beaucoup. Mais avec Marguerite, c'est autre chose. Une sorte d'alchimie. L'harmonie est immédiate. Un rendez-vous suffit. « De cette rencontre est né l'amour le plus fou et le plus raisonnable qui ait jamais occupé le cœur du Tigre. Raisonnable parce que, selon toutes les apparences, platonique[1]. » Marguerite admire Georges au-delà de ce que l'on peut imaginer. Georges aime la personnalité de cette jeune femme ardente et cultivée, son intelligence, son franc-parler. Ils vont rapidement concrétiser un projet littéraire, un essai politique et philosophique sur le grand orateur politique grec Démosthène. Clemenceau est ravi. Il s'amuse, il savoure, il vibre, il séduit. Et, selon tous les témoins de l'époque, il rajeunit.

1. Michel Winock, *Clemenceau*, *op. cit.*

La lecture des lettres qu'il envoie presque quotidiennement à Marguerite est saisissante. Un mélange de réalisme et de romantisme, de lyrisme et de naïveté, de passion et d'amitié, d'attachement et d'affection. Leur relation est insolite et exceptionnelle. Marguerite a exercé une influence particulière sur Clemenceau. Elle a réellement modifié le déroulement, le rythme et la nature des dernières années du Tigre. Et, dans sa vie publique et privée tumultueuse, c'est sans conteste la femme qu'il a le plus aimée. Au point, et ses dernières lettres en témoignent, de ne pouvoir s'en passer...

Emile Combes

Jeanne, « ange de grâce, de douceur et de bonté »

C'est une curiosité. Une relation si inattendue qu'on a peine à croire, au premier abord, qu'elle ait pu exister. En juin 1902, Emile Combes est appelé à la présidence du Conseil par le président de la République Emile Loubet. Après un doctorat ès lettres, Combes est devenu médecin. Il a été président du Sénat et ministre de l'Instruction publique. Dans la France anticléricale de l'époque, il occupe une des premières places du parti radical. Sa carrière politique ancrée à gauche s'est-elle construite en réaction à une éducation qui le destinait à la prêtrise ? Quoi qu'il en soit, voici en 1902 un président du Conseil qui reconnaît avoir perdu la foi trente-six ans auparavant, et qui se trouve donc parfaitement désigné pour conduire la laïcisation du pays. Sa première tâche va consister à réduire l'influence des congrégations religieuses. Le meilleur moyen pour y parvenir est, à terme, de les faire disparaître, sauf autorisation parcimonieusement accordée à quelques-unes, très rares, de poursuivre leur activité dans le domaine scolaire et hospitalier.

C'est dans ce contexte qu'Emile Combes reçoit, en mai 1903, la visite de la princesse Jeanne Bibesco, prieure du couvent des carmélites déchaussées d'Alger. Elle avoue trente-quatre ans et appartient à une célèbre famille d'aristocrates d'origine roumaine. Par sa mère, elle est une descendante du maréchal Ney. Sa fortune est considérable. C'est elle seule qui a financé l'édification du couvent d'Alger, dont elle est la supérieure depuis une douzaine d'années. Emile Combes a soixante-huit ans, et, on l'a vu, il n'a pas, vis-à-vis des congrégations religieuses, une position aussi modérée que son prédécesseur Pierre Waldeck-Rousseau. L'année précédente, le Bloc des gauches a remporté les élections, et le vent anticlérical souffle fort sur le pays. Ce que Jeanne Bibesco, en religion Mère Bénie de Jésus, vient demander au président du Conseil, c'est simplement l'autorisation, pour son couvent, de continuer à exister. Elle sait qu'il y a peu de chances que cette autorisation soit accordée, mais elle ne risque rien à venir plaider sa cause. Est-ce pour mettre toutes les chances de son côté, ou parce qu'elle a déjà abandonné ses illusions, que la prieure arrive au ministère en grand équipage et qu'elle gravit pieds nus le perron ?

Le président du Conseil écoute avec attention la princesse. Il lui dit que sa demande sera examinée, et fera, comme toutes les autres, l'objet d'un vote parlementaire, mais, c'est le plus surprenant et le moins protocolaire, ils conviennent de se revoir avant qu'elle ne reparte pour Alger. Les entretiens qui suivent sont encore plus courtois et aimables que le premier. Quant à l'autorisation, ils en parlent à peine. On est tenté d'écrire que ce n'est plus l'important à ce moment-là. Il se passe autre chose. Une amitié amoureuse vient de naître alors que tout est improbable : les protagonistes, les circonstances, les lieux... De retour à

Alger, la prieure du Carmel s'adresse au président. C'est le début d'une correspondance qui va durer dix-sept ans : « Je crois qu'une force mystérieuse nous a providentiellement rapprochés, écrit-elle, et que ce qu'Elle unit nul ne le délie ; je crois que je puis être la petite oasis de Votre vie laborieuse. » Elle termine en l'invitant à venir la voir « sans laisser s'écouler de longs mois[1] ». Dans la déclaration d'amitié, cette première lettre place la barre assez haut, mais ce n'est que le début. Dès la deuxième, Jeanne lui envoie sa photographie, puis Combes lui demande une mèche de cheveux. Au fil des semaines, la correspondance prend un tour exalté. On dirait les émois amoureux d'adolescents désorientés par une passion qui les dépasse. Phrases enflammées, propos ambigus : « Une femme comme moi peut partager les sentiments d'un homme comme vous, jamais elle n'osera les exprimer tout à fait de la même façon », ou « Je suis ce que vous voulez, Emile, que puis-je dire de plus », et encore « Tout mon petit cœur très aimant est dans cette lettre. Je vous donne à baiser mes mains dont l'étreinte est loyale, et je les laisse dans les vôtres ». Le président du Conseil répond à ces lettres – malheureusement seule une dizaine de ces réponses nous est connue, alors que l'intégralité de la correspondance de Jeanne nous est parvenue. Ils s'appellent par leurs prénoms, se chamaillent sur des malentendus, il se montre jaloux, elle le traite de « méchant », ils boudent, se réconcilient, font assaut de touchante tendresse...

Dans la lettre du 9 juin 1903, Jeanne écrit : « Nous nous plaisons mutuellement, n'est-ce pas, Ami ; par conséquent aucun de nous ne tient à convertir l'autre ; ce qui n'empêchera

1. Princesse Jeanne Bibesco, *Lettres à Emile Combes*, présentées par Gabriel Merle, Gallimard, 1994.

pas que, tout doucement, l'un des deux ne prenne l'influence. » Voilà qui nous intéresse. L'influence que Jeanne Bibesco exerce sur Emile Combes touche à deux aspects. Le premier, psychologique et moral : Combes est un homme d'une grande probité, mais, face à des adversaires qui ne le ménagent pas, il lui arrive de perdre confiance et d'éprouver cette envie qui hante souvent les politiques : abandonner le combat. Jeanne lui donne régulièrement des conseils pour l'aider à surmonter les doutes, les déceptions, et les calomnies : « Je voudrais être l'oreiller sur lequel s'endormiraient toutes vos angoisses. » Ailleurs, cette phrase consolatrice digne d'un moraliste : « Les méchants n'ont pas de plus grand dépit que de voir le calme des justes. » L'autre versant de son influence est entièrement politique. Elle explique que si les idées républicaines n'ont pas eu cours dans sa famille, elles ont pourtant été celles de son père et de sa mère, et qu'en ce sens elle se sent plus près qu'il ne le croit de son « cher et toujours plus cher ».

Une lettre d'août 1903 – en partie chiffrée, car ils s'étaient fabriqué un code, essentiellement pour aborder les questions politiques – révèle le côté combatif de Jeanne. Elle considère que « la loi sur les Congrégations a été, par certains côtés, violente, et par d'autres, insuffisante, car les X3 [elle veut signifier les Jésuites] sont plus puissants que jamais et se faufilent partout ». Elle poursuit en disant sa satisfaction de savoir qu'Emile Combes « juge, pour le moment, impossible la séparation des Eglises et de l'Etat ». Elle lui dit sans détour : « Je pense comme vous que ce serait une aventure, au bout de laquelle on ne sait ce qu'on trouverait, et votre nom ne doit pas être mêlé à une révolution sans succès. » De fait, la loi de séparation ne sera votée qu'en décembre 1905, après la démission de Combes en janvier de la même année. On ne saurait toutefois conclure que le président du Conseil a retardé les choses pour complaire à la prieure d'Alger. Emile Combes connaissait parfaitement le jeu du pouvoir, et ne faisait qu'attendre le moment le plus propice pour faire voter cette loi qui représentait l'aboutissement de sa politique.

Emile Combes avoue cependant – c'est Jeanne qui le dit dans une de ses lettres – « n'être plus maître de lui comme autrefois », à cause d'« un élément nouveau dans sa vie ». L'« élément nouveau », c'est Jeanne, bien entendu. Combes est-il totalement sincère lorsqu'il consent à cet aveu, ou est-ce une tactique de séducteur pour manipuler celle qui croit si fort en lui ? Peu à peu, il va lui faire admettre que rien ne peut arrêter la marche de l'Histoire, même pas lui qui voudrait lui être agréable, et qu'au fond sa place n'est peut-être pas dans un monastère... Jeanne Bibesco quittera le Carmel et retrouvera le siècle en 1912. Au final, c'est l'influence d'Emile Combes sur Jeanne qui aura été la plus forte. Les idées républicaines gagneront peu à peu l'esprit de la princesse, qui finira par se montrer violemment critique envers l'Eglise catholique, et plus particulièrement le pape Pie X : « Le pauvre peuple se laisse prendre, et on ne devine pas que cette Eglise qui broie ou qui flatte, n'a, au fond, qu'un seul désir, toujours le même à travers les siècles, "asservir, avilir". » Quant au couvent d'Alger, s'il fut sauvé dans un premier temps – non par l'autorisation que Jeanne était venue demander un beau jour de 1903, mais par le procédé bien connu qui consiste à laisser le dossier croupir en dessous de la pile –, il n'échappera pas à sa disparition programmée.

La dernière lettre de Jeanne à Emile Combes date de Noël 1920. Elle est aimablement respectueuse, d'une sympathie convenue. On est loin des déclarations exaltées des débuts. Combes meurt l'année suivante. La princesse Bibesco s'éteindra à la fin de la Seconde Guerre. Il demeure bien des interrogations sur leur relation. Que s'est-il passé lors de leur rendez-vous secret à Barcelone à la fin de 1903 ? A Paris, quelques années plus tard ? N'échafaudons pas d'hypothèses, l'histoire est suffisamment romanesque. Nous retiendrons simplement, avec Gabriel Merle, à qui on doit la présentation des lettres de la princesse à Emile Combes[1], que Jeanne Bibesco aurait pu avoir une tout autre influence, définitive celle-là, sur son ami président du Conseil. Car si, à leur époque, ces lettres avaient été connues, le ministère Combes sautait...

1. Gabriel Merle, *Emile Combes*, Fayard, 1995.

Léon Blum

Une mère et trois femmes

Il y a d'abord la mère. Marie, une femme de caractère. Elle le modèle, le protège, lui trace des perspectives personnelles et professionnelles, lui transmet avec énergie une philosophie, une certaine idée de la vie et de la société. Marie parle aussi à Léon d'éthique et de solidarité, des changements et des transformations nécessaires, du progrès social. Sa famille fait partie de la bourgeoisie prospère de l'époque. Pour autant, et depuis longtemps, Marie supporte mal l'existence et la poussée des inégalités dans cette France de la fin du XIXe siècle. Sa mère, la grand-mère de Léon, a milité du côté des communards. Marie a hérité de vraies valeurs. Elle déteste tout ce qui ressemble au conservatisme, au respect rigide et poussiéreux des traditions. Son fils Léon s'en souviendra. Auprès de cette mère qu'il adore, il est parfois léger, voire dilettante, parfois grave, profond, comme déjà habité par une cause. Un mélange attachant, une attitude singulière qui le distingue. A Normale sup, qu'il intègre à dix-huit ans, et qu'il doit quitter au bout d'un an faute de résultats, il se fait déjà remarquer par son charisme. A cette époque, il aime avec la même passion la culture et la vie publique. Il fréquente les artistes tout en s'intéressant de près au droit et à la politique. Sa mère approuve sans sévérité, et même avec bienveillance, ce parcours un peu chaotique. Peu à peu, porté par ces valeurs maternelles, il trouve un chemin et un destin, parfaitement décrits et analysés dans la biographie de Jean Lacouture[1]. A vingt-trois ans, il réussit le concours d'entrée au Conseil d'Etat. Quelques mois plus tard, en 1896, c'est le premier mariage.

Lise Bloch est cultivée, toujours en éveil, curieuse de tout et de tous. Leur couple est harmonieux. Léon a vingt-quatre ans et, déjà, l'image d'une personnalité hors pair. Lise aime sortir, découvrir, apprendre. Elle soutient intensément les multiples activités de son mari, et surtout, dans un premier temps, son goût pour la critique littéraire et théâtrale. C'est sa période « dandy ». Le couple fréquente des artistes, des écrivains, des critiques. En 1905, Blum écrit *Du mariage*, publié deux ans plus tard. C'est un essai étonnamment moderne. Une ode à la liberté, aux femmes, à l'égalité entre les sexes, à la libéralisation des mœurs. « La vie d'aventure doit précéder la vie de mariage ; la vie d'instinct doit devancer la vie de raison[2] », écrit-il notamment dans cette œuvre d'avant-garde, libertaire, résolument et clairement féministe. Blum avait un grand talent d'écrivain. Il aurait pu se consacrer à la littérature. Peu à peu, pourtant, influencé notamment par Jaurès, qui est devenu un ami, son engagement politique se précise. Choqué, ulcéré par l'affaire Dreyfus, par le sort indigne réservé à ce capitaine dont il devient un infatigable défenseur, Léon Blum va faire son premier grand choix d'homme libre. Ce sera donc la politique.

1. Jean Lacouture, *Léon Blum*, Seuil, 1977.
2. Léon Blum, *Du mariage*, Albin Michel, 1990.

Lise le comprend et l'admet. Elle connaît son ambition. Elle va l'accompagner. Jusqu'à sa mort, en 1931, après trente-cinq ans d'un mariage parfois agité, car Léon est un séducteur actif, elle l'aidera sans trop d'états d'âme. A chaque étape, et au-delà des difficultés que traverse le couple, elle est présente : sa première élection, à Paris, en 1919; la scission avec les communistes au congrès de Tours, en 1920; sa brillante progression chez les socialistes; sa défaite électorale, en 1928, face au communiste Jacques Duclos et son retour quasi immédiat dans une nouvelle circonscription, à Narbonne. Lorsque Lise disparaît, victime d'une leucémie, Léon est déjà, et depuis longtemps, sur orbite. Elle ne verra pas la dernière marche de son ascension rapide vers le pouvoir. Mais il lui doit beaucoup : une certaine sérénité, une parfaite harmonie avec le monde culturel, une proximité évidente avec les intellectuels, un attachement au travail collectif. Le Blum « chef de bande », celui qui sera soutenu par les artistes et les intellectuels, celui qui apparaîtra jusqu'au bout comme un meneur, Lise a contribué à le construire...

De Lise à Thérèse Pereyra, sa deuxième épouse, on passe d'une esthète à une vraie militante, une socialiste pure et dure, rompue à la dialectique et au combat politique. Thérèse Blum, que Léon épouse en 1932, et qu'il fréquente depuis longtemps, c'est une Danielle Mitterrand avant l'heure. Cinq années durant, jusqu'à sa mort, en 1938, elle sera de tous les combats, de toutes les épreuves, de toutes les victoires. Portrait brossé par Jean Lacouture : « Thérèse a beaucoup d'esprit, de l'entrain, de la gaieté. Il lui est depuis longtemps attaché [...] Il sera pleinement heureux avec elle[1]. » Elle l'assiste, elle le soutient quotidiennement, elle est à ses côtés,

1. Jean Lacouture, *Léon Blum*, *op. cit.*

à tout moment. Elle l'accompagne, bien sûr. Mais davantage encore, elle participe à son action, à ses réflexions, à ses heures de doute. Les amis politiques et personnels de Léon l'ont très vite adoptée. C'est à la fois une épouse et une collaboratrice. Au soir de l'attentat du 13 février 1936, lorsqu'il est violemment agressé, à deux pas du Palais-Bourbon, par les Camelots du roi, ces militants royalistes et antisémites membres de l'Action française, elle garde son sang-froid. Elle est la première à le réconforter. Ils parviennent à évoquer avec calme, malgré les circonstances, la montée de ces extrêmes qui cherchent à tenir la rue et à déstabiliser la République. Moins de trois mois plus tard, elle partage avec son mari le succès du Front populaire. Elle est très souvent présente, pendant ces semaines intenses où, dans leur appartement du quai Bourbon, au cœur de l'île Saint-Louis, il reçoit, consulte et négocie tous azimuts. Léon est désormais en première ligne. Thérèse le vit avec bonheur et intensité. Hyperactive. Elle travaille avec lui à ses célèbres éditoriaux dans le quotidien *Le Populaire*. Elle parle avec lui du gouvernement qu'il est en train de constituer, sans ces communistes qui décident de soutenir mais de ne pas participer. Elle l'encourage à combattre au plus vite les inégalités par des mesures fortes et visibles. Elle l'incite à faire entrer des femmes, une grande première dans l'histoire de la République. Certes, il s'agit de trois modestes sous-secrétaires d'Etat. Mais le symbole est éclatant, et Thérèse n'y est pas pour rien. Elle est à l'apogée de son influence. L'arrivée de ces trois femmes est un événement majeur. Irène Joliot-Curie, la fille de Pierre et de Marie, prix Nobel de chimie avec son mari Frédéric Joliot, prend en charge la recherche scientifique. Cécile Brunschvicg, une féministe ardente, est nommée à l'Education nationale auprès de Jean Zay. Et

Suzanne Lacore, une institutrice corrézienne, a la responsabilité de la Protection de l'enfance. Thérèse savoure. Elle espère aussi que le gouvernement animé par son mari parviendra enfin à faire voter le droit de vote des femmes. Là, elle devra déchanter. Les obstacles sont encore trop lourds. Le conservatisme politique, à la Chambre des députés, et surtout au Sénat, est encore trop présent. (Il faudra attendre huit longues années pour que l'ordonnance du 21 avril 1944, prise par le Gouvernement provisoire du général de Gaulle, permette aux femmes de s'exprimer, à l'égal des hommes.) Tout au long de ces premières semaines exaltantes du Front populaire, à partir du 4 juin 1936, Thérèse vit donc sur un nuage. Elle est omniprésente. Elle est là, le 10 mai 1936, lorsque son mari, une semaine après la victoire aux élections législatives, est soutenu par des dirigeants socialistes unanimes, et ovationné place de la République. Elle est là, aux côtés de son mari, le 14 juillet suivant, lors de la grande fête organisée place de la Nation pour célébrer la victoire et les débuts du nouveau gouvernement. Elle est encore là, près de lui, en août, dans le parc de Saint-Cloud, pour le grand rassemblement organisé en faveur des républicains espagnols qui se lèvent et se battent contre le franquisme. Léon et Thérèse, en cet été 36, c'est à la fois une réalité et un vrai mythe, si bien évoqués par Jean-Michel Gaillard[1]. Un couple entièrement dévoué à la politique.

Thérèse disparue en 1938, emportée par un cancer, une page douloureuse se tourne. C'est auprès de Jeanne Reichenbach, une personnalité hors normes, une lointaine petite-cousine, que Léon Blum va trouver le réconfort. Jeanne, qu'il surnomme « Janot », est de vingt-sept ans sa

1. Jean-Michel Gaillard, *Les 40 jours de Blum*, Perrin, 2001.

cadette. Léon et Janot, c'est à la fois une histoire d'amour et un épisode politique marquant. Il y a entre eux, selon tous les témoins de cette période dramatique et mouvementée, une étonnante complicité. Leur couple est littéralement fusionnel. Janot sera là chaque fois, dans chaque circonstance, heureuse ou malheureuse. A partir de l'été 1940, elle vivra cette période dramatique avec un mélange d'inquiétude et de lucidité : l'arrestation de Léon, en septembre 1940; sa première détention, à Chazeron, dans le Puy-de-Dôme; la deuxième, à Bourrassol, près de Riom, pour le rapprocher du lieu du procès dont il sortira vainqueur grâce à une défense éblouissante; le passage au fort du Portalet, dans les Pyrénées. Elle lui écrit, lui rend visite, lui fait porter des messages.

Indispensable, et incontournable. Début avril 1943, lorsqu'il est déporté à Buchenwald, retenu prisonnier en compagnie de Georges Mandel dans une petite maison forestière toute proche du camp de concentration nazi, elle envisage très vite de s'y rendre. Il le souhaite autant qu'elle. Elle manifeste aussitôt un incroyable courage, prenant tous les risques, jusqu'à se tourner vers Laval et la Gestapo afin d'obtenir les autorisations nécessaires. Jean Lacouture évoque cette Janot, « la fidèle, l'enthousiaste, qui arrachera aux autorités d'occupation le droit de le rejoindre à Buchenwald, avant de convaincre les geôliers de la laisser épouser Léon Blum[1] ». En juin 1943, Janot retrouve Léon. Ils se marient sur place. Mandel est le témoin de Blum. Ce jour-là, l'ancien président du Conseil a soixante et onze ans, sa nouvelle femme en a quarante-quatre. Un vrai mariage d'amour. Récit de l'historienne Dominique Missika dans son livre consacré aux relations

1. Jean Lacouture, *Léon Blum*, *op. cit.*

entre Blum et Janot : « Pour Jeanne et pour Léon, peu importe à qui et à quoi ils doivent ce moment inespéré. Leurs sentiments sont au-delà des mots quand ils apposent tour à tour leur signature au bas de l'acte rédigé en allemand[1]. » Leurs proches sont unanimes : ils ont les mêmes goûts, les mêmes convictions, les mêmes emportements, les mêmes amis, le même acharnement à convaincre, la même séduction naturelle. A Buchenwald, l'influence de Janot se précise et se confirme. Ils échangent en permanence, ils travaillent ensemble, ils lisent les mêmes livres. Dans les lettres émouvantes adressées à son fils Robert, il évoque Janot, « l'être qui m'a tout donné, sans qui j'aurais eu peine à supporter ma charge, depuis quatre ans, et qui, de cette période cruelle de ma vie, a fait le temps d'un bonheur profond, entier, auquel ont seules manqué des présences comme la tienne[2] ». Dans ces textes, Léon cite aussi, en les commentant, leurs nombreuses lectures communes, très éclectiques, et lues souvent à haute voix : Shakespeare, Stendhal, Goethe, Molière, Tolstoï, Montaigne, et bien d'autres encore... A la radio, ils écoutent Mozart, César Franck, Beethoven, Brahms, Haydn. Intellectuellement, ils sont complémentaires. Psychologiquement, ils envisagent toutes les éventualités. Evocation émouvante par Léon Blum : « Depuis qu'elle m'a rejoint en Allemagne, nous sommes, l'un comme l'autre, préparés à tout [...] nous voulons du moins souffrir ensemble, et quand il le faudra, mourir ensemble. La séparation est l'unique péril devant lequel nous nous sentons sans courage[3]. » Janot et Léon

1. Dominique Missika, *Je vous promets de revenir*, Robert Laffont, 2009.
2. Léon Blum, *Lettres de Buchenwald*, Gallimard, 2003.
3. Léon Blum, *Le Dernier Mois*, Diderot, 1946, Albin Michel, 1955, Arléa, 2004.

n'ont jamais été aussi proches. Et jamais cette femme ne lui aura été aussi indispensable.

Le retour vers la France est mouvementé. Une nouvelle épreuve qui soude le couple davantage encore. A leur arrivée à Paris, en mai 1945, elle découvre à ses côtés la ferveur populaire. Elle l'incite à reprendre ses activités politiques. Il hésite. Déterminée, autoritaire, elle contribue, avec d'autres, à le convaincre. En décembre 1946, nommé à la tête du dernier gouvernement provisoire de l'après-guerre, il est de nouveau en première ligne. Il tiendra juste un mois, déjà victime du syndrome de déstabilisation permanente qui marquera cette IVe République naissante. Lorsqu'il rencontre le nouveau président de la République, Vincent Auriol, l'un de ses disciples, Jeanne est souvent présente. Après une nouvelle tentative avortée, fin 1947, fatigué par les luttes intestines et les querelles de boutique, il se retire dans leur maison de Jouy-en-Josas, près de Paris. Lui, il continue d'écrire ses éditoriaux. Elle, hyperactive, fait de cette maison un lieu de passage obligatoire. Tout ce que Paris et la France comptent de journalistes, d'intellectuels et d'acteurs politiques de premier plan va défiler dans ce qui deviendra progressivement un véritable musée. Le 30 mars 1950, Léon Blum disparaît. Janot lui survivra plus de trente ans avant de se donner la mort en 1982, le jour de ses quatre-vingts ans. « Elle choisit son heure et son lieu. Puis, sur le divan où s'est éteint Léon Blum, fait de son départ un ultime acte d'amour. Une grande dame[1]. » Blum était sans l'ombre d'un doute l'homme de sa vie.

1. Dominique Missika, *Je vous promets de revenir*, *op. cit.*

Marie, sa mère, Lise, Thérèse et Janot, ses trois femmes. Chacune a eu sa période d'influence. Chacune a contribué à le forger. Lise l'a accompagné dans sa brillante période littéraire et artistique, Thérèse dans son ascension politique, Jeanne dans les heures les plus noires et les plus difficiles. Ses trois épouses lui ont aussi permis, par leur intelligence, de surmonter les épreuves, d'affronter les haines. Les historiens et les biographes sont unanimes sur ce point. Jamais sans doute un homme d'Etat n'avait été injurié, diffamé, déstabilisé, comme l'a été Léon Blum. Comment ne pas rappeler cette tristement célèbre agression verbale de Xavier Vallat, député d'extrême droite et antisémite notoire, à la tribune de la Chambre des députés, le 6 juin 1936, deux jours après l'installation du gouvernement de Front populaire ? « Pour la première fois, ce vieux pays gallo-romain sera gouverné par un Juif. »

Les insultes, les petites et les grandes trahisons, les complots minables, les calomnies, les arrangements politiciens, les assauts antisémites, Léon Blum les a supportés d'autant plus qu'il pouvait partager sa tristesse et sa souffrance au quotidien avec ces femmes lumineuses et complices. De vraies femmes d'influence.

Charles de Gaulle
La France est une femme

« Au Général de Gaulle, ce misogyne qui a donné le droit de vote aux femmes. » Françoise Parturier se veut subtilement irrévérencieuse quand elle dédicace en mars 1968 sa *Lettre ouverte aux hommes* au président de la République. Ce brin d'insolence n'est pas un mauvais reflet de la réalité. De Gaulle et les femmes, c'est une histoire étrange et contradictoire, traversée de considérations peu flatteuses, de nobles émotions, d'hommages sincères, et même d'élans mystiques. On trouvera sans peine les causes de ces changements dans les origines sociales de Charles de Gaulle, comme dans l'éducation qu'il a reçue. Né en 1890 dans une famille de la petite noblesse éclairée, où l'on pratique les métiers des armes, des lois ou de l'enseignement, il apprend avec ses trois frères et sa sœur, dans ce cercle familial très uni, catholique, royaliste, que c'est à travers Dieu et la France que la vie doit s'accomplir. Le père, Henri de Gaulle, qui enseigne chez les Jésuites l'histoire, le latin, la philosophie, est abonné à *L'Action française* de Charles Maurras. L'antigermanisme est de règle dans ces milieux, mais chez les de Gaulle, on rejette l'antisémitisme, et la famille ne se montrera jamais antidreyfusarde. La mère, Jeanne, « portait à la patrie une passion intransigeante, à l'égal de sa piété religieuse[1] ». Dès lors on comprend mieux ce que le Général confia à André Malraux : « Les femmes, disait-on dans ma famille, assument l'humanité. Il faut donc les protéger. Les garçons, eux, doivent être aguerris pour le combat[2]. » Ainsi, bien avant de prendre ses distances avec Maurras et de se forger sa propre conception de l'Etat – la république, la démocratie –, de Gaulle ne reconnaissait guère à la femme que le droit de faire les enfants. Aux femmes la maternité, aux hommes les responsabilités. Ainsi allait le XIXe siècle. Réflexions personnelles, événements, rencontres vont amener de Gaulle à prendre conscience que la place véritable de la femme reste à conquérir, et que, à sa mesure, il peut prendre part à ce combat.

Au départ de cette évolution, l'idée que la France est une femme. Non la représentation naïve de la République par une Marianne portant bonnet phrygien, mais l'image sublimée et sans cesse régénérée de la mère patrie, prenant tout à la fois le visage de Jeanne d'Arc et des « femmes de Corrèze vêtues de noir » chères à Malraux[3], comme le visage d'Antigone ou de la *Mater dolorosa*. Pour de Gaulle, cette évolution marque le passage entre l'époque de sa jeunesse et les premières marches de son exceptionnelle destinée. La France qui avait été jadis à ses yeux une « princesse de légende[4] » – précisant en quelque sorte la pensée de Michelet affirmant « La France est une personne » – était devenue la

1. Charles de Gaulle, *Mémoires de guerre*, 3 vol., Plon, 1954-1956-1959.
2. Christine Clerc, *De Gaulle-Malraux, une histoire d'amour*, NiL, 2008.
3. André Malraux, *Discours pour le transfert des cendres de Jean Moulin au Panthéon*, 1964.
4. *Id.*, *Antimémoires*, Gallimard, 1967.

France-Femme, celle qu'il fallait en premier lieu protéger, comme l'imposait le principe hérité de son éducation. De cette idée tout imprégnée d'une certaine mystique de l'Histoire, de Gaulle a fait le but unique de son action. Que le mot le plus souvent prononcé dans toute la geste gaullienne, et par l'intéressé lui-même, soit le mot « France », achève à cet égard de nous éclairer.

De son père, Charles de Gaulle tient la fidélité à une vocation, qu'Henri de Gaulle n'avait pu réellement accomplir : le service de la patrie par le métier des armes. Mais c'est de sa mère qu'il hérite l'amour de la France, ce pays dont il s'est « toute sa vie fait une certaine idée[1] ». Il existe une proximité, voire une complicité, entre Jeanne de Gaulle et son fils Charles, qui fait de ce dernier « probablement son fils préféré, bien qu'elle n'ait jamais osé l'avouer[2] ». Dans les lettres de De Gaulle à sa mère, on relève, au détour de commentaires pertinents sur la situation internationale, des phrases prémonitoires annonçant quasiment que le général de Gaulle sauverait un jour la France ! Jeanne de Gaulle s'éteint en juillet 1940, à l'âge de quatre-vingts ans, en Bretagne où elle s'est réfugiée. Quelques semaines auparavant, le 15 juin, son fils Charles était venu l'embrasser avant de gagner l'Angleterre. En apprenant deux jours plus tard qu'un général français avait lancé sur les ondes anglaises un appel à poursuivre le combat, elle s'écrie : « C'est mon fils. Il a fait ce qu'il devait faire. » En juillet, alors qu'il lui reste peu de temps à vivre, Jeanne de Gaulle écoute la nouvelle intervention de Charles à la BBC et laisse couler ses larmes. « Elle pleurait de fierté », dira sa petite-fille Geneviève de

1. Charles de Gaulle, *Mémoires de guerre*, *op. cit.*
2. Philippe de Gaulle, *Mémoires accessoires 1921-1946*, Plon, 1997.

Gaulle, qui l'a accompagnée jusqu'à la fin[1]. Trente ans plus tard, le Général confiera à sa sœur Marie-Agnès Cailliau : « Ce qui m'a souvent réconforté depuis le 18 juin 1940, c'est la conviction que maman aurait été toujours, et en tout, avec moi[2]. »

C'est le 21 avril 1944 que de Gaulle signe l'ordonnance accordant aux femmes les mêmes droits électoraux qu'aux hommes. Mais déjà en 1942, il fait part de son intention de donner le droit de vote aux femmes[3]. Depuis 1940, il les voit à l'œuvre : celles qui se sont engagées dans l'armée, celles qui rejoignent la Résistance, toutes animées de ce courage qui, plus d'une fois, l'impressionnera. On peut reprocher à de Gaulle, libérateur des droits civiques pour les femmes, de n'avoir fait que suivre l'inévitable sens de l'histoire – la France marquait un sérieux retard sur la question –, on ne peut lui contester d'avoir, particulièrement de 1940 à 1945, définitivement élargi son regard sur la place et le rôle des femmes. Pour autant, quelle influence, en termes politiques essentiellement, les femmes ont-elles eue sur lui ? Répondre à cette question revient à admettre que, homme ou femme, on pouvait influencer Charles de Gaulle. C'est un pas que certains historiens se refusent encore à franchir. Que de fois a-t-il, avec plus ou moins d'humeur, fait savoir qu'il était assez grand pour prendre seul ses décisions ? Que de fois

1. Frédérique Neau-Dufour, *Geneviève de Gaulle Anthonioz,* Editions du Cerf, 2004.

2. Jean Mauriac, Entretien avec Marie-Agnès Cailliau, in *Espoir*, n° 39, 1982.

3. Bien avant 1944, Yvonne de Gaulle avait souvent évoqué auprès de son mari la nécessité de donner le droit de vote aux femmes. On peut parler d'une forme de militantisme, tant il est vrai que Mme de Gaulle ne se privait pas d'intervenir dès que la politique concernait les femmes. On le verra plus loin.

l'a-t-il prouvé ! Cette attitude somme toute très gaullienne ne signifie cependant pas que le Général ne sollicitait pas les avis, ou que, si on émettait une opinion, il n'en tenait pas compte. Sur cette période précise, 1940-1945, nous verrons plus loin quelle a pu être l'influence de sa femme, Yvonne, et celle de sa nièce Geneviève. Mais on peut retenir qu'une femme au moins a exercé une influence réelle au cours des années de guerre, sinon sur de Gaulle directement, du moins sur la manière de faire connaître son action et de lui attacher des soutiens. Il s'agit d'Elisabeth de Miribel, documentaliste de vingt-cinq ans à Londres en 1940, qui est recrutée – sans qu'on lui demande véritablement son avis – pour dactylographier un texte qui se révélera être... l'appel du 18 Juin. Elisabeth de Miribel prend plusieurs initiatives décisives pour convaincre de Gaulle de se rapprocher du Canada. Elle-même s'installe à Ottawa en 1942 pour prendre la direction du service d'information de la France libre. Mais, avant, elle n'a de cesse que le Général délègue en 1941 un de ses plus proches, l'amiral Georges Thierry d'Argenlieu, pour rencontrer les autorités canadiennes. Elisabeth de Miribel rejoindra de Gaulle à Alger, puis, après la Libération, travaillera pour le ministère des Affaires étrangères, avant d'entrer... au Carmel. Selon Marcel Jullian, Yvonne de Gaulle nourrissait une certaine méfiance envers les jeunes femmes qui gravitaient dans la sphère gaulliste à Londres, comme Brigitte Friang ou Elisabeth de Miribel. Cette dernière, pourtant, était « exemplaire de rigueur et de désintéressement au service du Général[1]. »

Aujourd'hui encore, témoins et historiens ont du mal à s'accorder sur l'influence qu'Yvonne de Gaulle a pu exercer sur son mari. Elle-même a brouillé les pistes. Le personnage

1. Marcel Jullian, *Madame de Gaulle*, Stock, 1981.

de « Tante Yvonne », adopté par les Français dès son installation à l'Elysée en 1959, s'est surtout fait connaître par... sa discrétion. Jusqu'à l'effacement. Jamais d'interview, aucune déclaration à la presse, « Moi, je ne parle pas. C'est mon mari qui parle », consent-elle à dire, avec le sourire, à une journaliste vénézuélienne en 1964, lors du voyage du Général en Amérique du Sud. En dix ans de présence à l'Elysée, elle a rendu visite à plus de 300 hôpitaux, maisons de retraite ou maternités. Mais si un photographe apparaissait, elle y renonçait. Ce qu'on savait de l'épouse du chef de l'Etat, c'est qu'en toutes circonstances elle assurait parfaitement son rôle de maîtresse de maison, mais qu'elle se refusait à parler politique, et que les seuls domaines où elle animait la conversation, avec les dames principalement, concernaient l'éducation des enfants et la vie de famille. Pierre-Louis Blanc, chef du service de presse du Général, est formel : « Il ne tient aucun compte de ce qu'elle peut penser ou dire. » A quoi l'aide de camp François Flohic répond : « On ne doit pas conclure que l'action [d'Yvonne de Gaulle] sur les affaires publiques fut insignifiante. [...] Elle était le soutien attentif de l'action de son mari et parfois son censeur, en particulier pour les affaires qui touchaient à la condition de la femme et de la famille[1]. » Il est vrai qu'en relisant la dédicace qui figure sur le premier tome des *Mémoires de guerre* – « Pour vous Yvonne, sans qui rien ne se serait fait » –, on peine à imaginer que celle qui accompagna de Gaulle dans les bons et mauvais moments ne fut qu'une présence silencieuse, se contentant d'approuver en baissant les yeux les décisions du Général. La légende qui fait d'elle la régente des convenances pendant les dix ans qu'elle passa à l'Elysée mérite tout autant d'être nuancée.

1. François Flohic, *Souvenirs d'outre-Gaulle*, Plon, 1979.

On s'apercevra ainsi que l'influence d'Yvonne de Gaulle a été, sur le plan politique, plus importante qu'on ne le dit, et, dans la surveillance des bonnes mœurs, infiniment moins grande qu'on ne le croit. L'essentiel a été exprimé avec beaucoup de justesse par Jean Lacouture : « Elle jouait vraiment un rôle important. Auprès du Général, qui était à sa façon un personnage extravagant, hors de toutes les normes, elle représentait la quotidienneté et la tradition, l'enracinement français... [...] Madame de Gaulle était une femme qui souhaitait éviter les points d'exclamation. Evidemment, elle s'était mariée avec un homme qui était un point d'exclamation. Mais elle était les points de suspension à côté[1]. »

Yvonne Vendroux naît en 1900 dans un milieu d'industriels aisés. Quand elle rencontre le capitaine Charles de Gaulle, de dix ans son aîné, en 1920 au Salon d'automne – la rencontre n'a rien de fortuit, et, comme il était d'usage dans la bonne société de l'époque, a été « arrangée » par des proches des deux familles –, Yvonne a déjà fait savoir qu'elle n'épouserait jamais un militaire : « Aller de ville en ville, de garnison en garnison, ne me tente absolument pas. Je rêve d'une vie tranquille[2]. » Après cette journée au Salon d'automne et le bal de Saint-Cyr auquel le capitaine de Gaulle a invité la belle jeune fille aux yeux clairs, le propos d'Yvonne est tout différent : « Ce sera lui ou personne. » A considérer la rencontre organisée, puis le cérémonial dans le respect scrupuleux de la tradition, certains ont pu suggérer une union convenue. C'est pourtant bien un véritable

1. Sébastian Danchin et François Jenny, *De Gaulle à Colombey, refuge d'un romantique*, Presses universitaires de Nancy, Editions Serpenoise, 1990.

2. Frédérique Neau-Dufour, *Yvonne de Gaulle*, Fayard, 2010.

mariage d'amour qui a lieu en avril 1921. « Je t'aime de tout mon cœur », écrit Charles à Yvonne en 1929, un an après la naissance de leur troisième enfant, Anne, qui fut la plus grande douleur de son père comme de sa mère, car Anne était trisomique. Philippe était né fin décembre 1921 et Elisabeth en mai 1924. De cet amour profond que se vouent Charles et Yvonne, de ce sentiment quasi religieux, tout imprégné de l'admiration qu'ils se portent mutuellement, on trouve les traces dans les nombreuses lettres que de Gaulle adresse à sa femme lorsque les événements, dramatiques le plus souvent, les obligent à être séparés, parfois pour de longs mois. Presque toutes ces lettres commencent par « Ma chère petite femme chérie ». En mars 1941, alors que de Gaulle va quitter Londres pour l'Afrique, il écrit à Yvonne, installée avec Anne au pays de Galles : « Je t'embrasse de tout mon cœur, ma chère petite femme chérie, et aussi mon amie, ma compagne si brave et bonne, à travers une vie qui est une tourmente. » D'Alger, en 1943 : « Tous les deux, bien appuyés sur l'autre physiquement et moralement, nous irons très loin sur la mer et dans la vie pour le meilleur et pour le pire[1]. » Pour Yvonne, dire que Charles est l'homme de sa vie serait banal, et même vulgaire. Il est tout. Après la guerre, elle n'acceptera pratiquement jamais d'être éloignée de son « cher Charles chéri ». Elle sera de tous les voyages. Elle ne le quittera pas des yeux. Elle craint pour sa vie, mais si pareil malheur devait arriver, elle souhaiterait disparaître avec lui. « Elle voulait partager le destin de son mari », rapportera Pierre Lefranc. La jeune Yvonne qui refusait l'idée de lier sa vie à celle d'un militaire, de crainte d'être bringuebalée d'une garnison à l'autre, va être servie. Entre les affectations de son mari – l'Allemagne, le Liban,

1. Charles de Gaulle, *Lettres, Notes et Carnets*, Plon, 1980-1997.

l'est de la France – puis, à partir de 1940, les déplacements improvisés dus à l'exode, l'embarquement de dernière minute pour l'Angleterre alors qu'elle ignore où se trouve Charles (elle suppose l'Afrique du Nord, peut-être plus loin), les six lieux de résidence outre-Manche pour fuir les bombardements qui provoquent de terribles crises chez la petite Anne, les longues absences de Charles, l'éloignement des siens, Yvonne de Gaulle aura vécu, au cœur d'un infernal maelström, ce que d'autres n'auraient pu supporter. Il y avait heureusement cette maison, La Boisserie, achetée en 1934 dans un village de la Haute-Marne, Colombey-les-Deux-Eglises, pour que la petite fille handicapée puisse y vivre dans la tranquillité. Philippe de Gaulle a plusieurs fois raconté combien sa mère savait garder calme et dignité dans ces épreuves, alors qu'elle était chaque fois accompagnée d'Anne – que les de Gaulle ont toujours refusé de confier à un institut spécialisé – et la gouvernante de celle-ci, Mlle Potel. En certaines circonstances, Yvonne était même entourée de ses trois enfants, comme c'est le cas le 16 juin 1940 quand tous s'embarquent à Brest sur un ferry néerlandais qui part pour l'Angleterre. Autant dire pour l'inconnu. Partout le danger et aucune nouvelle de Charles. « Nous abandonnons tout derrière nous. Nous n'avons que les vêtements que nous portons et quelques médicaments de secours pour Anne [...]. Ma mère serre dans son sac à main quelques bijoux de famille. [...] Il fallait la voir faire face. [...] J'ai toujours conservé en mémoire le visage qu'elle offrait alors : déterminé et impassible. Mon père aurait été fier d'elle[1]. » Philippe de Gaulle rapporte aussi le choc qu'ils éprouvent lorsqu'ils apprennent, le surlendemain de leur arrivée,

1. Philippe de Gaulle, *De Gaulle, mon père*, entretiens avec Michel Tauriac, 2 tomes, Plon, 2003-2004.

qu'« un certain général de Gaulle » avait parlé aux Français la veille sur les ondes de la BBC. Il note aussi qu'au milieu de l'émotion et de la joie des retrouvailles, sa mère n'avait pu s'empêcher de décocher une petite flèche. Au Général qui se disait enfin rassuré, elle aurait répondu : « Vous nous avez abandonnés comme des paquets ! »

Qu'est-ce qui fait tenir Yvonne de Gaulle ? A-t-elle eu la prescience qu'elle épousait un homme dont le destin allait être exceptionnel ? Son milieu, son éducation, l'époque l'ont-ils préparée à se tenir dans l'ombre de son mari sans jamais se plaindre ? Est-elle armée, grâce à sa foi profonde et accomplie, d'un courage aussi fort que jamais démonstratif ? A-t-elle puisé auprès de sa fille handicapée, dont elle ne s'est séparée à aucun moment tout au long de la courte vie de la jeune fille – Anne de Gaulle est morte en 1948, à l'âge de vingt ans –, une force d'âme qu'on ne rencontre que très rarement ? On peut souscrire à toutes ces hypothèses, et accepter aussi cette nouvelle preuve de complexité de la nature humaine : pour discrète qu'elle fût, pour façonnée qu'elle ait été par l'abnégation et le dévouement, Yvonne de Gaulle possédait une réelle personnalité, un caractère solide, et, d'une certaine façon, s'affirmait rebelle. Elle s'était mariée avec plus rebelle qu'elle, mais peut-on imaginer que de Gaulle aurait épousé une femme dont le caractère fût marqué par... l'absence de caractère ? Lisse et soumis ? Parce qu'il ne supportait pas la contradiction et détestait qu'on le conseillât sur ce qu'il avait à faire, il était précisément désireux de trouver dans son entourage immédiat une pensée qui n'exprimait pas des opinions préfabriquées ou des approbations confites. Quitte à les récuser sans délai, mais avec au moins la satisfaction d'avoir assisté à autre chose qu'un exercice de dévotion, qu'il ne supportait pas davantage que la contradiction. Ainsi, lorsque, en 1946, il se retire des affaires et songe à fonder un parti, encouragé en cela par son fils Philippe, il accueille avec humeur les remarques contrastées d'Yvonne : « Mais vous raisonnez comme un enfant, Yvonne ! Vous me faites rigoler, tous les deux, avec vos conseils ! Vous savez bien que vous n'y entendez rien[1]. » De Gaulle n'en était pas à un paradoxe près, mais... c'était de Gaulle, « un homme qui habitait sa statue[2] ».

Sur le plan politique, Yvonne de Gaulle est une conservatrice, fidèle au milieu catholique bourgeois dont elle est issue. C'est peu dire qu'elle déteste les communistes, soupçonnés plus d'une fois de vouloir attenter à la vie de son mari. Elle voit en François Mitterrand le diable en personne. Elle exècre l'extrême droite, les nostalgiques de Pétain et les suppôts de l'OAS, réunis sous la même bannière de « vichystes ». En fait, seuls comptent les fidèles du Général, qu'elle appelle « les vrais », comme elle l'écrit en janvier 1966, un mois après l'élection présidentielle, à Mme Geoffroy de Courcel[3] : « Le Général et moi sommes très sensibles à votre fidèle pensée... et Dieu sait que nous avons eu besoin de ce soutien des “vrais” en décembre ! Et ce n'est pas fini[4]... » Pour autant, comment repérer l'influence politique ? De par sa proximité, la toute première, avec le Général, elle a indéniablement joué un rôle. S'il n'a

1. Claude Guy, *En écoutant de Gaulle*, Grasset, 1996.
2. Alain Peyrefitte, *C'était de Gaulle*, Editions de Fallois-Fayard, 1994-2000.
3. Le diplomate Geoffroy Chodron de Courcel (1912-1992) était aux côtés de De Gaulle à Londres en juin 1940. Compagnon de la Libération, il sera notamment secrétaire général de la présidence de la République de 1959 à 1962.
4. Frédérique Neau-Dufour, *Yvonne de Gaulle*, *op. cit.*

pas toujours eu les effets qu'elle-même pouvait en attendre, il n'en a pas été moins réel.

Lorsque de Gaulle et sa famille s'installent dans une villa de Neuilly en septembre 1944, un mois après la libération de Paris, Yvonne découvre une vie accaparée par l'exercice du pouvoir, et pour la première fois ce pouvoir n'est pas clandestin. A la tête du Gouvernement provisoire de la République française, le Général est devenu l'arbitre des quatre années d'occupation. Le pays est ravagé, épuisé. Yvonne s'en rend compte tous les jours. Elle n'est pas coupée du monde. Il faut reconstruire, mais aussi que justice soit faite. Son mari ne manque pas de lui exposer les cas les plus délicats de demandes de grâce. De son côté, elle reçoit un courrier abondant, où on la supplie d'intervenir pour sauver des condamnés. Claude Guy et Claude Mauriac ont raconté certaines soirées à la villa de Neuilly, où de Gaulle marchait dans le salon, en écoutant ce qu'Yvonne avait à lui dire sur tel ou tel cas, qu'il ait sollicité son avis ou qu'elle l'ait donné de sa propre initiative. Il réfléchissait en silence pendant quelques secondes, sans faire de commentaire, en posant le cas échéant une ou deux questions. Le plus souvent, il hochait la tête en signe d'approbation. C'était sa manière d'indiquer que l'opinion de sa femme devenait sa propre décision. Les cas concernés n'avaient rien à voir avec ceux des responsables de la défaite qui avaient collaboré avec l'ennemi. Pierre Laval, Joseph Darnand, Pierre Pucheu, pour ne citer qu'eux, relevaient aux yeux de De Gaulle de la raison d'Etat, et d'un principe jamais négociable : « le refus de l'impunité pour les chefs et les inspirateurs[1] ». Le sort de ceux-là ne se discutait pas. Mais dès

1. Alain Peyrefitte, *C'était de Gaulle*, *op. cit.*

qu'il s'agissait d'une femme condamnée à mort, que cette femme fût célèbre ou anonyme, de Gaulle accordait la grâce. « L'homme et la femme sont égaux, mais ils ne seront jamais pareils. Il y a quelque chose de sacré dans la femme. Elle peut devenir mère. Une mère, c'est beaucoup plus qu'un individu. C'est une lignée. » En rapprochant cette réponse faite à Alain Peyrefitte[1] d'une remarque de Philippe de Gaulle rapportée par Christine Clerc : « Ma mère était plus sévère. Elle pensait que les femmes ont une conscience comme les hommes. Elles sont donc tout aussi responsables de leurs actes[2] », on est en droit de s'interroger. Le Général n'a-t-il pas, dans les demandes de grâce concernant des femmes, imposé son principe face à un point de vue contraire, clairement affirmé par sa femme[3] ? Il n'existe en revanche aucun témoignage nous éclairant sur la période 1959-1969, alors que de Gaulle président de la République gracie plus de 90 % des condamnés à la peine capitale. Yvonne était-elle consultée ? On peut toutefois penser que le Général a évoqué dans l'intimité ce qui pouvait légitimement lui causer du tourment et empêcher son sommeil. Il est un cas, au moins, où sa décision a été arrêtée sans que quiconque intervienne : celui du colonel Bastien-Thiry, cerveau de l'attentat du Petit-Clamart en août 1962. De Gaulle exposera une des raisons de son refus de grâce à Alain Peyrefitte.

1. Alain Peyrefitte, *op. cit.*
2. Christine Clerc, *Tigres et Tigresses*, Plon, 2006.
3. Geneviève de Gaulle était, sur ce plan-là du moins, d'accord avec sa tante Yvonne. Lors de son séjour chez son oncle et sa tante en 1945 à Neuilly, à son retour du camp de Ravensbrück, elle demanda au Général ce qui le déterminait à accorder ou non les grâces. Il répondit qu'il graciait toujours les femmes. Geneviève de Gaulle lui répliqua : « Vous avez joliment tort ! Les femmes se sont battues quand il le fallait comme les hommes. Alors il ne faut pas avoir une attitude particulière. » Cité par Frédérique Neau-Dufour, *Geneviève de Gaulle Anthonioz*, *op. cit.*

« Ce qui est impardonnable aussi, c'est qu'il a fait tirer sur une voiture dans laquelle il savait qu'il y avait une femme[1]. » Alain de Boissieu, le gendre du Général, rapportera les propos de De Gaulle à Yvonne : « Qu'ils aient tiré sur moi, c'est le risque de l'Etat. Qu'ils aient tiré sur vous, c'était une erreur de ma part[2]. » Quant à Mme de Gaulle, rien n'aurait pu la pousser à solliciter, dans ce cas particulier, la clémence de son mari. La preuve en est quasiment donnée par cette lettre qu'elle adresse à l'une de ses nièces quelques jours après l'attentat : « Ce sale journal vichyste *L'Aurore* a eu le toupet d'écrire le lendemain : "Le Général réconfortait Mme de Gaulle très affectée." Or, comme la première fois[3], j'ai conservé tout mon calme, et ton oncle m'a dit dans l'avion : "Vous êtes brave."[4] » Selon les témoins, le Général l'aurait même dit à deux reprises. La première fois dans le hall de l'aérodrome de Villacoublay : « Très bien, Yvonne, vous êtes courageuse » ; la seconde dans l'hélicoptère : « Ah, vous êtes brave, Yvonne[5]. »

En trois circonstances presque semblables, en tout cas poursuivant le même but, l'influence d'Yvonne de Gaulle a été sans effet. Elle avait pourtant déployé une belle énergie pour cette cause qui lui tenait à cœur plus qu'une autre : que le Général quitte la vie publique, et que tous deux puissent vivre paisiblement à Colombey. Lorsqu'il abandonne le pouvoir en janvier 1946, écœuré par le spectacle des partis politiques qui « reprennent leurs jeux d'antan[6] »,

1. Alain Peyrefitte, *C'était de Gaulle, op. cit.*
2. Entretien avec les auteurs, 1990.
3. L'attentat de Pont-sur-Seine en 1961.
4. Frédérique Neau-Dufour, *Yvonne de Gaulle*, *op. cit.*
5. Philippe de Gaulle, *De Gaulle, mon père*, *op. cit.*
6. Charles de Gaulle, *Mémoires de guerre*, *op. cit.*

de Gaulle espère en son for intérieur qu'il se passera peu de temps avant que les Français le rappellent. Pour Yvonne, c'est tout le contraire. Elle entrevoit enfin ce à quoi elle est le plus attachée : garder son mari auprès d'elle. Mais de Gaulle a cinquante-six ans, et, pour un homme qui vient de rencontrer l'Histoire, l'heure n'est pas venue de renoncer, en dépit de ses déclarations laissant entendre qu'il se retire définitivement. Le Général espère secrètement, non pas tôt ou tard mais le plus tôt possible, revenir aux affaires. Elle s'insurge : « Ils viendront vous rechercher. Vous remettrez un peu d'ordre dans la boutique. Et puis au premier tournant, ils vous trahiront ! » C'est assez dire l'état d'esprit d'Yvonne de Gaulle. Certes, elle n'a pas envie de voir son mari embarqué dans l'aventure du pouvoir, mais surtout elle pressent qu'il ira au-devant de profondes déceptions. Elle ne méconnaît pas la nature humaine, elle a de l'intuition, elle se sait – la seule peut-être – lucide. Ce sont ses armes, elle ne dispose que de celles-là. Le Général, lui, se fait vite à l'idée de créer quelque chose qui pourrait ressembler à un parti. Il en est d'autant plus exalté que « le régime des partis », selon sa prédiction, est en train, à nouveau, d'organiser le naufrage de la France. Mais la préoccupation d'Yvonne ne répond pas au seul espoir de voir son mari se calfeutrer à La Boisserie. C'est aussi un véritable point de vue politique qu'elle défend. Fonder un parti pour lutter contre les partis lui semble vain, dangereux, et indigne de De Gaulle. Il a beau marteler qu'il imagine un mouvement qui n'aura rien à voir avec la cuisine électorale, qu'il s'agira d'autre chose qu'un parti, elle n'en démord pas. Quand il lui annonce : « Il faut refaire le 18 Juin ! », elle réplique : « Le 18 Juin ? Mais mon pauvre ami, personne ne vous suivra ! » Déjà cependant le Rassemblement du peuple français se précise. Un parti comme un autre, le RPF ? Le terme de « rassemblement » veut marquer la différence, et, en quelque sorte, rassurer Yvonne. Elle rejoue pourtant les Cassandre, et s'attire plus d'une fois des remarques du genre : « Ma pauvre Yvonne, vous ne comprendrez décidément jamais rien à la politique[1]. » Quand elle voit le Général recevoir à La Boisserie des visiteurs de plus en plus nombreux, fidèles de la première heure, elle comprend que, cette fois, la partie est perdue pour elle. Elle ne dit plus rien, mais n'en pense pas moins. Jacques Chaban-Delmas a gardé le souvenir de cette période : « Immédiatement après le déjeuner, passage dans le deuxième salon. Madame de Gaulle servait le café, puis s'installait d'un côté de la pièce avec son tricot, et le Général et son visiteur s'asseyaient de l'autre côté. [...] A chacune de mes venues à Colombey, un même phénomène se produisait. Ça ne pouvait pas m'échapper, parce que c'était évident. Selon que madame de Gaulle appréciait nos commentaires, qu'elle était d'accord, ou bien qu'elle avait des réserves à faire – qu'elle ne faisait pas, car elle était d'une très grande discrétion et ne se mêlait pas à la conversation – alors la cadence du jeu d'aiguilles variait. Ce qui n'échappait pas au Général et l'agaçait un peu. Deux fois, il regardait dans la direction de madame de Gaulle sans rien dire, et puis la troisième fois il se levait en disant : "Allons dans mon bureau !"[2]. » A la même époque, ce cliquetis des aiguilles à tricoter avait aussi marqué Jacques Soustelle.

Ne pouvant lutter contre la création du RPF, Yvonne de Gaulle adopte une autre tactique : elle l'accompagnera. Elle sera de tous les déplacements, de toutes les manifestations où le Général prononce un de ces discours flétrissant les politiciens de la IVe République naissante qui déshonorent

1. Claude Guy, *En écoutant de Gaulle, op. cit.*
2. Sébastian Danchin et François Jenny, *De Gaulle à Colombey..., op. cit.*

la France. Elle va même jusqu'à dire franchement, lorsqu'il arrive au Général d'évoquer devant elle les grandes lignes de son discours, que telle expression ou tournure de phrase ne sera pas comprise – rôle qu'endossera Elisabeth de Gaulle souvent par la suite auprès de son père. Elle feint d'oublier la remarque qu'elle s'était un jour attirée : « Mais fichez-moi la paix, Yvonne ! Je suis assez grand pour savoir ce que j'ai à faire[1] ! », et lui recommande sans détour d'être plus clair. Plus d'une fois, elle parvient à infléchir le Général. La forme, l'expression du discours sont modifiées. Ils sont peu nombreux, ceux qui peuvent se vanter d'avoir osé conseiller le général de Gaulle, et d'avoir eu la satisfaction de voir que leur conseil était suivi. Bernard Tricot[2] l'a remarqué : « Si on voulait essayer d'infléchir son jugement, il fallait s'accrocher au bord du bureau parce que ce n'était pas facile, mais c'était possible et il fallait le vouloir. Il vous disait qu'il y réfléchirait, qu'il y penserait. Puis, quelque temps plus tard, on constatait soit qu'on ne l'avait pas du tout persuadé, soit que tout de même il en avait tenu compte[3]. »

En apparence, Yvonne de Gaulle perd donc la bataille du RPF. En réalité, elle la gagne. Car si elle n'a pas réussi à convaincre le Général de ne pas retourner aux affaires, elle ne peut qu'éprouver une certaine satisfaction en constatant que tout ce qu'elle avait prévu s'est produit. Aux élections municipales de 1953, le RPF s'effondre. « Vous n'arriverez jamais à bout des partis. Quant à en former un vous-même, non, car votre parti lui-même vous trahirait au bout de quinze jours[4] »,

1. Claude Guy, *En écoutant de Gaulle*, *op. cit.*
2. Bernard Tricot (1920-2000), conseiller d'Etat, secrétaire général de la présidence de la République de 1967 à 1969.
3. Entretien avec les auteurs, 1990.
4. Marcel Jullian, *Madame de Gaulle*, *op. cit.*

lui prédisait-elle en 1946. De Gaulle voudra-t-il à l'avenir prendre en considération, mieux qu'il ne l'a fait, la clairvoyance de sa femme ? Tout indique le contraire. Car nous voici en 1957, et ce qui se met en place ressemble pour elle à un mauvais rêve déjà vécu. De Gaulle a compris que l'Algérie pouvait rapidement devenir le levier de son retour au pouvoir, et, cette fois, sans l'intermédiaire d'un parti. « Il ne se passera plus longtemps avant qu'ils ne soient obligés de revenir me chercher », confie-t-il à son beau-frère Jacques Vendroux en octobre 1957[1]. Pour Yvonne, la situation est pire. De Gaulle a dix ans de plus (soixante-sept ans) qu'au temps du RPF ; la menace qui pèse sur sa vie n'a fait qu'augmenter – « s'ils veulent le descendre, ils le descendront », disait-elle en 1947 dans un langage qu'on ne lui connaissait pas[2]. Enfin, et c'est peut-être devenu l'essentiel à ses yeux, elle s'estime gardienne de la stature historique de son mari. Façon d'affirmer que la crise algérienne, pour dramatique qu'elle soit, ne lui semble pas avoir les dimensions requises pour justifier que le général de Gaulle sorte de sa retraite. Politiquement, elle considère même que si l'Algérie réclame l'indépendance, ce n'est rien de moins qu'une trahison à l'égard de la France, qui a tout donné à ce pays. Pour autant, elle ne se fait guère d'illusions. Elle sait que « le Général », comme elle le désigne, n'attend que cela. Le tourbillon des visiteurs à La Boisserie le prouve tous les jours. Elle a même du mal à reconnaître sa maison dans ce qui est devenu la base arrière du retour aux affaires. Elle tente une ou deux remarques : « Mais Charles, vous ne trouvez pas que ça suffit comme ça ? Vous allez recommencer ? On n'aura que des embarras[3]. » En vain. Elle ne peut même

1. Christine Clerc, *Tigres et Tigresses*, *op. cit.*
2. Claude Guy, *En écoutant de Gaulle, op. cit.*
3. *Ibid.*

plus compter sur le soutien de son fils. Philippe pense en effet que la gravité de la situation crée justement ce genre de circonstances exceptionnelles qui conviennent à son père. Alors Yvonne de Gaulle se résigne, reconnaissant que son influence, qu'elle n'a par ailleurs jamais revendiquée, aura, cette fois, été inexistante. « Je vais devoir veiller deux fois plus sur lui[1] ». Que peut-elle faire d'autre ?

Installée à l'Elysée, Yvonne de Gaulle voit arriver avec une certaine appréhension l'année 1965. En décembre aura lieu l'élection présidentielle, la première au suffrage universel. Le Général est à la tête du pays depuis plus de six ans, les épreuves n'ont pas manqué – deux tentatives d'attentat en 1961 et 1962 – la tâche est difficile et... de Gaulle a soixante-quinze ans. Yvonne surveille de près la santé de son mari, contrôle son alimentation en donnant de précises instructions aux cuisines, et en ayant recours à quelques stratagèmes, avec la complicité de certains invités. A table, il faut éviter que le Général reprenne deux fois du dessert dont il raffole : les œufs à la neige. Il a subi l'année précédente une opération de la prostate et, cette même année 1964, a accompli un voyage officiel de quelques milliers de kilomètres en Amérique du Sud, où elle l'a comme toujours accompagné. Le raisonnement auquel se livre Yvonne de Gaulle est simple : le Général a par deux fois sauvé la France. Que peut-il faire de mieux, maintenant que le pays a été redressé, pacifié, sorti de l'ornière de la colonisation, que le voici prospère et tenant son rang sur le plan international ? A quoi servirait d'en faire davantage ? En 1946 et 1958, elle a échoué à le convaincre de renoncer. Cette fois elle veut croire qu'elle peut enfin réussir. Ses arguments

1. Alain Peyrefitte, *C'était de Gaulle*, *op. cit.*

sont imparables : la tâche vis-à-vis de la France est accomplie et la vieillesse est là. Le Général et elle peuvent donc rentrer définitivement à Colombey. Il suffit, si l'on peut dire, qu'il ne soit pas candidat à sa succession à la présidence de la République. Sur le sujet, de Gaulle souffle le chaud et le froid. Insurpassable d'ambiguïté en novembre 1964 quand l'ambassadeur d'Union soviétique en France, Serge Vinogradov, lui demande : « Vous représenterez-vous, mon Général ? » et qu'il répond : « Je n'ai pas encore pris de décision, mais le jour où j'en aurai pris une, je ne le dirai à personne[1]. » Yvonne sait que son mari connaît des moments de doute, voire de déprime – ils n'ont pas manqué durant toutes ces années – mais elle ne croit pas que c'est le découragement qui conduira le Général à rentrer chez lui. Elle voudrait simplement qu'il se montre raisonnable. Forte des expériences du passé, elle veut agir au plus tôt, et pour cela se lance dans une campagne discrète mais ferme.

En juin 1964, à la faveur d'un déplacement en province, un badaud apostrophe le Président : « Rempilez, mon Général ! » Et de Gaulle de répondre : « J'essaierai ! » Ce petit événement alerte Yvonne qui s'en ouvre à Alain Peyrefitte : « Vous qui avez l'occasion de parler au Général, je vous en supplie, ne le poussez pas à se représenter, tâchez de le retenir[2] ! » En 1965, elle se confie sur le même ton à Pierre Lefranc : « Le Général a bien mérité de se reposer. Ne le poussez pas à se représenter, ce n'est pas un bon service à lui rendre[3]. » Mme de Gaulle exprime-t-elle son souhait directement à son mari ? Il est bien difficile de croire qu'elle se contente de charger proches et fidèles du

1. Alain Peyrefitte, *op. cit.*
2. *Ibid.*
3. Marcel Jullian, *Madame de Gaulle, op. cit.*

message dès lors que, selon le témoignage de Jacques Foccart, c'est d'abord à Yvonne que de Gaulle expose – au dernier moment, début novembre 1965 – les raisons pour lesquelles il a décidé de briguer un second mandat. « Je n'en ai pas eu la confidence de la bouche du Général. Ce que m'a confié madame de Gaulle est qu'il n'avait pas l'intention de se représenter, mais que, lorsqu'il a vu la tournure que prenait la campagne de François Mitterrand – qui avait annoncé sa candidature le 9 septembre –, il a pensé que l'affaire serait trop risquée pour un autre gaulliste que lui. Son jugement sur Mitterrand était très défavorable, et il se disait : "Je ne peux pas laisser la France à Mitterrand. Si un autre que moi se présente, Mitterrand a des chances de passer. Par conséquent, je dois me présenter"[1]. » Justification sans doute sincère mais incomplète. Alain Peyrefitte dit avoir senti dès 1964 que de Gaulle était décidé à ne pas laisser Georges Pompidou se présenter à la présidence de la République. La raison en est simple : les désaccords entre le Général et son Premier ministre, pour feutrés qu'ils soient, se sont multipliés depuis que, sous l'effet d'une menace de démission de Pompidou, de Gaulle a gracié le général Jouhaud, l'un des putschistes d'Alger en 1961. Dès lors, comment ne verrait-on pas dans la candidature du Général en 1965 le premier barrage à Georges Pompidou ? La suite de leurs relations, de 1965 à 1968, vient renforcer cette hypothèse. Pour Yvonne de Gaulle, la candidature du Général est donc un nouvel échec, et de nouvelles sources d'inquiétude. Sa vraie victoire n'interviendra qu'en 1969, lorsque le Général quitte le pouvoir après la défaite au référendum du 27 avril. On peut imaginer que la phrase la plus

1. Jacques Foccart, *Foccart parle*, entretiens avec Philippe Gaillard, Fayard-Jeune Afrique, 1995-1997.

douce qu'elle ait entendue fut celle prononcée par de Gaulle en arrivant à La Boisserie le vendredi 25, l'avant-veille du vote, et qui résume à elle seule le peu d'illusions qu'il se faisait sur l'issue de la consultation. A l'employée de maison, Charlotte Marchal, il déclare : « Cette fois, Charlotte, nous rentrons pour de bon[1]. »

Si Yvonne de Gaulle, malgré ses tentatives répétées, n'est pas parvenue à infléchir le cours du destin de son mari, elle a contribué, et de façon décisive, dans le domaine social, à faire en sorte que des avancées majeures aboutissent. C'est le cas en 1963 lorsque le garde des Sceaux, Jean Foyer, lance une importante réforme législative sur le statut de ceux que l'on appelait « incapables majeurs », à savoir les personnes handicapées ayant atteint la majorité (vingt et un ans à l'époque). Le projet de loi présente un ensemble de mesures juridiques et médicales renforçant la protection des malades. Foyer connaît parfaitement l'engagement d'Yvonne de Gaulle dans ce domaine. Elle préside de manière active la Fondation Anne-de-Gaulle, qu'elle a créée avec le Général en 1945, et qui est une institution destinée à accueillir des jeunes filles handicapées mentales. L'expérience qu'Yvonne a acquise, dans le souvenir fervent de sa fille Anne, constitue un appui considérable pour le garde des Sceaux[2]. Le projet sous tous ses aspects est exposé à Yvonne de Gaulle, qui l'approuve. Le Général y souscrit alors sans réserve. La loi verra le jour en janvier 1968.

1. Interview de Charlotte Marchal, Radio France, 1990.

2. Jean Foyer n'ignore pas non plus que l'année précédente, en 1962, Yvonne de Gaulle est intervenue pour que Calais (sa ville natale, dont son frère Jacques Vendroux est le maire) accueille une institution spécialisée pour les enfants handicapés.

En 1965, à la surprise de tous, et à la stupéfaction de beaucoup, Yvonne de Gaulle prend part au combat en faveur de la contraception. C'est peu dire que nul ne s'attendait à la voir manifester une opinion progressiste sur une question qui avait tout pour heurter ses convictions, sa foi, et l'héritage de son éducation. C'est pourtant ce qu'il va se passer. Au départ, le Dr Pierre Simon, l'un des principaux responsables du Planning familial, alerte les politiques sur la situation dramatique créée en France par l'absence de contrôle des naissances. La presse de gauche s'est fait l'écho à plusieurs reprises du problème, mais c'est François Mitterrand le premier qui aborde la question, en particulier au cours de la campagne présidentielle de 1965. Que Mitterrand s'empare d'un sujet comme celui-là, voilà deux bonnes raisons pour que de Gaulle y soit hostile. Mais une fois réélu en décembre 1965, le Général sait que le sujet ne peut être contourné. En face, les partisans de la contraception n'ignorent pas que rien n'aboutira si de Gaulle met son veto à une nouvelle loi, au nom des valeurs du passé qu'on ne peut plus invoquer. De Gaulle écoute. Le ferait-il si celui qui porte le combat était autre qu'un député de sa majorité, Lucien Neuwirth, de surcroît résistant de la première heure, qui l'a rejoint à Londres ? « Mon Général, vous avez donné le droit de vote aux femmes », dit Neuwirth, qui esquisse alors les contours de la nouvelle loi[1]. De Gaulle reste silencieux. Il ne va pas fléchir comme ça, Neuwirth le sait. Celui-ci a alors l'idée de faire jouer tous les réseaux gaullistes en faveur de son projet. C'est Alexandre Sanguinetti, le ministre des Anciens Combattants, qui suggère, sur un sujet aussi sensible, de commencer par recueillir l'assentiment de Mme de Gaulle. Il argumente sa proposition : d'une

1. Lucien Neuwirth, *Que la vie soit !* Grasset, 1979.

part la femme du chef de l'Etat reçoit chaque jour un nombre considérable de lettres de mères de famille qui lui exposent des cas dramatiques et le plus souvent désespérés. Elle agit autant qu'il lui est possible pour soulager ces femmes. D'autre part, et Sanguinetti en est convaincu, sur un sujet de cette nature, le Général consultera sa femme. Philippe de Gaulle confirme : « [Nos parents] en ont discuté ensemble, c'est certain. [...] [Ma mère] concevait malgré tout que la pilule puisse éviter des drames dans certains cas[1]. » La mission Sanguinetti auprès d'Yvonne de Gaulle est un succès. Et le Général encourage Lucien Neuwirth : « C'est vrai, transmettre la vie c'est important. Il faut que ce soit un acte lucide. Continuez. » La loi Neuwirth sera promulguée en décembre 1967, après de longs et houleux débats, mais à aucun moment, dès lors que, grâce à Yvonne, il fut acquis, le soutien de De Gaulle n'a manqué.

Au cours des dix années passées à l'Elysée, la rumeur ne cessa jamais. Ce qui se cachait derrière la discrétion de la Première dame, c'était son rôle à la tête d'un ministère de l'ombre dévolu aux bonnes mœurs et à la censure. Elle aurait ainsi exercé un contrôle vétilleux – avec droit de veto – sur tous ceux qui étaient appelés, pour une raison ou pour une autre, à fréquenter l'Elysée. Philippe de Gaulle s'insurge : « Ma mère n'était pas si bégueule qu'on le prétendait[2]. » En réalité, les convictions religieuses d'Yvonne de Gaulle lui interdisaient d'accepter le laisser-aller dans l'entourage du Général. Le mariage est pour cette fervente catholique un sacrement, et au premier rang des réprouvés, elle place les divorcés et les concubins. Frédérique Neau-Dufour a

1. Philippe de Gaulle, *De Gaulle, mon père*, *op. cit.*
2. *Ibid.*

recueilli le témoignage de Mme Geoffroy de Courcel : « Mon mari disait qu'elle avait une grande influence sur le Général, notamment sur le choix de certaines personnes à des postes importants. [...] Lorsque le Général battait froid à quelqu'un, mon mari disait que c'était parce que Mme de Gaulle désapprouvait sa vie privée. Elle était très stricte sur le divorce et l'adultère[1]. » D'autres témoignages vont dans ce sens ; ils sont contredits par certaines déclarations, à l'instar de celle de Philippe de Gaulle, et surtout par les faits. Yvonne et son mari ne devaient pas être aussi intransigeants qu'on le dit, étant donné le nombre de divorcés ou de personnalités à l'existence tumultueuse qui côtoyaient le Général. Que l'on songe à André Malraux, Olivier Guichard, Roger Frey, Jacques Chaban-Delmas ou quelques autres moins célèbres. Il a été dit que la carrière ministérielle d'Olivier Guichard aurait été plus rapide si Yvonne de Gaulle n'avait pas fait barrage, mais pourquoi Guichard, et quelle preuve en a-t-on ? Ce gaulliste historique qu'Yvonne appréciait pour sa loyauté ne venait à l'Elysée qu'avec son épouse Suzanne, et ne pouvait donc être concerné par ce que rapporte la chronique du palais : un jour, en présence d'un aide de camp, Yvonne aurait fait la remarque qu'un certain ministre « exagérait » – il s'était présenté à trois réceptions accompagné chaque fois d'une femme différente. Il n'en a sans doute pas fallu davantage pour qu'Yvonne de Gaulle passe aux yeux de beaucoup pour une gardienne de l'ordre moral et rien que cela. L'épouse du président de la République, consciente du rôle qui était le sien, n'ignorait d'ailleurs rien des rumeurs qui faisaient d'elle une bigote prude et austère. Il lui arrivait même de s'en amuser. Un jour que l'on projetait un film à l'Elysée, son voisin Bernard Tricot, secrétaire général de la

1. Frédérique Neau-Dufour, *Yvonne de Gaulle*, *op. cit.*

présidence, profita du changement de bobine – ainsi fallait-il procéder à l'époque – pour admirer, au plafond de la salle des fêtes, les cupidons aux couleurs tendres, tous enrubannés pour que leurs anatomies ne choquent pas les regards. Yvonne de Gaulle remarqua que Bernard Tricot contemplait ces peintures : « Voyez-vous, lui glissa-t-elle dans un petit rire, malgré ce que vous pouvez penser, ce n'est pas moi qui ai fait ajouter ces rubans[1] ! »

A l'Elysée encore, Yvonne ne transige pas. Elle ne veut en rien dépendre de l'Etat pour ce qui relève de la vie familiale. Ainsi, dès 1959, elle prend l'initiative d'aller elle-même acheter de la vaisselle pour ne pas avoir à utiliser celle de l'Elysée lorsqu'elle reçoit ses enfants et petits-enfants. Ces jours-là, elle s'en va d'ailleurs faire les courses chez le traiteur. Dans le même ordre d'idée, elle incite le Général à faire installer dans les appartements privés un compteur électrique, pour permettre aux de Gaulle de régler leurs frais personnels d'électricité. Et si l'on retient la rigueur, retenons aussi la générosité : Yvonne de Gaulle a plus d'une fois puisé dans sa cassette personnelle pour apporter une aide d'urgence à celles et ceux qui lui écrivaient, en attendant que se débloque un secours officiel.

Que faut-il conclure de son influence politique ? Pour ce qui touche directement aux affaires publiques, cette influence a été réelle et concrète dans le domaine social, et particulièrement dans le secteur familial. Pour apprécier ce qui relève d'une influence plus indirecte, et peut-être plus efficace encore, il faut quitter les palais nationaux et retourner à La Boisserie. C'est là qu'Yvonne, plus à même de

1. Entretien avec les auteurs, 1990.

s'exprimer tranquillement, moins contrainte par son souci de discrétion, voire sa timidité, a pu aider le Général, sur des questions concernant la vie quotidienne des Français, et même la vie politique, que pourtant elle n'aimait pas. Alain de Boissieu a témoigné de ce « pouvoir » en rapportant les paroles de son beau-père : « Vous voyez, mon pauvre Alain, on dit que je suis le chef de l'Etat, que je suis président de la République, mais ici, c'est votre belle-mère qui commande[1] ! » C'est à Colombey que de Gaulle est informé, par Bernard Tricot qui s'y rend précipitamment, d'une affaire qui va ternir la fin du règne. Le Général est embarrassé par ce qui deviendra « l'affaire Markovic ». Yvonne, elle, pense à Claude Pompidou, et tente de convaincre le Général de ne pas laisser salir la femme de son ancien Premier ministre. Mais de Gaulle ne veut rien entendre. Il se bornera à déclarer à Georges Pompidou venu chercher le soutien qui se fait attendre : « Que voulez-vous, Pompidou, la presse est basse, on n'y peut rien. » Christine Clerc a judicieusement analysé le changement d'attitude d'Yvonne de Gaulle après les déclarations de l'ancien Premier ministre évoquant son « destin national ». Parce que ses propos blessent le Général, et que c'est la seule chose qu'elle ne peut admettre, elle établira des distances définitives avec Georges Pompidou. A la mort du Général, elle demandera que l'on referme le cercueil avant l'arrivée de Pompidou, président de la République, à La Boisserie.

Tous les témoignages concordent, y compris ceux émanant de la famille : Yvonne de Gaulle était généreuse, attentive, aimable, mais elle n'était pas tendre. Même avec ses enfants, comme le dit Philippe de Gaulle. Frédérique Neau-Dufour

1. Sébastian Danchin et François Jenny, *De Gaulle à Colombey...*, *op. cit.*

note à ce sujet qu'il y a eu, pour Yvonne, un avant et un après Anne de Gaulle. Nous ajouterons : pour le Général aussi. « Cette enfant était aussi une grâce. Elle m'a aidé à dépasser tous les échecs et tous les hommes, à voir toujours plus haut. » Si Yvonne a pu apparaître plus dure après la découverte du handicap d'Anne, le Général, lui, y a puisé une sensibilité, voire une tendresse dont il n'était pas coutumier. On relira les lettres bouleversantes qu'il écrit à Yvonne alors qu'il est loin de sa famille au cours de la décennie 1930-1940. Il demande des nouvelles d'Anne avec des mots touchants, parle d'elle en disant « le tout-petit ». Marie-Agnès Cailliau-de Gaulle, la sœur du Général, écrira : « J'ai été le témoin de son chagrin. Il pleurait en parlant de la petite Anne. » La maladie de sa fille aide de Gaulle à adopter un regard sur les femmes bien différent de celui que, jeune homme, il affichait autrefois. Il confiera à son aide de camp Claude Guy que, à vingt ans, il faisait comme les autres garçons de son âge. Les femmes, il les méprisait[1]... Cette sensibilité qui naît avec Anne, il la développera, admirant notamment le courage des femmes dans la guerre et la Résistance. Et elle ne sera jamais démentie. L'indulgence qu'il n'accordait jamais aux hommes, il la réservait aux femmes, qu'elles fussent ou non de sa famille.

Elisabeth de Gaulle ressemble à Yvonne, sa mère. Même caractère trempé, même obsession de la discrétion. Très bonne élève, excellente cavalière, elle impressionne son père, qui, toute sa vie, la vouvoiera, au contraire de Philippe, qu'il tutoie. Il s'adresse à elle en lui disant « Ma fille Elisabeth », et quand il parle d'elle dans ses lettres, cela devient : « Et cette fille Elisabeth ? Que fait-elle ? »

1. Claude Guy, *En écoutant de Gaulle*, *op. cit.*

Lorsque Anne meurt, en 1948, c'est à Elisabeth, alors à Brazzaville avec son mari Alain de Boissieu, que de Gaulle écrit en premier : « Ma chère petite fille Elisabeth, je vous écris à vous – naturellement la première – après le grand chagrin qui est venu sur nous. Votre pauvre petite sœur est morte vendredi à dix heures et demie du soir. [...] la disparition de notre pauvre enfant souffrante, de notre petite fille sans espérance, nous a fait une immense peine. Je sais qu'elle vous en fait aussi. Puisse la petite Anne nous protéger du haut du ciel et protéger, d'abord, vous-même ma bien chère Elisabeth[1] ! » Si de Gaulle demande à sa fille défunte de protéger Elisabeth, voilà ce qu'Yvonne écrit à la sœur supérieure de la Fondation Anne-de-Gaulle : « Sans doute Dieu avait-il besoin de cette âme si pure pour mieux protéger le Général dans l'œuvre qu'il a entreprise[2]. » Lui d'abord. Lui toujours. Elisabeth est, avec son père, franche et directe. Ce qu'elle a à lui dire, elle le lui dit, sans détour, ne serait-ce qu'en éclatant de rire, réaction qui lui est familière. Cette forme d'impertinence ne déplaît pas à de Gaulle. Un jour de 1955 qu'il se promène avec sa fille dans le parc de La Boisserie, le Général entend, descendant des arbres, l'appel du coucou. « Savez-vous, ma fille Elisabeth, que les jeunes coucous ont à peine acquis quelques forces qu'ils jettent hors du nid leurs frères adoptifs ? Les coucous, ce sont les communistes ! » Et elle de répondre en riant : « Papa, vous radotez[3] ! » L'influence qu'Elisabeth exerce sur son père est générée par le bon sens, le souci de clarté, la justesse en toutes choses. Il a en elle une confiance absolue. Elle a même « sa préférence marquée », souligne Philippe de

1. Charles de Gaulle, *Lettres, Notes et Carnets*, *op. cit.*
2. Frédérique Neau-Dufour, *Yvonne de Gaulle*, *op. cit.*
3. Christine Clerc, *Tigres et Tigresses*, *op. cit.*

Gaulle, qui a noté que son père acceptait, pour elle uniquement, les retards à table... C'est à Elisabeth que de Gaulle demande à plusieurs reprises de servir d'interprète pour des conversations privées avec Churchill à Londres ; c'est encore à Elisabeth que le Général confie les corrections et la dactylographie de ses *Mémoires de guerre*, ce qu'elle fait, au cours des années 1950, dans la chambre qu'elle occupe à La Boisserie. Pour une autre qu'Elisabeth, le Général aurait-il accepté de recopier des pages entières de son manuscrit afin de les rendre plus lisibles sans les ratures ? Il existe une réelle complicité entre le père et la fille. Il semble même deviner ses réactions sur les questions qui viennent à être débattues en famille. Ainsi, lorsqu'il sent qu'Elisabeth se rangera à son avis, le Général en profite... Geneviève de Gaulle raconte que, en 1946, elle était venue solliciter son oncle Charles pour être témoin à son mariage. De Gaulle venait de quitter le pouvoir et il était convenu qu'il n'apparaîtrait pas en public. Yvonne avait donc décliné l'invitation, mais de Gaulle tenait à honorer de sa présence le mariage de sa chère nièce Geneviève. Négligeant la réponse négative d'Yvonne, il avait alors lancé : « Ma fille Elisabeth, vous voudrez bien me préparer ma valise ? » Il la savait de son côté. Au final, Yvonne accompagnera son mari au mariage !

De Gaulle accepte aussi de sa petite-fille Anne, la fille d'Elisabeth et du général de Boissieu, ce qu'il n'admettrait de personne d'autre. Yvonne de Gaulle elle-même ne pouvait pénétrer dans le bureau de son mari à Colombey lorsqu'il y travaillait. Personne n'aurait même osé frapper à la porte ! C'était tout simplement inimaginable. Ce n'est pas parce qu'elle était enfant qu'Anne de Boissieu pouvait le faire – ses cousins n'auraient jamais tenté l'aventure ! C'est d'abord parce qu'elle était la fille d'Elisabeth et qu'elle s'appelait Anne. Son père Alain de Boissieu raconte une anecdote qui révèle la tendresse et l'humour dont de Gaulle pouvait faire preuve : « J'ai vu ma fille entrer dans le bureau du Général, sans frapper, avec un chapeau de cow-boy et un revolver en plastique qu'elle avait volé à ses cousins, et crier "Haut les mains !" Le Général s'est levé en disant : "Alors toi aussi !" C'était après l'attentat du Petit-Clamart[1] ! »

Geneviève de Gaulle est le premier enfant de Xavier de Gaulle, le frère aîné du Général. Elle naît en 1920. La perte de sa mère, alors qu'elle n'a que quatre ans, de sa sœur quatorze ans plus tard seront deux épreuves qui la doteront d'une force d'âme hors du commun. La foi profonde qui l'anime est tout entière tournée vers l'humain. La compassion, le combat pour ceux qui souffrent sont, très tôt, les valeurs qu'elle fait siennes. Quand Xavier de Gaulle se remarie en 1930, Geneviève n'a que dix ans. C'est le début, non d'un éloignement, mais, entre le père et la fille, d'une difficulté à se comprendre. Dès lors on saisit mieux que Geneviève ait recherché chez celui qu'elle admire depuis l'enfance, l'« oncle Charles », la figure paternelle qui manque à sa vie. La disparition, en 1938, de la sœur de Geneviève, accentue ce rapprochement, que l'année 1940 va en quelque sorte concrétiser. Geneviève de Gaulle s'engage dans la Résistance et, tous les jours, agit pour convaincre les combattants de l'ombre de se rallier à de Gaulle. Elle publie des articles, distribue des journaux, prend tous les risques. Arrêtée à l'été 1943, elle est déportée au camp de Ravensbrück en janvier 1944. Ce qu'elle voit, ce qu'elle endure – « pendant une semaine, j'ai été

1. Sébastian Danchin et François Jenny, *De Gaulle à Colombey...*, *op. cit.*

battue plus que pendant tout mon séjour au camp[1] » –, c'est la profonde nuit barbare, qui va jusqu'à lui faire douter de Dieu, elle, la croyante. « Dirai-je que ce temps n'est qu'une épreuve ? Qu'ils le disent sur leurs prie-Dieu et dans leurs églises. Ils n'ont pas vu les yeux des bêtes traquées[2]. » A Ravensbrück, elle fait la connaissance de celle qui deviendra sa plus grande amie, Germaine Tillion. Quand, avec d'autres rescapées, elle retrouve le sol français en 1945, c'est à son oncle Charles, et avant tout à lui, qu'elle livre le récit de ces « abîmes de la souffrance humaine » dont elle porte les stigmates. De Gaulle est bouleversé, des larmes coulent sur son visage. C'est à partir de cette période qu'on peut parler, sinon d'influence de Geneviève, du moins d'une présence dont le Général, sur le plan politique, va tenir compte. Frédérique Neau-Dufour rapporte le témoignage de Germaine Tillion : « Elle était sa nièce, mais aussi quelqu'un qui avait pris son parti comme n'importe quelle Française. Quelqu'un de son bord, engagé sur le terrain, sur le sol de son pays[3]. » C'est Geneviève qui, en 1946, présente Germaine Tillion, alors proche du parti communiste, à son oncle. « J'ai beaucoup entendu parler de vous, lui dit de Gaulle. – Moi aussi », réplique Germaine dans un sourire. Pour Geneviève, toute action désormais consiste à maintenir l'idéal de la Résistance au service de l'humain. Pas de prosélytisme béat en faveur de De Gaulle transformé en homme providentiel, mais le souci de défendre la France, qui en a grand besoin. Geneviève ne ménage pas ses efforts. Dès la Libération, les rapports entre de Gaulle et les communistes se sont envenimés. Geneviève dépense une farouche énergie auprès de ses amies du parti communiste, Marie-Claude

1. Geneviève de Gaulle, *La Traversée de la nuit*, Seuil, 1998.
2. *Ibid.*
3. Frédérique Neau-Dufour, *Geneviève de Gaulle Anthonioz*, *op. cit.*

Vaillant-Couturier et Germaine Tillion, pour lutter contre l'esprit de clan qui, chaque jour, détourne les meilleures volontés de l'essentiel : la France, les Françaises, les Français.

Mariée à Bernard Anthonioz en 1946, Geneviève de Gaulle s'engage avec force dans le RPF, où elle devient orateur du mouvement créé par son oncle. Bernard Anthonioz connaît depuis longtemps André Malraux. Geneviève est à ses côtés lors des grandes réunions du RPF et, en 1958, convainc l'« oncle Charles » de confier à Malraux des responsabilités qui soient à sa mesure. Ainsi le ministère des Affaires culturelles voit-il le jour. Geneviève est ainsi faite qu'elle demeure avant tout attentive aux autres, refusant pour elle tout poste plus ou moins honorifique et tout mandat électif. Quand le RPF finit sa course dans la défaite électorale, c'est Geneviève, plus que jamais, qui soutient son oncle et, bien que de Gaulle rumine sur l'ingratitude des peuples et le délitement des valeurs de la France, elle contribue à maintenir à flot le moral de l'homme du 18 Juin. Quand il lui écrit : « Moralement, ce sont toujours les temps de l'épreuve, c'est-à-dire ceux où il faut se tenir droit », elle comprend qu'il est sensible aux arguments qu'elle avance : les Français ne peuvent oublier de Gaulle, et un jour viendra où ils auront à nouveau besoin de lui.

Ce sont les « événements » d'Algérie qui ramènent le Général au pouvoir, et là encore, Geneviève va jouer un rôle de premier plan. Germaine Tillion connaît parfaitement ce pays. Elle y a vécu dans les années 1930 pour préparer sa thèse d'ethnologie. En 1954, le président du Conseil Pierre Mendès France l'a chargée d'une mission en Algérie. Bien que jamais distendus, les liens entre Geneviève de Gaulle Anthonioz et son amie Germaine Tillion se renforcent encore en cette occasion. Elles partagent le même point de vue : l'indépendance de l'Algérie est nécessaire, mais le devoir de la France est de faire accéder le pays à l'éducation et à la culture. C'est la voie, la seule peut-être, pour éviter le conflit et l'effondrement[1]. Lorsque de Gaulle s'installe à Matignon puis à l'Elysée, les généreuses idées des deux femmes ont rejoint les rangs des utopies. Mais Germaine Tillion poursuit son combat pour l'indépendance, et Geneviève continue d'avoir, sur ce sujet, des conversations avec son oncle : « Par conviction, elle fut l'intermédiaire continuelle entre le Général et moi, expliquera Germaine Tillion à Frédérique Neau-Dufour. Je pouvais voir le général de Gaulle autant que je le voulais et quand je voulais[2]. » Au cœur du conflit, Geneviève intervient auprès de son oncle pour relayer les demandes de grâce transmises par Germaine Tillion, concernant les condamnés à mort des procès d'Alger. Il s'agit de membres du FLN, que de Gaulle graciera en 1959.

Cet engagement pour la dignité de l'homme, s'il prend pour Geneviève de multiples visages, est, au fond, toujours le même. La Résistance, Ravensbrück, l'Algérie, ce n'est pas un combat politique, ou alors c'est le seul qui vaille. « C'est l'Homme qu'il convient de sauver, de faire vivre et

---

1. On a vu ce qu'Yvonne de Gaulle pensait de l'indépendance de l'Algérie. Exemple parmi d'autres des divergences qui existaient entre Geneviève et sa tante. Conclure que la première se situait plus à gauche n'est pas faux mais réducteur, car bien d'autres sujets les rassemblaient. Ce qui les distinguait tenait surtout à la manière. Geneviève défendait haut et fort ses convictions, Yvonne préférait, sinon le silence, du moins la discrétion dans l'expression de ses opinions.
2. Frédérique Neau-Dufour, *Geneviève de Gaulle Anthonioz*, *op. cit.*

de développer. » Qui parle ainsi ? L'oncle ou la nièce ? C'est lui. On peut s'y tromper. Comment dès lors s'étonner qu'elle se lance dans l'action humanitaire à partir de 1958, au service des plus malheureux, défavorisés de la vie, laissés pour compte dans un pays qui se redresse mais oublie beaucoup de ses enfants ? La rencontre avec le père Joseph Wresinski sera déterminante, et l'action que mènera Geneviève de Gaulle Anthonioz pour ATD Quart Monde pendant plus de quarante ans sera considérable. De Gaulle est désormais aux affaires. S'il n'intervient pas directement – la famille est une chose, l'Etat en est une autre, on le sait intraitable sur la question –, il ne ménage pas son soutien à sa nièce, l'encourage même, puisque, au fond, elle suit la voie qu'il a tracée : celle du refus. « Tu sais que je connais et que j'approuve ton engagement », lui dit-il. Geneviève parvient à faire accepter à son oncle une rencontre avec le père Wresinski après les événements de 1968. Elle a convaincu le Général qu'une action concertée entre l'Etat et les associations qui luttent contre la misère est indispensable. Mais la préparation, puis l'échec du référendum de 1969, suivi par le départ de De Gaulle, empêcheront cette rencontre dont on imagine quel aurait été le poids. « Tu fus, au moment le plus grave, et avec quel courage et quelles souffrances, un des meilleurs de mes "Compagnons". Tu n'as jamais, depuis, cessé de l'être », écrit de Gaulle à sa nièce en 1970, alors qu'il vient de quitter le pouvoir.

Il n'est pas interdit de voir, dans l'entrée au Panthéon, en mai 2015, de Geneviève de Gaulle Anthonioz et Germaine Tillion, comme un signe, le dernier peut-être, de ce qui, audelà du sentiment familial, unissait le général de Gaulle et sa nièce. Une « certaine idée de la France », une certaine idée de l'Homme. De cette proximité de pensée, on retiendra les moments qui furent si chers au cœur de Geneviève de Gaulle. Ceux qu'elle passait auprès de son oncle à lui parler sans apprêt, pendant que lui, attentif comme un père, l'écoutait...

Maurice Thorez

Jeannette, la « reine rouge »

Leur histoire est un roman. Un roman d'amour et un roman politique. Bien au-delà des sentiments, elle a profondément marqué l'évolution du Parti communiste français. Maurice Thorez, c'est le patron du PCF pendant plus de trente ans. D'abord au sein d'une direction collégiale, puis seul aux manettes, avec une parenthèse pendant la guerre, il dirige le parti de 1931 jusqu'à sa mort, en 1964. Ce *Fils du peuple*, titre de son autobiographie[1], a franchi chaque étape à une vitesse record. C'est l'époque où Moscou tire toutes les ficelles. Fils adoptif et petit-fils de mineur, trieur de pierres à l'âge de douze ans, valet de ferme à l'adolescence pendant la Première Guerre, Thorez est le pur produit de la classe ouvrière en ce début du XXe siècle. Il est né avec ce siècle, en 1900. Il va grandir et s'affirmer à un moment où la lutte des classes occupe les esprits et mobilise intellectuels, patrons, politiques et ouvriers. Et surtout, il comprend que, pour arriver au sommet, pour devenir le numéro un de ce parti, il doit apparaître comme le meilleur allié, le fidèle vassal de Moscou. C'est là-bas que tout se décide. C'est

1. Maurice Thorez, *Fils du peuple*, Editions sociales, 1949.

là-bas que l'on nomme les dirigeants français et que l'on fixe la ligne politique. Et c'est là-bas, dans cette capitale du communisme international, que Maurice Thorez va trouver la femme de sa vie, celle qui exercera sur lui pendant plus de trente ans une influence considérable. C'est Jeannette Vermeersch. Elle deviendra Jeannette Thorez-Vermeersch, la « reine rouge ».

Moscou, 1930. Dans un hôtel réservé aux délégations communistes étrangères, Maurice Thorez rencontre pour la première fois Jeannette, installée dans la capitale soviétique quelques mois plus tôt, en mai 1930. « Leur amour, né sous les auspices de Moscou, [...] entrelacé avec la politique, rythmé par les réunions, les délégations, les commémorations, les articles, les déclarations à la télévision ou à la radio, reste ancré dans l'Union soviétique[1] », note Annette Wieviorka dans sa biographie du couple Thorez. Coup de foudre, comme l'écrira plus tard le leader communiste lui-même ? Rencontre romantique ? Simple attirance intellectuelle et politique ? Tout cela à la fois ? C'est en tout cas le début d'un film, en noir et blanc, sur l'irrésistible ascension d'un duo hors du commun : une simple relation d'abord, une liaison amoureuse ensuite, un vrai couple enfin, qui va marquer de son empreinte la vie du PC, comme l'analysent Jacques Fauvet et Alain Duhamel[2]. Malgré leur différence d'âge – Jeannette a dix ans de moins –, ils ont de nombreux points communs : une origine modeste, un militantisme chevillé au corps, une réelle ambition politique et sociale, un attachement viscéral à l'Union soviétique et à ses dirigeants quels qu'ils soient,

1. Annette Wieviorka, *Maurice et Jeannette*, Fayard, 2010.
2. Jacques Fauvet et Alain Duhamel, *Histoire du Parti communiste français*, Fayard, 1977.

Staline en premier, à leur infaillibilité, à leur stratégie, à leur tactique. Maurice et Jeannette vont se compléter et unir leurs efforts pour exercer sur le parti un pouvoir sans grand partage. A partir de 1934, quatre ans après l'avoir rencontrée, Thorez, marié neuf ans plus tôt avec une militante communiste de sa région et père d'un fils de huit ans, va partager sa vie avec Jeannette. Il ne divorcera qu'en 1947 et épousera sa compagne la même année. Ils auront trois fils. Elle, c'est le communisme et le stalinisme à fleur de peau. Le PC, c'est sa vie. Jeannette ne transige jamais. Toutes celles et tous ceux qui l'ont croisée, l'ont écoutée dans ses interventions internes au PC, l'ont interviewée ou l'ont suivie dans ses rares prestations à la radio et à la télévision sont d'accord : Jeannette est intelligente, volontaire, dominatrice, sûre d'elle, cassante, souvent arrogante, sectaire, combative, parfois vraiment agressive. Elle a choisi en même temps Thorez et le parti. Elle est exclusive jusqu'à dresser un véritable cordon sanitaire autour de Maurice. Décidée à prendre une revanche sociale, elle ne se contentera pas de rester dans l'ombre de son « grand homme ». Fille d'une ouvrière et d'un docker, élevée « à la dure » dans une famille de neuf enfants, elle adhère à quinze ans aux Jeunesses communistes. Après l'officialisation de sa liaison avec Maurice, sa progression sera fulgurante : membre du comité central, première femme nommée dans le « saint des saints », le bureau politique du PC, elle est élue député dans l'Assemblée constituante de 1945, puis sénatrice en 1959. Longtemps, malgré l'hostilité qu'elle inspire, malgré le nombre grandissant de ses adversaires, elle sera en réalité, quoi qu'elle en dise, le vrai numéro deux du parti. Et parfois davantage encore...

Lui, Maurice Thorez, est un gaillard solide, plutôt chaleureux et bon vivant. Une enfance difficile dans les corons, des parents et des grands-parents militants, à l'image de sa mère, élue déléguée des femmes de leur commune du Pas-de-Calais, Noyelles-Godault. Un mari attentif, un père affectueux. Mais aussi un redoutable calculateur, un habile négociateur, un cynique qui ne recule devant rien ni personne pour conquérir puis conserver le pouvoir. Stalinien jusqu'au bout des ongles, convaincu de la solidité et de l'efficacité du modèle soviétique. Il se confond avec le parti qu'il dirige. Tour à tour séducteur et brutal, loyal et dissimulé, sincère et hypocrite, très autoritaire. Un vrai talent d'orateur, du charisme. Un grand lecteur, qui rattrape le temps perdu pendant son enfance et son adolescence. Un bourreau de travail, tant que sa santé le lui permet. Un communiste de la vieille époque, celle de l'avant et de l'après-guerre, la foi soviétique et stalinienne chevillée au corps.

Si les militants et les dirigeants choisissent de surnommer Jeannette « la reine rouge » ou « l'éminence rouge », c'est que son poids dans le parti devient très vite considérable. C'est aussi qu'elle ne s'embarrasse pas de précautions pour parler et agir au nom de Maurice. Aucune des grandes décisions de Thorez, aucune de ses initiatives significatives ne sera prise sans l'accord de Jeannette. Plus encore, elle prendra progressivement l'ascendant et, à plusieurs moments clés, sera à la manœuvre, en première ligne. A chacune des grandes étapes de la prise de pouvoir du parti par Maurice, elle sera là, discrètement d'abord, puis dans la lumière. La victoire du Front populaire et le soutien sans participation du PC à Léon Blum, les grands mouvements sociaux de 1936 et le célèbre « Il faut savoir terminer une grève » lancé par Thorez, l'embarras communiste après la signature, en août 1939, du pacte germano-soviétique : Jeannette est toujours là. Elle conseille, elle tranche, elle intervient sur tout, et même sur des détails, elle arbitre. Début octobre 1939, Thorez mobilisé, c'est elle qui vient le chercher là où se trouve sa garnison, à Chauny, dans l'Aisne, au nord de la France. Son « exfiltration » est plutôt considérée comme une désertion. Elle a tout organisé, en liaison étroite avec les autorités soviétiques. Après un passage en Belgique, et sans doute en Suisse, il rejoindra Moscou où il restera une bonne partie de la guerre. A l'abri. Cette longue période, peu glorieuse, fera pendant longtemps l'objet d'un rideau de fumée et d'un véritable flou artistique. Jeannette y veillera soigneusement. Elle couve son « héros ». Elle qui sera jusqu'au bout une inconditionnelle de Moscou ne peut que se réjouir qu'il ait passé la guerre en Union soviétique.

27 novembre 1944. Thorez est de retour. De Gaulle est un réaliste. Même s'il s'en méfie, il ne rejette pas ce communiste dont Staline lui a plutôt dit du bien. Jeannette pousse son mari à accepter un compromis. Il n'aura pas de ministère régalien. En revanche, il devient ministre d'Etat dans le premier gouvernement du Général, chargé de la Fonction publique. C'est une forme de consécration pour lui... et pour une Jeannette toujours omniprésente, qui ne déteste pas les honneurs. Après le départ tonitruant du Général, il devient vice-Premier ministre, jusqu'au départ des ministres communistes en mai 1947.

10 octobre 1950. C'est le choc. A cinquante ans, Maurice Thorez est victime d'un grave malaise. Le diagnostic tombe, inquiétant : hémiplégie. Le numéro un communiste est paralysé de la moitié du corps. Jeannette connaît très vite la gravité de la situation. Elle exige et obtient que la vérité soit le

plus longtemps possible cachée aux militants et à la plupart des hiérarques. La convalescence sera longue. Des séquelles physiques sont possibles, voire probables. Thorez devra se ménager. Tous les témoins de l'époque le confirment : sa femme prend tout en main, en contact permanent avec le Kremlin et les autorités soviétiques. La décision s'impose pour cette stalinienne sans états d'âme : c'est à Moscou que Maurice doit se faire soigner. Départ rapide, le 11 novembre 1950. Thorez restera près de deux ans et demi en Union soviétique, soit dans la capitale, soit dans une luxueuse datcha mise à sa disposition par Staline. C'est l'apogée du pouvoir de Jeannette. Certes, quelques dirigeants communistes français viennent rendre visite à un Maurice las, fatigué et un peu déprimé. Mais c'est elle qui fait le plus souvent les allers-retours pour transmettre à Paris, à l'état-major du PC, à partir de l'été 1951, lorsque son état commence à s'améliorer, les instructions de son mari. En réalité, elle dirige les opérations en liaison avec le Kremlin, bien que Jacques Duclos soit officiellement chargé de l'intérim. Jamais elle n'aura été aussi puissante. Jamais non plus ses ennemis n'auront été si nombreux. Au siège du parti, au bureau politique, et même chez les militants, on lui reproche son autoritarisme, son aveuglement, sa fidélité inconditionnelle à Staline, le culte de la personnalité qu'elle entretient savamment en faveur de son mari affaibli. Mais personne, ou presque, n'ose mettre en cause la femme du patron. De retour à Paris, en avril 1953, plus d'un mois après la mort de Staline, la vie politique reprend à son rythme pour Thorez. Il reste cependant marqué par son accident physique. Son bras droit est paralysé. Il lui faudra des mois pour retrouver une activité presque normale, mais il est fatigué et diminué. Et pendant ce temps, Jeannette est toujours à la manœuvre.

Controversée mais crainte. Elle agit et parle au nom de Maurice. Elle décide, sans toujours le consulter.

Retour au 5 mars 1953 et à la mort de Staline. C'est le début d'une période trouble et agitée pour le couple. Poussé par Jeannette, convaincu lui-même que le parti ne doit pas s'engager sur la voie de la déstalinisation, Thorez va défendre bec et ongles la mémoire de l'ancien dictateur. Des intellectuels, et quelques dirigeants, commencent à dénoncer les massacres, à critiquer le bilan et la personnalité de Staline ? Thorez réplique brutalement. Le nouveau patron du Kremlin, Nikita Khrouchtchev, s'engage sur la voie de la déstalinisation ? Thorez prend ses distances. A Paris, les rebelles sont combattus, les adversaires éliminés. La moindre critique est considérée comme du « déviationnisme ». Peu à peu, le PCF et le Kremlin vont pourtant se retrouver, à la grande satisfaction de Jeannette, qui contribue activement à ce rapprochement. Militante intransigeante, elle vivait très mal ces difficultés entre des partis frères. Et le 4 novembre 1956, lorsque Moscou intervient massivement pour tuer dans l'œuf la tentative de libéralisation en Hongrie, lorsque les chars russes prennent position à Budapest, le couple Thorez, au sein duquel Jeannette est de plus en plus dominante, n'hésite guère. Ils soutiennent clairement cette intervention. Mieux, ils applaudissent. Une fois encore, Jeannette s'est montrée la plus déterminée. Et la plus influente.

11 juillet 1964. Maurice Thorez a soixante-quatre ans. Emporté par une hémorragie cérébrale, il meurt brutalement alors qu'il se trouve en mer Noire, sur un bateau qui l'emmène pour ses vacances en Union soviétique. Jeannette organise avec l'état-major du PC des obsèques grandioses. Mais, Maurice disparu, et même si elle conserve un poids

significatif dans un premier temps, même si elle fait vivre le souvenir de son mari, la situation va très vite changer. Son étoile pâlit. Ses désaccords avec la ligne du parti deviennent notoires. Elle reste fidèle au Kremlin, tandis que les dirigeants communistes prennent progressivement quelques distances. En août 1968, c'est la rupture. Le PC désapprouve l'intervention soviétique contre le Printemps de Prague. Jeannette s'insurge et soutient sans états d'âme Moscou et l'invasion de la Tchécoslovaquie par les troupes du Pacte de Varsovie. Dans la foulée, elle démissionne bruyamment du comité central et du bureau politique. La rupture est consommée. Analyse d'Annette Wieviorka sur cette « vérité d'une époque » : « Les dirigeants du parti communiste, réalité toute masculine, n'ont pas supporté le pouvoir exercé non sans brutalité, passion et outrance par une femme hissée aux plus hautes responsabilités par la grâce de l'amour de son compagnon [...] Le départ de Jeannette fut silencieux. Son nom fut effacé de la geste du parti communiste, dont elle est pourtant inséparable[1]. »

Jeannette Thorez-Vermeersch est un cas à part dans la vie politique française. Stalinienne jusqu'au bout, prosoviétique primaire, elle a littéralement régné, auprès de son mari, sur un grand parti. Elle a pris des positions extrêmes, n'hésitant pas, même si elle le regrette et modère ses propos longtemps après, à s'opposer à la contraception, une réforme qu'elle juge bourgeoise, alors qu'elle est considérée par l'ensemble de la gauche comme un progrès social incontournable. Elle restera présente jusqu'au bout, participant à la fin des années 1970 à de grandes émissions de radio et de télévision comme « Radioscopie » et « Cartes sur table ». Elle était

1. Annette Wieviorka, *Maurice et Jeannette*, *op. cit.*

beaucoup plus que la toute-puissante épouse du patron du PC. Ils formaient un tandem politique toujours dominateur et parfois tyrannique. Elle a, par périodes, réellement gouverné le parti. Peut-être la plus puissante, sûrement la plus autoritaire, la plus intransigeante, des femmes d'influence de l'après-guerre.

Vincent Auriol
Michelle, l'irremplaçable

Elle est heureuse, ce 16 janvier 1947. Heureuse de voir son mari, Vincent, élu au premier tour de scrutin président de la République. Heureuse, ce jour-là, d'aller s'installer à ses côtés à l'Elysée. Heureuse de jouer un rôle réel après des années, denses, parfois austères, de militantisme sur le terrain. Car trente-quatre ans avant François et Danielle Mitterrand, c'est un couple de vrais socialistes qui, pour la première fois, arrive au palais présidentiel. Socialiste, Michelle Aucouturier l'est depuis longtemps. Fille d'un syndicaliste de Carmaux proche de Jean Jaurès, elle a grandi dans un milieu de gauche, très politisé, qu'elle a toujours apprécié. Avec Vincent Auriol, qui a douze ans de plus qu'elle, c'est à la fois un mariage d'amour et un combat politique commun. Lorsqu'ils arrivent à l'Elysée, c'est donc une forme de consécration. Pour eux deux. Pour Vincent Auriol, bien sûr, qui devient le premier Président de cette IVe République naissante. Et pour Michelle, qui entend bien, avec l'accord de son mari, continuer à jouer ce rôle, majeur, de conseillère et de confidente.

A soixante-trois ans, le nouveau Président est une personnalité singulière de la vie politique. Un vrai caractère, un pur produit de la méritocratie républicaine. Des études de droit et de philosophie à Toulouse, avocat, journaliste, ce fils de boulanger est élu député de Haute-Garonne en 1914. Deux années plus tôt, il a épousé Michelle. Elle ne se contentera pas d'accompagner sa carrière politique. Elle travaillera réellement auprès de lui. Elle le guidera parfois, le soutiendra toujours. Un couple moderne avant l'heure. En même temps qu'elle s'occupe du foyer, et de leur fils unique, Paul, qui les suivra à l'Elysée, elle sera en première ligne dans chacune des batailles politiques de son mari. Et à chacune des étapes de son ascension : ministre des Finances de son ami et protecteur Léon Blum en 1936 dans le gouvernement du Front populaire, garde des Sceaux, ministre d'Etat après la Libération avec le général de Gaulle, président de l'Assemblée constituante en 1946, premier président de l'Assemblée nationale de la IVe République six semaines avant d'être élu chef de l'Etat. Un parcours sans fautes, et une guerre admirable. Auriol est l'un des quatre-vingts courageux parlementaires qui refusent de voter les pleins pouvoirs à Pétain. A ce titre, il est interné puis assigné à résidence. Entré dans la Résistance, il rejoint Londres d'abord, Alger ensuite. De son côté, Michelle est tout aussi active dans la Résistance, notamment dans les réseaux lyonnais. Au lendemain de la guerre, Vincent et Michelle forment un couple en vue : ils sont authentiques, sympathiques, ouverts, cultivés. Un couple original aussi, profondément attaché à cette terre de Haute-Garonne, où ils se rendent dès qu'ils le peuvent. Avec une vie de famille qui, pour eux, constitue l'essentiel. C'est d'ailleurs en famille qu'ils entrent à l'Elysée.

Les Français vont très vite s'attacher à ce Président et à sa femme. Chez Vincent, ils apprécient la rondeur, le contact chaleureux, la vivacité débonnaire, tels qu'on les observe chez lui lorsqu'il présente pour la première fois ses vœux télévisés aux Français pour l'année 1949. Ses petites lunettes rondes, sa fine moustache, son œil de verre et son accent rocailleux du Sud-Ouest deviennent familiers. On le sait aussi rugueux et pugnace face aux épreuves et aux difficultés. Michelle, c'est une allure distinguée, une forme d'élégance, un léger sourire aux lèvres. Elle va donc redonner du lustre à ce palais présidentiel vide depuis 1940, à l'exception de ces quelques mois, de mai à novembre 1942, pendant lesquels l'amiral Darlan, de sinistre mémoire, a occupé les lieux. Elle rénove, elle dépoussière, elle modernise. Michelle Auriol, c'est une sorte de Claude Pompidou avant l'heure. Elle soutient et aime la haute couture, et fait entrer la peinture contemporaine au palais, Georges Braque notamment. L'Elysée reprend vie. Des grands dîners, des réceptions brillantes, des hôtes de marque. Le couple ouvre aussi le palais présidentiel à la presse, et pose pour *Paris Match*. A l'initiative de sa femme, et c'est très nouveau au palais, on voit les photos de Vincent dans toutes les circonstances, publiques et privées : le couple avec ses deux petits-fils, le Président à la chasse, jouant à la pétanque, à la pêche; le Président avec sa secrétaire particulière, ou encore posant avec des artistes, Gina Lollobrigida, Martine Carol et Gérard Philipe. Derrière le faste retrouvé, il y a aussi la réalité politique et les nécessités sociales de ces lendemains de guerre. A la demande de son mari, Michelle Auriol va prendre en main un tout nouveau « service social ». « Une sorte de “présidence sociale de la République”, sans autre “charte” que celle du cœur », écrira Vincent dans son journal de bord[1]. Il débloque à cet effet une somme d'un

1. Vincent Auriol, *Mon septennat 1947-1954*, Gallimard, 1970.

million de francs prélevée sur sa dotation personnelle. Et il demande que tout cela reste confidentiel. « La solidarité doit être discrète. J'ai dit que je serais le "président humain d'une République fraternelle", je vais m'y employer. Mes collaborateurs vont se mettre à la disposition de la "Présidente"[1]. » La « Présidente » ! Voilà le rôle flatteur attribué à Michelle par Vincent Auriol. Elle s'y emploiera avec détermination et volontarisme. Elle ne se contentera pas de reprendre la tradition de l'arbre de Noël, en y invitant des enfants défavorisés, ou de multiplier les initiatives culturelles. Elle suivra avec attention le cours politique du mandat présidentiel. Et prendra sa part dans certaines décisions. Ainsi, elle milite activement, et avec succès, pour accroître la place des femmes dans la vie politique. Ce sera, à l'automne 1947, la nomination d'une avocate marseillaise connue pour son engagement féministe, Germaine Poinso-Chapuis, avec un portefeuille taillé sur mesure, la Santé et la Population. Certes, trois femmes avaient déjà participé à un gouvernement, celui du Front populaire, onze ans plus tôt, mais avec un titre de sous-secrétaire d'Etat. Cette fois, et c'est une grande première, une femme devient ministre à part entière. Un événement politique qui réjouit Michelle.

Vincent Auriol a une conception nettement plus extensive de la fonction présidentielle que ses prédécesseurs de la IIIe République. Il parle souvent de ce nouveau métier avec sa femme, en tête à tête ou devant témoins. Il se pose en arbitre. Il influence, il conseille, il ouvre des pistes, il marque son territoire et joue de son expérience. Il choisit vraiment les présidents du Conseil, Pinay, Pleven, Queuille ou Robert Schuman. Il modèle à sa façon une présidence

1. Vincent Auriol, *Mon septennat...*, *op. cit.*

active qui ne se réduit pas, loin de là, à l'inauguration des chrysanthèmes. Il convoque fréquemment les chefs du gouvernement et leurs principaux ministres. Il intervient beaucoup pendant le Conseil hebdomadaire. Il ne gouverne pas réellement, mais il préside au maximum des possibilités que lui offrent les textes constitutionnels. Et son septennat est marqué par une actualité politique intense : valse permanente des gouvernements et crises ministérielles à répétition, la IVe au quotidien ; deux dévaluations ; départ des ministres communistes ; grandes grèves, notamment dans les bassins houillers ; création du RPF par le général de Gaulle et large victoire de ce nouveau mouvement aux municipales d'octobre 1947 ; situation internationale tendue, dominée par la guerre froide ; conflit d'Indochine ; déclenchement de la guerre de Corée ; question tunisienne... Auriol fait face avec les moyens dont il dispose. Il s'exprime fréquemment, et inaugure ainsi, le 6 janvier 1949, un nouvel exercice de communication, les vœux télévisés. Encore une idée de Michelle.

Avec elle, le palais vit à un rythme plus soutenu que lors de la précédente République. Une Première dame très présente, très politique, très familiale aussi. Autour de la table élyséenne du moment, on retrouve Michelle et Vincent, leur fils unique Paul, secrétaire général adjoint de la présidence, et son épouse, Jacqueline. Jacqueline Auriol, c'est une femme au destin singulier, qui adore et impressionne son beau-père, qu'elle appelle Papa, et qui contribue à moderniser l'image présidentielle. Son influence sera perceptible. Dans la France des années 1950, Jacqueline est une icône, une héroïne. Presque plus célèbre que son beau-père. Première femme pilote d'essai, intrépide, séduisante, soucieuse de transmettre son expérience. Nombre de regards sont tournés vers elle. Elle conquiert notamment une jeunesse en quête de rêves en cet après-guerre difficile. Avec ses performances, elle fait plus pour le féminisme que la plupart des responsables politiques. Grâce à ses records, connus dans le monde entier, elle contribue à améliorer l'image de la France. Après un grave accident d'avion en juillet 1949, dont elle sort défigurée, avant de se faire totalement reconstruire le visage, elle a repris courageusement les commandes. La voilà en 1951 détentrice du record du monde féminin de vitesse aérienne. Et en août 1953, quelques mois avant la fin du septennat de son beau-père, elle est la première femme en Europe à franchir le mur du son. Cet exploit sportif et industriel se transforme vite, compte tenu de la personnalité flamboyante de Jacqueline, en événement politique. Elle devient une véritable légende. Vincent et Michelle Auriol surprendront une dernière fois en décidant ensemble, sereinement, de repousser les arguments de ceux, nombreux, qui souhaiteraient convaincre le Président sortant de briguer un second mandat. La charge est trop lourde, le protocole trop pesant.

« C'est infernal. On me suit et on me surveille jusqu'à la salle de bains », dit en plaisantant Auriol à l'un de ses amis, le député-maire socialiste de Tours Jean Meunier. Vincent et Michelle préfèrent partir discrètement, presque sur la pointe des pieds. Et se consacrer à un travail titanesque, la rédaction des mémoires. Un tome par année passée à l'Elysée, sept livres au total pour un septennat bien rempli. Michelle y travaillera beaucoup. Elle restera dans l'histoire du palais comme une pionnière. La première des Premières dames à avoir joué un rôle politique réel. Sans le faire savoir. Dans l'ombre. Mais avec d'autant plus de poids.

René Coty

Germaine, une Française parmi les Françaises...

Ecrivez au président de la République « pour lui faire savoir combien vous aimiez son épouse et que vous êtes de tout cœur avec lui en ce moment très pénible ». Ce 12 novembre 1955, Radio Luxembourg, l'ancêtre de RTL, appelle ainsi ses auditrices et ses auditeurs à manifester leur émotion auprès du chef de l'Etat après le décès brutal de sa femme, Germaine Coty. Le résultat dépasse toutes les prévisions. Trois millions de lettres et de cartes postales arrivent à l'Elysée par sacs entiers dans les heures et les jours qui suivent. Cette opération, intitulée « Une carte pour le Président », aura un énorme impact. A la mesure de l'affection portée par les Français à cette femme tout juste disparue. Dans l'histoire de la République, Germaine Coty est sans doute la Première dame la plus aimée. Celle qui, par sa simplicité et sa gentillesse, a su rapidement conquérir l'opinion. Son influence, réelle, sur la société française en ce milieu de XXe siècle, c'était sa personnalité. L'image d'une femme authentique et naturelle qui, spontanément, va « parler » à la majorité des Français. Une épouse, une mère modèle avec ses deux filles, une grand-mère attentive avec ses dix petits-enfants. Une femme qui leur ressemble, et dans laquelle ils vont se retrouver.

« Et dire que je viens de rentrer mon charbon pour l'hiver ! » La première réaction de Germaine Coty le 23 décembre 1953, à l'annonce de l'élection de son mari à la présidence de la République au treizième tour de scrutin, en dit long sur l'idée qu'elle se fait de cette nouvelle situation personnelle. Toute cette agitation ne l'émeut guère. Et au journaliste, un certain Philippe Bouvard, qui lui demande ce qu'elle va faire ensuite, elle lui répond tout bonnement, sans façon, un tablier noué autour de la taille : « Je vais faire une tarte à René. » Durant les vingt-deux mois passés au palais, Germaine Coty sera à la fois une épouse et une « maîtresse de maison », selon ses propres termes. Le couple qui s'installe au palais s'est connu et a grandi au Havre. Germaine Corblet est la fille d'un armateur, il est avocat. Un exemple de la bourgeoisie moyenne, plutôt aisée. Assez vite, dans les années 1920, René se tourne vers la politique. Député, sénateur, sous-secrétaire d'Etat pendant quelques jours : un parcours traditionnel sous la République. Avec une ombre de taille au tableau, et quelle ombre : le 10 juillet 1940, et contrairement aux quatre-vingts députés et sénateurs qui ont la force de s'y opposer, dont Auriol, Blum, Dormoy, Gouin, Moch ou Ramadier, Coty fait partie des cinq cent soixante-neuf parlementaires qui votent les pleins pouvoirs à Pétain. De ce fait, il sera déclaré inéligible en septembre 1944, avant d'être relevé de cette incapacité politique et morale par un jury d'honneur le 11 octobre 1945. Coty est un homme réservé, presque effacé. Un « modéré », selon les classifications de l'époque. Cette discrétion, il la partage avec sa femme. Et les Français découvrent un homme et une femme qui leur sont vraiment proches. Témoin, cette photo, prise à leur domicile la veille de l'élection, et montrant René Coty assis, à table, et, à sa droite, sa femme, debout, lui servant le potage du soir (voir cahier central). Photo désuète, en noir et blanc. Image aujourd'hui surannée. Cliché d'une France traditionnelle de l'après-guerre. Germaine Coty en est le symbole.

Cette Première dame qui cultive l'humilité et la modestie comme autant de vertus cardinales, cette catholique pratiquante qui va restaurer la petite chapelle du palais de l'Elysée est très vite la cible des chansonniers, qui raillent méchamment son allure, ses toilettes et sa rondeur. « Madame sans gaine » est l'un des surnoms les plus affectueux. Elle en souffre et s'en émeut en privé. Mais sa gentillesse est sans limites. Les Françaises la plébiscitent. Face aux réactions indignées, les humoristes cessent de la brocarder. La presse féminine la défend avec véhémence. Germaine Coty a un vrai caractère. Si elle ne s'occupe jamais des affaires politiques de son époux, si elle suit de très loin l'actualité, elle se consacre avec générosité à des actions sociales et caritatives. Elle y travaille plusieurs heures par jour. Elle répond elle-même à son courrier. Elle multiplie les visites discrètes, sans journalistes, dans des associations, dans des hôpitaux et des centres pour enfants en difficulté. Après le célèbre appel de l'abbé Pierre en faveur des mal logés, début 1954, au moment où le couple Coty s'installe à l'Elysée, elle s'associe immédiatement à ses efforts. Les plus défavorisés en général, les enfants déshérités en particulier, sont l'objet de toute son attention. Toujours hyperactive, toujours dans l'ombre. C'est cette discrète disponibilité de chaque instant qui séduit l'opinion. Et lorsque Germaine Coty est victime d'une crise cardiaque le 12 novembre 1955, cette émotion, on l'a vu, est immense. Une vraie ferveur populaire.

Sur le coup, à la mort de sa femme, René Coty aurait même envisagé de démissionner. Pour la première fois au palais, un Président est veuf pendant l'exercice de son mandat. Lorsque sa femme disparaît, il a près de soixante-quatorze ans. Depuis son arrivée au palais, nettement moins actif que son prédécesseur Vincent Auriol, il doit affronter d'immenses difficultés : la noria gouvernementale, avec pourtant des présidents du Conseil de grande qualité comme Pierre Mendès France ou Edgar Faure ; la guerre en Indochine, et la chute de Diên Biên Phu ; la situation au Maroc et en Tunisie ; le début de la crise algérienne, qui aboutira moins de trois ans plus tard, fin mai 1958, au retour du général de Gaulle. Coty hésite donc à se retirer dans sa Normandie natale, et décide finalement de rester. Sans doute se sent-il renforcé par la réaction des Français. Les obsèques de Germaine illustrent cet élan populaire. Plus de trente mille personnes à l'église de la Madeleine. Toutes les générations, des plus âgés aux enfants des écoles. *Paris Match* consacre sa une à ce deuil. Des chefs d'Etat étrangers font connaître leur tristesse. Ainsi naît une sorte de légende. Celle d'une Première dame influente parce que, tout simplement, attentive aux autres, souriante et disponible. Celle d'une Française dans laquelle chaque Française, ou presque, se reconnaît.

André Malraux

L'homme qui avait besoin des femmes

Sa vie est un véritable feuilleton. Et une tragédie, avec la disparition brutale de nombreux proches. La légende Malraux connaîtra des rebondissements multiples, des épisodes à sensation, des coups de théâtre. Avec un point commun : la présence et l'influence des femmes. Les femmes, toujours et partout. A chaque moment important, voire essentiel : l'enfance et l'adolescence, les débuts dans le Paris culturel, l'improbable séjour en Indochine, les premiers grands succès littéraires, l'incandescente guerre d'Espagne, la Résistance, la vie politique et le général de Gaulle, le ministère des Affaires culturelles, et enfin le crépuscule. Autant de moments qui nourrissent la véritable saga Malraux. Autant de pages tournées en compagnie de femmes, souvent romanesques, toujours omniprésentes. Des femmes fortes, de vrais caractères, des personnalités marquantes. D'Adrienne à Louise, de Clara à Josette et Madeleine : une vie échevelée, tumultueuse, fracassante, fiévreuse. Malraux n'était pas réellement « sous influence ». Il avait besoin de ces femmes, de leur intelligence, de leur esprit, de leur indépendance. Il s'en imprégnait. Séducteur, bien sûr. Mais surtout, avide de partager avec elles, si différentes, quelques pages de son histoire. De son destin.

« Presque tous les écrivains que je connais aiment leur enfance, je déteste la mienne. J'ai peu et mal appris à me créer moi-même, si se créer, c'est s'accommoder de cette auberge sans routes qui s'appelle la vie[1]. » L'enfance d'André Malraux reste, aujourd'hui encore, une sorte de mystère. Fut-elle aussi malheureuse qu'il la décrit ainsi ? Difficile de trancher avec certitude. Le jeune André a quatre ans lorsque ses parents divorcent. Berthe et Fernand se sont mariés en 1900. André est né fin 1901. En 1905, après la séparation, et avec sa mère, il rejoint sa grand-mère maternelle, Adrienne, et sa tante, Marie. Destination, la petite épicerie familiale de Bondy, près de Paris. Trois femmes qui l'entourent et le chérissent. Une sorte de cocon protecteur. Trop protecteur ? André semble oppressé, mal à l'aise, presque asphyxié. Une enfance à l'étroit et à petit feu. De ces trois femmes, la plus influente est sans aucun doute la grand-mère, Adrienne. Solide, courageuse, active. La « patronne » de ce petit nid familial. André rêve d'une autre vie. Son esprit vagabonde. Il cherche à s'évader ? C'est grâce à Adrienne qu'il apprend à se réfugier dans la lecture. Il lit tout ce qu'il peut. C'est à travers les livres, Alexandre Dumas notamment, qu'il devient aventurier. « Il se mit à lire comme on se bat, pour s'échapper, pour voyager, comme on se venge. Il était d'Artagnan, il était Robin des Bois et le Dernier des Mohicans, comme il serait plus tard Julien Sorel, Bonaparte, Hoche et Saint-Just[2] » : évocation sensible de cet appétit de lecture, mais aussi de

1. André Malraux, *Antimémoires*, Gallimard, 1967.
2. Jean-François Lyotard, *Signé Malraux*, Grasset, 1996.

cette période et de ce climat familial pour Jean-François Lyotard. L'influence de cette grand-mère Adrienne est donc déterminante. Le futur grand romancier du XXe siècle sera né ici, dans ce petit appartement engoncé de Bondy. De la même manière, c'est sans doute là, dans ce milieu modeste, voire pauvre, que le jeune André aura touché du doigt les difficultés de la vie quotidienne, et ce qu'il considère comme une injustice. Là qu'il aura peut-être mesuré le poids et l'ampleur des inégalités. Disparités économiques, sociales. Disparités culturelles aussi. On en verra plus tard la trace dans la création de ces Maisons de la culture qu'il mettra en place à partir de 1961. L'apparition d'un « ascenseur culturel », comme il y a aujourd'hui un « ascenseur social ». Certes, ainsi qu'il l'a écrit, André a peut-être « détesté » son enfance. Mais cette période aura été essentielle. Fondatrice.

Automne 1918. Dans le roman de Malraux, il y a également cette décision brutale de mettre lui-même, unilatéralement, un terme à ses études. Il est à la fois doué, mais insatisfait de ses années de scolarité. Il veut mener une autre vie. Il prend le large. Et s'engouffre, à dix-sept ans, dans ce Paris ébouriffant des lendemains de la Première Guerre mondiale. Clemenceau a remporté la victoire. La France revit et panse ses plaies. On veut s'amuser, se divertir, oublier ces quatre années d'horreur et de massacres. Tous les témoignages concordent : André se jette à corps perdu dans ce nouveau monde, bohème et insouciant. Il vit au milieu des artistes. Des « petits boulots » dans le monde culturel, l'édition en particulier, des critiques littéraires au coup par coup. Il respire, il s'enivre, il virevolte. Il s'essaie avec succès à l'écriture. Toujours l'influence d'Adrienne.

Printemps 1921. C'est le premier véritable coup de foudre, la rencontre avec Clara Goldschmidt. Elle a vingt-trois ans, lui pas encore vingt. Tout va très vite. Ils ont en commun des goûts, des convictions, des envies, des espoirs, des ambitions. Ils sont aussi bien différents. Clara est nettement plus progressiste, plus influencée par la gauche de l'époque. Le couple formé par André et Clara est flamboyant. Original et singulier. Description de ce duo hors normes par l'académicienne Dominique Bona : « Dès qu'ils sont ensemble, ils parlent et ils parlent, sans s'arrêter. Pas vraiment de frivolités, mais de ce qui les intéresse tous les deux : la littérature et l'art, mais aussi les voyages qu'ils pourraient entreprendre, les pays, les continents qu'ils pourraient parcourir [...] Le jeune couple occupe ses loisirs comme deux étudiants qui n'ont pas de soucis d'argent. Emploi du temps buissonnier. Ensemble au théâtre, au cinéma, aux ballets russes, ils flânent, ils folâtrent, ils musardent[1]. » Ils se marient quelques mois après leur rencontre, fin octobre 1921. Le début d'une longue aventure commune, avec ses bonheurs et ses drames, ses angoisses et ses moments de grâce, la naissance de leur fille unique Florence en mars 1933 notamment. Clara et André, selon leurs proches, c'est un couple comme on en voit peu. Ensemble, ils peuvent tout réussir, tout oser, tout tenter. Ils peuvent aussi, et ne s'en privent pas, tout casser et tout gâcher. Le couple est libre. Il en abusera. Jusqu'à la rupture. Clara, c'est une figure, un regard. Une grande intelligence, une vraie sensibilité, une rare culture. Eclectique. Ecrivain, traductrice, romancière. Avec les moyens importants dont elle dispose, venant d'une famille riche, Clara et André vont s'amuser, voyager. Une vie d'aventuriers. Elle

1. Dominique Bona, *Clara Malraux*, Grasset, 2010.

commence à exercer sur son mari une réelle influence, politique et artistique.

1923. Avec le célèbre voyage en Indochine, le roman Malraux s'enrichit d'un nouveau chapitre. Le séjour est mouvementé. Une sombre affaire de pillage d'antiquités, un trafic d'objets rares, en particulier des sculptures khmères : André est condamné, arrêté et assigné à résidence. Il est bloqué sur place. Rentrée à Paris, Clara s'emploie à mobiliser leurs amis. Elle fait circuler une pétition de soutien, et obtient des signatures prestigieuses, dont Gide, Mauriac et Aragon. Grâce à elle, André est libéré. Une étape importante pour le couple. C'est aussi le souvenir d'une épreuve, la première. Les Malraux reprennent leur vie parisienne. Un nouveau voyage en Indochine. André écrit. Et son talent se confirme. En 1928, c'est le succès des *Conquérants*. L'écrivain est sur orbite. Suivent *La Voie royale* et, en 1933, *La Condition humaine* avec, à la clé, la consécration du prix Goncourt. Un moment paradoxal : côté cour, le triomphe littéraire ; côté jardin, l'usure rapide du couple. C'est pourtant l'année du bonheur, avec la naissance de leur fille Florence. Mais Clara et André vivent désormais leur vie de manière autonome. Leurs relations étaient déjà pour le moins indépendantes. Elles deviennent peu à peu chaotiques, jusqu'au divorce, qui ne sera prononcé qu'en 1947. Certes, Clara sera toujours présente, de près ou de loin, attentive, militante, comme pendant la guerre d'Espagne. Mais elle n'est plus seule, loin de là. Chacun prend le large et vit sa vie. Sous l'Occupation, Clara est une résistante de la première heure, sincère et téméraire. Après la guerre, et jusqu'au bout, elle restera en première ligne. Et se battra pour des idées, pour des causes. Le mythe Malraux lui doit beaucoup. Et leur fille, Florence, une personnalité attachante, nourrira elle aussi cette légende. Audacieuse, intelligente, séduisante. Libre, y compris avec son père. Sa voie royale, ce sera le cinéma, un univers dans lequel elle laissera, elle aussi, l'empreinte et la trace des Malraux.

1933 est une année charnière pour Malraux. Il y a la naissance de sa fille. Il y a le Goncourt pour *La Condition humaine*. Il y a aussi un premier épisode sentimental, court mais intense, avec Louise de Vilmorin, que l'on retrouvera plus tard. Et, bien sûr, la rencontre avec Josette Clotis. Cette femme sera essentielle pour André. Ils se sont croisés ici et là, chez Gallimard notamment. Ils se voient, se revoient. Une aventure avec lendemains. Elle a vingt-trois ans, il en a neuf de plus. Elle l'admire. Elle lui plaît, intellectuellement et physiquement. Cultivée et séductrice. A la fois journaliste et romancière. Entre les deux, ce sera une douce harmonie. Josette le soutient, l'entoure, le conseille. Ils mènent une vie parisienne pétillante et quelque peu clinquante, au milieu des artistes et des écrivains. Puis c'est la guerre d'Espagne. André s'engage, courageusement, de toutes ses forces. Josette l'accompagne aux Etats-Unis, où il se rend en 1937 pour tenter d'obtenir des moyens supplémentaires pour ses amis républicains espagnols. Ils passent côte à côte la sombre période de l'Occupation, avant qu'il décide de rejoindre les rangs de la Résistance sous le pseudonyme clandestin du colonel Berger. Josette et André ont deux enfants, deux garçons, Gauthier et Vincent, nés en 1940 et en 1943. La suite de leur aventure commune est effroyable. Josette meurt brutalement en novembre 1944, victime d'un accident stupide, fauchée par un train. Et leurs fils disparaîtront ensemble dans un accident de voiture, en mai 1961. Ils sont alors âgés de dix-huit et vingt ans. André évoquera souvent, devant ses amis, la mémoire de cette seconde famille. Et le souvenir de

Josette. Elle lui fut indispensable. Une influence personnelle, psychologique, à un moment où, de Madrid à la Résistance, André Malraux écrivait de nouvelles pages de son épopée.

Clara. Josette. Et, au lendemain de la guerre, Madeleine. C'est Roland, le demi-frère d'André, qui lui a présenté celle qu'il va épouser, début 1943. Cette talentueuse pianiste devient donc la belle-sœur d'André Malraux. Roland, après une Résistance héroïque, disparaît tragiquement à la fin de la guerre. Dans la souffrance, Madeleine et André, le beau-frère et la belle-sœur, se rapprochent. Jusqu'à se marier, en mars 1948. Madeleine s'intéresse à la vie publique. Elle aime les artistes, la littérature et, par-dessus tout, la musique. Elle devient rapidement une pianiste virtuose invitée dans les plus grandes salles du monde. Le couple sera très vite en vue. André a choisi d'accompagner le général de Gaulle et de commencer une carrière politique. Madeleine apprécie cette nouvelle vie. Elle apporte à André une originalité, un charisme, un esprit, parfois une insolence qui l'enchantent. Une période flamboyante. Après un passage rapide au ministère de l'Information, fin 1945-début 1946, Malraux reste aux côtés du Général, qui devient un ami. Il s'occupe activement du RPF. Et il va reprendre ses voyages. Chaque fois, un accueil chaleureux est réservé à l'écrivain autant qu'au compagnon de l'homme du 18 Juin. Le couple voit beaucoup les de Gaulle et les Pompidou, et aussi Sartre et Camus. A partir de janvier 1959, et dix ans durant, ce sera le ministère des Affaires culturelles, que Malraux va façonner à son image. Il bénéficie en outre, à la demande expresse du Général, du titre de ministre d'Etat. Dans les toutes premières années, rue de Valois, Madeleine est très présente. Son influence artistique est notoire. Mais assez vite, les drames et les difficultés se multiplient. Terrible drame personnel, on l'a vu, avec la disparition des deux fils d'André. Difficultés politiques, avec le climat explosif de la crise algérienne et les attentats de l'OAS, dont l'un vise le domicile du couple, blessant grièvement une voisine, la petite Delphine Renard. Les temps sont décidément durs, et agités. Malraux, ombrageux, s'éloigne. Le couple bat de l'aile. Madeleine tient au quotidien un journal qui fera, cinquante ans plus tard, en 2012, l'objet d'un livre passionnant rédigé par sa petite-fille Céline[1]. Quelques souvenirs au fil de l'eau, simples ou poignants, d'une petite vingtaine d'années passées aux côtés de l'auteur de *La Condition humaine* :

12 mai 1962, en visite aux Etats-Unis, dans un musée new-yorkais : « André a pris les choses en main, dominant comme d'habitude notre petite délégation du haut de sa tour de culture. Je me suis dit que c'était un peu humiliant pour les Américains de se voir présenter leur propre musée... »

3 septembre 1963 : « Il me semble qu'André se fiche un peu de tout, ces jours-ci. Son ministère le lasse, il n'en tire rien. Mais tout le lasse... »

15 août 1965 : « André veut que je parte. Il me met dehors. Je pars et je ne prendrai pas une seule affaire. »

23 novembre 1976 : « C'est fini. André est mort. Une existence brillante, tourmentée, autodestructrice, éminemment destructrice. Je garde un sentiment d'impuissance terrible quand je pense à lui, et cette perception est si pesante[2]... » Le drame avait réuni Madeleine et André. Le drame les a entourés. Ils se sont appuyés l'un sur l'autre.

1. Madeleine Malraux, Céline Malraux, *Avec une légère intimité*, Baker Street/Larousse, 2012.
2. *Ibid.*

Elle l'a aidé et soutenu tant qu'elle l'a pu. L'influence d'une femme d'exception.

Après la rupture avec Madeleine, en 1965, un nouveau chapitre s'ouvre. Malraux l'écrira avec Louise de Vilmorin. Une aventure romanesque, presque mythique. Depuis leur première et fugace rencontre, en 1933, trente ans plus tôt, ils se croisent régulièrement. Au hasard de manifestations culturelles. Elle est romancière, scénariste, poète à ses heures. Elle connaît la terre entière. Une séductrice, brillante, élégante, piquante. L'une des figures marquantes de ce Tout-Paris artistique que Malraux aime fréquenter. André a repris l'écriture. Influente, elle l'y a poussé. Ils sont de plus en plus souvent à Verrières-le-Buisson, près de Paris, dans la propriété familiale des Vilmorin. Analyse d'Olivier Todd : « Louise transforme la frivolité en art de vivre. Sa fausse futilité contraste avec la fréquente solennité de son compagnon... Ils ont en commun le goût des phrases, la vieillesse qui approche et rapproche, l'alcool, lien puissant... Ils se soutiennent, elle le tirant vers la comédie, lui, la poussant en direction de la tragédie[1]. » Il y a des moments de grâce, des moments plus difficiles. Ils ont tous les deux un vrai caractère. On passe souvent de l'harmonie à l'orage, mais toujours avec talent, des deux côtés. A l'été 1969, après l'échec du référendum et la démission du général de Gaulle, Malraux quitte son ministère. Il s'installe réellement chez Louise. Quelques mois plus tard, au lendemain de ce Noël 1969, elle meurt brutalement. Sa nièce, Sophie, accompagnera sentimentalement André jusqu'à sa mort, en novembre 1976. Louise et André : un demi-siècle après, le couple est toujours dans la légende. Et dans l'imaginaire collectif.

1. Olivier Todd, *André Malraux*, Gallimard, 2001.

Au Panthéon féminin d'André Malraux, il y a enfin... Yvonne de Gaulle. Entre les deux, une complicité étonnante et peu connue. Yvonne l'admire. André l'estime, la respecte... et s'amuse avec elle. Témoin, cette scène racontée par Malraux lui-même[1]. La Boïsserie, Colombey-les-Deux-Eglises, décembre 1969. Le Général et son ancien ministre des Affaires culurelles égrènent leurs souvenirs en présence d'Yvonne de Gaulle. Ils évoquent Kennedy et sa femme, Jackie. Malraux : « Vous vous souvenez des pancartes à Cuba ? "Kennedy, non ; Jackie, oui" ? — "Charles, dit madame de Gaulle, si nous y étions allés, est-ce qu'il y aurait eu des pancartes : "De Gaulle, non ; Yvonne, oui ?" »... Vis-à-vis d'André, il y a chez Yvonne un côté groupie. Elle lui passe tout, ou presque. Mais elle reste très stricte sur quelques principes, le mariage en particulier. Directement, et par l'intermédiaire de Charles, elle avait beaucoup insisté auprès de Malraux pour qu'il épouse Madeleine en 1948. Les conventions seront ainsi respectées. Elle aime les situations claires. Elle sera entendue. Etonnante, vraiment, cette relation avec l'homme qui, déjà, avait su séduire, puis apprivoiser son mari. Yvonne et André, dans l'ombre de Charles, c'est une amitié, sincère, profonde. Une vraie curiosité, cette influence d'Yvonne de Gaulle, dans l'épopée Malraux.

1. André Malraux, *La Corde et les Souris*, Gallimard, 1976.

Georges Pompidou

Claude... et Marie-France, bien sûr

Abasourdie. Stupéfaite. Incrédule. Sous le choc. Lorsqu'elle découvre, en novembre 1968, les rumeurs insensées qui courent dans tout Paris à propos de l'affaire Markovic, Claude Pompidou passe successivement de l'abattement à la colère. A compter de ce jour, rien ne sera plus comme avant. Tous les témoignages concordent. Cette affaire modifiera profondément la psychologie, et même la personnalité, de Claude et de Georges Pompidou. Soupçonnée, sans la moindre preuve, à partir de montages photographiques totalement truqués, et au mépris de toute vraisemblance, d'avoir participé à des soirées libertines et d'y avoir croisé Stefan Markovic, un petit truand sans envergure, proche d'Alain Delon, abattu d'une balle dans la tête dans la nuit du 22 au 23 septembre 1968, Claude réagit légitimement comme une femme blessée. Elle en veut à tout le monde, à quelques rares exceptions. Elle rumine, elle fulmine contre ce milieu politique qu'elle déteste plus que tout, ce microcosme qu'elle rejette, qu'elle ne veut même pas connaître, qui lui interdit de retrouver sa vie rêvée, et le souvenir de ses deux périodes préférées : Marseille et la Provence, avant la guerre, lorsque Georges, normalien et agrégé de lettres, enseigne le français, le grec et le latin ; Paris et la banque Rothschild, de fin 1953 à 1958, quand le couple, désormais aisé, fait partie du petit cercle du Tout-Paris de la finance et de la culture. Entre-temps, entre la fin de la guerre et son entrée chez Rothschild, le futur Président a rejoint le cabinet du général de Gaulle, dont il devient progressivement l'un des principaux collaborateurs. Claude Pompidou n'a pas trop aimé ce moment, même si elle admire le Général dont elle s'éloignera plus tard, meurtrie, comme son mari, par son attitude distante, voire hostile, pendant cette affaire Markovic. La politique ennuie Claude. Elle s'inquiète de voir son mari séduit, et même passionné par ce milieu. Ce sera leur premier, et sérieux, désaccord. Et cette première fois, elle n'aura pas gain de cause. Pourtant, dès leur mariage, en 1935, l'influence de Claude sur son mari est profonde. Jamais Georges Pompidou ne prend une décision professionnelle significative sans en parler à sa femme. Jusqu'à ce jour où elle apprend ce que l'on appelle communément aujourd'hui l'affaire Markovic.

Georges Pompidou marque lui aussi le coup. Il ne pouvait imaginer que des adversaires, ou même des ennemis, pourraient aller jusqu'à une telle ignominie pour l'abattre politiquement et l'empêcher de succéder le jour venu au général de Gaulle. Et il culpabilise vis-à-vis de sa femme. Combien de fois lui a-t-elle répété qu'elle ne souhaitait pas qu'il engage, puis qu'il poursuive une carrière politique ? En 1944, au lendemain de la guerre, elle approuve pourtant l'entrée de son mari dans l'équipe qui travaille avec le général de Gaulle. C'est une histoire d'amitié, car l'opération a été facilitée par un proche de Georges Pompidou, René Brouillet, qu'il a côtoyé à l'Ecole normale supérieure. Soulagée lorsque Georges rejoint la banque

Rothschild, elle vit donc assez mal son retour en mai 1958, pour quelques mois, auprès du nouveau président du Conseil, revenu au pouvoir à la faveur des événements d'Algérie. Elle sait que son mari est chargé de missions confidentielles par le Général. Au plus fort de la guerre secrète menée par l'OAS, elle est contrainte de voyager avec un faux passeport, pour des raisons évidentes de sécurité. En vacances en Bretagne avec son fils Alain pendant que Georges négocie en Suisse avec des représentants du FLN, elle présente un passeport sur lequel figure un nom d'emprunt inventé par la police : Pommier. Se souvenant simplement qu'il s'agit d'un arbre fruitier, elle signera sa fiche d'état civil du nom de... Poirier ! Embarras de l'hôtelier qui l'avertit qu'il va devoir, en cette période agitée et dangereuse, en informer la préfecture. « Aucune importance », lâche Claude, malgré tout insouciante. Décidément, elle étonne et détonne dans ce milieu politique. En 1962, Pompidou n'ose même pas lui faire part de ses nombreuses conversations avec le Général qui s'apprête à le nommer Premier ministre en remplacement d'un Michel Debré usé et hostile au règlement négocié, et conclu par les accords d'Evian, de l'affaire algérienne. Georges n'avait jamais parlé à Claude de la proposition, qu'il avait très vite rejetée, de rejoindre le gouvernement Debré avec le portefeuille de l'Economie et des Finances. Claude réagit donc mal à cette nomination à Matignon. « Si c'est ça, je divorce », aurait-elle lancé, sans bien sûr y penser, comme une boutade provocatrice. Récit de son fils Alain sur ce moment où son père annonce sa décision à sa mère : « Quel n'est pas mon étonnement [...] de voir ma mère effondrée et sans voix [...] Au bout de longues minutes d'attente qui me paraissent des siècles, mon père dévisage ma mère fixement, mais avec l'infinie tendresse de celui qui est malheureux de devoir décider, contre toutes les espérances de l'être aimé. "Un tel poste ne se refuse pas, et encore moins au Général." Ma mère sort de son mutisme, mobilisée par la deuxième partie de la phrase. "S'il le faut", répond-elle. Mais elle ajoute aussitôt : "Nous resterons quai de Béthune"[1]. » C'est en effet à son initiative, et contre l'avis du président de la République et d'Yvonne de Gaulle, qu'ils resteront dans leur appartement de l'île Saint-Louis, refusant de loger à l'hôtel Matignon. Maigre concession pour celle qui n'aime ni cette longue, interminable, période de six ans ni cette résidence de chef du gouvernement, cet hôtel Matignon où elle se rend d'ailleurs assez peu. Le couple continue de fréquenter les amis artistes avec lesquels ils sont liés, Bernard et Annabel Buffet, Françoise Sagan, Roland Petit et Zizi Jeanmaire, Jean-Louis Barrault et Madeleine Renaud, Jean Desailly et Simone Valère, Pierre Soulages, Pierre Boulez, Niki de Saint Phalle, Maurice Béjart, Rolf Liebermann, Olivier Messiaen, Juliette Gréco, Guy Béart, les frères Jacques et François Gall ou Jacques Chazot. Mais le pouvoir est pesant, le travail quotidien auprès d'un Général vieillissant littéralement harassant, les obligations trop lourdes, l'emploi du temps trop chargé. Mai 68 n'arrangera rien, qui verra le Premier ministre quasiment seul aux manettes, bloqué en permanence dans son bureau et l'appartement de fonction de Matignon, sans une minute à consacrer à sa femme. Malgré la colère de son mari, qui se sent piégé, voire humilié par un de Gaulle qui le remplace par le triste et transparent Couve de Murville après le triomphe des élections législatives anticipées de juin 1968, Claude est presque soulagée. Les vacances qui suivent,

1. Georges Pompidou, *Lettres, notes et portraits, 1928-1974*, Robert Laffont, 2012.

à Carnac, en Bretagne, sont heureuses et détendues. Mais la parenthèse ne durera que quelques mois, à peine plus de cent jours. L'affaire Markovic va bouleverser sa vie. Leur vie.

Jusque-là, elle détestait donc la politique et ne s'intéressait nullement aux acteurs principaux de ce théâtre d'ombres. A compter de novembre 1968, lorsqu'elle apprendra par des amis de sa bande de Saint-Tropez les accusations sordides dont elle est l'objet, elle va tout à la fois la haïr et la mépriser. Et, paradoxalement, à partir de là, son poids va grandir auprès de celui qui, pour se venger, pour combattre la rumeur, tuer la calomnie, réagir aussi à l'attitude pour le moins ambiguë du général de Gaulle, ne trouve qu'une réponse : aller de l'avant, accélérer le calendrier, bousculer les échéances, au grand dam de l'Elysée. Pendant trois à quatre mois, Claude et Georges n'auront qu'une obsession : sauver leur honneur. Mais leurs discussions sont rudes, et fréquentes. Claude apprécie peu que Georges pense déjà à l'Elysée. Elle s'interroge lorsqu'il annonce à deux reprises, à Rome puis à Genève, début 1969, qu'il sera candidat à la succession du Général le jour venu. Mais elle sait aussi que sa détermination est totale, et que cette affaire Markovic, nauséabonde et violente, ne fait qu'accroître son envie de croiser le fer avec tous ceux, nombreux, qui lui ont manqué à cette occasion. Parmi eux, il y a l'homme du 18 Juin, qui a laissé faire, et le nouveau Premier ministre, Maurice Couve de Murville, qui n'a rien dit à Pompidou et qui, pire encore, a accrédité les rumeurs et murmuré à l'oreille des politiques et des diplomates que sa carrière était sérieusement menacée. Plus jamais Claude ne lui serrera la main. Pendant ces mois d'enfer, profondément meurtrie, et même si elle s'efforce d'occulter ces calomnies nauséabondes, elle passe par des hauts et des bas. « [...] jalousies et mensonges, petites intrigues et querelles d'intérêts personnels[1] » : plus tard, elle décrira ainsi la classe politique. Son mari n'a qu'une obsession : la protéger, éviter que le poison de la rumeur ne se répande. Le couple fait face, vaille que vaille. Georges et Claude s'efforcent de continuer à sortir, à recevoir les amis fidèles. Leur fils Alain, alors interne en médecine, les soutient en permanence, et ardemment. Mais jamais ils n'évoqueront ouvertement l'affaire tous les trois, lors de déjeuners ou de dîners familiaux. Cela se fera, mais exclusivement en tête à tête. Le sujet est tabou. Claude se sent salie. Georges, les nerfs à vif, est indigné que l'on puisse s'en prendre ainsi à sa femme pour des raisons exclusivement politiques. Elu Président après la démission du Général dans la nuit qui suit le net échec du référendum d'avril 1969, il n'oubliera jamais. Elle non plus, qui ne participera pas à la campagne présidentielle. Elle redoute le moment, inéluctable, où elle devra quitter son appartement pour aller s'installer dans ce palais de l'Elysée qu'elle n'apprécie déjà pas. Moment étonnant, qui voit la future Première dame espérer quand même la victoire de son mari mais s'inquiéter de ses conséquences. Sa sœur et confidente, Jacqueline Castex, ne la quitte pas. Elle est toujours là, à ses côtés, depuis le début de l'affaire Markovic. Son rôle est essentiel, sa présence impérative. Une relation exceptionnelle, qui aidera Claude à supporter la situation. Georges est élu, largement et sans surprise. Claude va donc, tant bien que mal, « faire avec ». Le soir de l'installation au palais de l'Elysée, le 20 juin 1969, le nouveau Président organise un dîner familial, en tout petit comité. Le moyen de faire comprendre à sa femme qu'ils pourront, et qu'ils sauront, préserver leur intimité.

1. Claude Pompidou, *L'Elan du cœur*, Plon, 1997.

Pendant les cinq ans du mandat présidentiel, de 1969 à 1974, l'influence de Claude Pompidou sera réelle, bien supérieure à ce qui a été dit ou écrit à cette époque. Leur couple est fusionnel. Elle le rassure, elle l'amuse, elle le distrait, elle l'intéresse quand elle parle politique et commente l'actualité. Claude est décidément omniprésente. La partie visible de l'iceberg, c'est l'ambassadrice de la mode, la Première dame qui rénove et modernise le palais, faisant entrer quelques talentueux porte-drapeaux de l'art contemporain, Soulages, Ernst, Poliakoff, Giacometti, Agam, Paulin et, bien sûr, le peintre préféré du couple, Nicolas de Staël. C'est elle aussi, et on le sait moins, qui a convaincu son Président de mari d'ouvrir grandes les portes, officielles et privées, des résidences présidentielles. Le couple de Gaulle, qui rumine à La Boisserie, ne cachera pas son hostilité à cette initiative qui apparaît aujourd'hui banale mais qui, en 1969, est presque jugée révolutionnaire. A sa demande, donc, les caméras et les photographes entrent à l'Elysée et au fort de Brégançon. Des images souriantes d'un bonheur quotidien qui tranchent avec l'austérité des locataires précédents. D'abord surpris, puis passionnés, les Français approuvent massivement. La cote de popularité du nouveau Président est au plus haut. Le programme télévisé consacré à la vie du couple présidentiel à l'Elysée réalise une audience record. « Tiens, Bibiche », dit Georges, très naturel devant la caméra, à Claude en lui allumant sa cigarette. Le surnom, affectueux, restera. C'est encore la Première dame qui ouvre aux télévisions et à la presse écrite les propriétés familiales : celle d'Orvilliers, près de Paris, et celle de Cajarc, dans le Lot, acquise sur la recommandation de Suzanne Quoirez, une grande amie du couple, la sœur de Françoise Sagan.

Nouvelle opération réussie, selon un timing soigneusement réfléchi par Claude. Elle semble donc jouer le jeu, même si ses réticences et son hostilité au milieu politique restent vives, même si elle a dû accepter à contrecœur d'habiter dans ce palais, même si elle revient le plus souvent possible chez elle, quai de Béthune, même si les contraintes protocolaires lui pèsent terriblement. Sur le plan politique, Claude ne se prive pas, en tout petit comité, de donner son avis à sa manière, parfois sans fioritures. Sur quelques grands sujets, sur les personnalités aussi. Certains dossiers la passionnent. Marquée par une éducation stricte, elle approuve par exemple son mari lorsqu'il renonce, sans grande hésitation, à lancer, et même à ouvrir, le débat sur les sujets de société et l'évolution des mœurs. Leurs souvenirs de Mai 68 sont toujours présents, et prégnants. Pas question de réformer le divorce ou de libéraliser l'avortement. Il faudra attendre 1974 et le mandat suivant, celui de Valéry Giscard d'Estaing, pour que le Parlement puisse délibérer sur des attentes exprimées pendant les « événements ». De la même manière, contrairement à d'autres Premières dames comme Michelle Auriol ou Danielle Mitterrand, et malgré les revendications féministes exprimées de tous côtés en Mai 68, elle se refusera, pour des raisons de principe, à intervenir pour féminiser le gouvernement. Une seule femme dans les gouvernements Chaban-Delmas, Marie-Madeleine Dienesch, secrétaire d'Etat chargée de l'Action sociale et de la Réadaptation, rejointe sous Pierre Messmer par Suzanne Ploux, secrétaire d'Etat à l'Education nationale : en privé, Claude Pompidou le regrette, mais n'en dira jamais un mot devant témoins, en dehors de son premier cercle. En revanche, elle approuve et soutient la nouvelle législation de juillet 1970 sur l'autorité parentale conjointe. Et elle encourage activement son mari à soutenir avec persévérance le développement de la culture générale dans les programmes de l'Education nationale. En une seule occasion, elle évoquera plusieurs fois avec son mari l'opportunité d'une grande initiative politique. 1973. Georges est fatigué. Sa maladie le ronge. Il n'est pas certain de tenir jusqu'à la fin de son mandat et décide de faire voter par l'Assemblée, puis par le Sénat, la réforme du quinquennat. Consultée, Claude approuve. Mais le projet capote faute d'une majorité qualifiée, les trois cinquièmes du Parlement nécessaires au vote par le Congrès, et le référendum paraissant trop risqué.

C'est en matière culturelle que Claude va surtout imprimer sa marque. Comme ce sera le cas une douzaine d'années plus tard avec François Mitterrand, Anne Pingeot et la pyramide du Louvre, le Centre Pompidou sera un souhait et une création du couple, et non du Président tout seul. Ils en parlaient depuis longtemps, sans succès sous de Gaulle et Malraux. Ils aimaient s'arrêter en voiture devant ce trou des Halles pour imaginer, presque deviner, ce que pourrait être cette vitrine de l'art moderne. Ils en ont parlé pendant des heures tous les deux, en tête à tête ou devant leurs plus proches amis, sans rien cacher de leur envie commune et de leur volonté. Claude donne des idées. Elle impulse et oriente. Elle le convainc de créer parallèlement une structure entièrement dédiée à la musique contemporaine. Ce sera l'Ircam, l'Institut de recherche et de coordination acoustique/musique. Et elle ne cessera de s'occuper du Centre Pompidou après la disparition brutale de son mari. Ce sera, avec sa Fondation pour les enfants handicapés, les personnes âgées et les malades hospitalisés, la grande affaire de sa vie.

Hormis Claude, peu de femmes, en réalité, à l'exception notable de Marie-France Garaud, auront une véritable influence sur Georges Pompidou. De Marie-Louise, sa mère qu'il adorait, disparue à la veille de Noël 1945, lorsqu'il a trente-quatre ans, il a hérité une certaine réserve, un réel attachement aux racines et au terroir, un vrai goût pour le travail bien fait, le souci de l'ascension sociale par le travail et le mérite, et une grande pudeur. Dans le champ politique, il y a Simone Servais, chargée à Matignon puis à l'Elysée des relations avec la presse. Une efficacité redoutable, une travailleuse acharnée. Grâce à elle, et à son réseau, il pourra faire comprendre à de très nombreux patrons de journaux et éditorialistes, pendant la douloureuse affaire Markovic, que le dossier est totalement vide, qu'il ne s'agit que d'une tentative grossière de déstabilisation. Dès lors, nombre de ces journalistes le soutiendront activement contre la rumeur et la calomnie. Il y a aussi Anne-Marie Dupuy. Une femme de caractère. Engagée à vingt-deux ans dans les Forces françaises libres, elle travaille auprès de Georges Pompidou depuis 1963. Chef de cabinet à Matignon, directrice de cabinet à l'Elysée, c'est une organisatrice hors pair. Plus tard, elle attrapera le virus de la politique et deviendra maire de Cannes.

Et puis, il y a donc Marie-France Garaud. Un rôle majeur pendant sept ans, de 1967, lorsqu'elle rejoint le cabinet de Pompidou Premier ministre, jusqu'à la fin, le 2 avril 1974. Une femme redoutable et redoutée, une séductrice énergique et cultivée, manipulatrice et brillante tacticienne. Aujourd'hui, avec le sourire, sans bien sûr y croire, elle se défend d'avoir exercé une véritable influence auprès d'un Georges Pompidou qu'elle vénère. Gros et pieux mensonge. Au côté du mystérieux Pierre Juillet, un gaulliste conservateur, elle est beaucoup plus qu'une éminence grise. Une tour de contrôle politique incontournable et indispensable au Premier ministre du général de Gaulle puis au Président. Elle est partout, à Matignon et au Palais-Bourbon, dans les couloirs du Sénat et dans les ministères. Elle fait et défait les carrières. Elle vilipende les journalistes qui critiquent son patron. Elle repère les parlementaires frondeurs et sanctionne tous ceux qui ne suivent pas loyalement et clairement la ligne. C'est évidemment elle qui, dès les semaines qui suivent la nomination de Jacques Chaban-Delmas à Matignon, mène la bataille contre ce gaulliste social et réformateur qui a osé s'entourer de conseillers proches de la gauche, Jacques Delors et Simon Nora notamment, et prononcer le 16 septembre 1969 à l'Assemblée nationale, sans en avoir vraiment informé le Président, un fameux discours sur la nouvelle société. Chaban honni par Marie-France, Chaban coupable aussi d'avoir engagé la libéralisation de l'ORTF et nommé à la tête de l'information télévisée Pierre Desgraupes, un journaliste libre et tenace, étiqueté à gauche et surtout reconnu pour son audace, son talent et son imagination. Le choc Chaban-Garaud est inévitable. Il devient vite notoire, brutal, presque violent. Un combat politique et personnel. Chaban va trop vite et trop loin pour l'Elysée, dont Marie-France est le bras armé, toujours prête à dégoupiller, à lancer une grenade en direction de ce séducteur qui n'en fait qu'à sa tête et n'hésite pas à gouverner comme il l'entend, sans demander les feux verts du Château. Situation intenable pour un Premier ministre qui tiendra quand même, au grand dam du duo Juillet-Garaud, plus de trois ans. Lorsqu'il le remplace, le 5 juillet 1972, par le fidèle et obéissant Pierre Messmer, un grognard du gaullisme, loyal exécutant, Georges Pompidou est déjà usé par la maladie qui l'épuise et qui va l'emporter moins de deux années plus tard. Il le confie d'ailleurs, comme un secret d'Etat, à son nouveau Premier ministre. Le choix du moment et du successeur, c'est Marie-France Garaud qui le prépare et le met en œuvre. A sa manière, un mélange politiquement efficace de brutalité dans la décision et de souplesse dans l'exécution. *Out* Chaban et sa nouvelle société. Les vingt mois qui suivent seront littéralement dominés par Marie-France. Au point qu'à la fin de 1973 l'hebdomadaire américain *Newsweek* la présente comme la femme « la plus puissante de France ». Pendant que le Président s'enfonce dans la maladie et fait face avec courage à une douleur parfois insupportable, elle est en effet à la manœuvre sans désemparer, du matin au soir. Pompidou le sait. Il lui arrive de la juger trop active et trop présente. Mais depuis l'affaire Markovic, pendant laquelle elle s'est montrée admirable de loyauté et d'efficacité, il lui fait confiance. Elle le sait. Elle en use, et souvent en abuse. Son objectif, de 1972 à 1974, c'est de mettre sur orbite un jeune protégé du Président, Jacques Chirac. La maladie gagnant du terrain, le calendrier risquant à tout moment de s'accélérer, elle brûle les étapes. A l'initiative du duo Juillet-Garaud, voici Chirac bombardé ministre de l'Agriculture puis, début 1974, ministre de l'Intérieur. Il a tout juste quarante et un an. La fusée politique est lancée. Marie-France le conseille, le cornaque. Le Président partira très tôt, trop tôt, emporté par une septicémie foudroyante. En ce début avril 1974, Chirac n'est pas encore prêt. Juillet et Garaud lui font donc jouer une carte différente, celle de Giscard, en échange d'une nomination à Matignon. Mais cela est une autre histoire...

Jacques Chaban-Delmas
Fils, mari... et féministe

« Je suis ta maman, et je t'aime infiniment. Mais n'oublie pas que ta mère, c'est la France, et il te faudra la servir. » C'est Georgette qui parle ainsi, et fréquemment, au futur Premier ministre, son fils Jacques. Chaban et sa mère, c'est un duo de choc. Une entente parfaite, une harmonie permanente, une sorte de communion. Dans la famille, et par sa personnalité, Georgette est une légende à elle toute seule. « Elle était mince, quoique épanouie. Elle avait un visage harmonieux, un grand front, des cheveux châtain foncé que tantôt elle laissait pousser, tantôt coupait court, selon la mode et son propre caprice. Belle ? Evidemment. La plus belle[1] ! » : c'est ainsi que son fils la décrit. Jacques lui saura gré tout au long de sa vie publique de l'avoir construit. Pour ce séducteur politique, il y a aussi les épouses. Odile, Marie-Antoinette et Micheline. Chacune a compté, mais de manière différente. Chacune a pesé sur ce destin particulier, celui d'un combattant précoce, d'un résistant courageux, d'un gaulliste historique et sincère, d'un véritable homme d'Etat, d'un bâtisseur infatigable. Chaban est peut-être aussi

1. Jacques Chaban-Delmas, *L'Ardeur*, Stock, 1975.

l'un des premiers féministes de l'après-guerre. Dans son action, dans ses choix politiques, dans son itinéraire personnel, il s'est efforcé, notamment dans son action sociale, d'associer et de promouvoir les femmes. De ce point de vue, un précurseur.

Jacques et Georgette, sa mère, c'est d'abord l'histoire d'un lien particulier, indestructible. Petit, Jacques est faible, maigre, très souvent malade, parfois immobilisé. « Un enfant de sucre filé[1] », selon l'intéressé lui-même. Sa mère, qui en parle beaucoup avec leur médecin, le couve jour et nuit. « Si je suis devenu un homme d'action et de mouvement, qui ne peut voir bondir une idée ou une balle sans que quelque chose tressaille en lui, je le dois peut-être à cette longue immobilité. J'avais des années d'ankylose à rattraper[2] », écrira-t-il plus tard. Sa mère va lui inculquer le goût de l'effort physique et du sport. Elle ne cessera de le protéger, voire de le surprotéger, tout au long de son enfance et de son adolescence. Son père, ingénieur dans l'industrie automobile, le regarde grandir d'un œil sévère. Les relations avec son fils, qui a douze ans lorsque ses parents divorcent, resteront toujours difficiles. Dans la famille, il y a deux héros, deux personnalités hors normes. Le grand-père paternel de Jacques, un modeste peintre en bâtiment, deviendra un talentueux ténor, grâce à une femme, professeur de piano, qui l'a par hasard entendu chanter en passant près du chantier où il travaille. Il l'épousera peu après. Jacques adore cet épisode romanesque. Il y consacrera en 1975 le début de ce livre très personnel, *L'Ardeur*. L'autre héros familial, c'est Maurice Legendre, le second mari de Georgette.

1. Jacques Chaban-Delmas, *L'Ardeur*, *op. cit.*
2. *Ibid.*

Une figure, une légende de la guerre aérienne de 14-18. Jacques est marqué par ces deux personnalités. Y puisera-t-il ce goût pour l'aventure et pour l'épopée ? Peut-être. A l'issue d'études solides, il est licencié en droit et diplômé de droit public et d'économie politique. Une vraie satisfaction pour sa mère, qui l'incite sans cesse à progresser, à devenir un grand serviteur de l'Etat. En 1940, Jacques a vingt-cinq ans. Encouragé par Georgette, il s'engage résolument dans l'action et dans la Résistance. Courageux, bon organisateur, il devient incontournable. En 1943, lorsqu'il doit choisir un pseudonyme pour les réseaux clandestins, il se trouve en Dordogne, à côté d'un château. Château de Chaban, lit-il sur un écriteau. Ce jour-là, le jeune Jacques Delmas devient Chaban-Delmas.

Georgette suit pendant la guerre l'ascension de son fils avec un mélange d'inquiétude et d'admiration. Inquiétude, parce qu'elle connaît, bien sûr, les dangers extrêmes de son engagement total, physique et moral, dans la Résistance. Admiration lorsqu'elle voit avec quelle rapidité il franchit toutes les étapes. Très vite remarqué par ses pairs, et par ses supérieurs, il rentre au comité financier de la Résistance avant d'être nommé délégué militaire national puis, dans la foulée, à vingt-neuf ans, général de brigade. De Gaulle le distingue ainsi sans le connaître, à partir des recommandations élogieuses de son entourage londonien civil et militaire. C'est le 25 août 1944, le jour de la libération de Paris, qu'il rencontre le Général pour la première fois. En tête à tête avec Georgette, en famille puis, un peu plus tard, devant des amis et des journalistes, Chaban racontera cette scène avec un mélange de plaisir, de fierté, d'amusement, de nostalgie et de gourmandise. Il y reviendra avec force détails dans *L'Ardeur*. La scène se déroule à la gare

Montparnasse. De Gaulle vient de rejoindre le général Leclerc. Récit de Jacques : « Mon général, dit Leclerc, vous connaissez le général Chaban ? [...] Il y eut un silence, qui dura bien deux secondes et me sembla une éternité. Je pus suivre, avec la clairvoyance que donne l'extrême émotion, l'enchaînement des sentiments. D'abord l'incrédulité, puis la surprise, ensuite la colère à la pensée qu'on l'avait amené à confier de si hautes responsabilités à un si jeune homme. Déjà je voyais la tempête fondre sur moi. Mais, au moment où je souhaitais pouvoir rentrer sous terre, surgit dans cet œil d'aigle comme un attendrissement. La statue s'anima. J'eus droit à une poignée de main forte – deux fois forte – tandis que la voix prononçait ces trois mots auprès desquels pâliraient honneurs et distinctions : "C'est bien, Chaban." Tout était dit[1]. » A partir de là, le destin de Jacques va s'accélérer. Georgette le sait, avec l'intuition d'une mère qui n'espérait pas pour son fils une telle carrière. Elle l'a élevé dans la passion du patriotisme et du devoir. Elle l'imaginait haut fonctionnaire. Elle va approuver cet engagement politique, puis admirer son ascension, suivant ses faits et gestes jour après jour, collectionnant les coupures de presse, racontant fièrement chaque épisode. Chaban part à l'assaut de Bordeaux. Député, maire en 1947. Il le restera jusqu'en... 1995. Quarante-huit ans de règne. Un coup de foudre. Une sorte d'alchimie entre cette ville et lui. Chaban devient le duc d'Aquitaine. C'est l'envol.

Georgette est une femme à part. Ses deux enfants, Jacques et sa sœur Nicole, ses petits-enfants, ses amis, innombrables, en témoignent avec affection. Une femme qui a vécu deux guerres avec intensité et courage. Une femme

1. Jacques Chaban-Delmas, *L'Ardeur*, *op. cit.*

libre, indépendante, ironique, parfois impertinente, voire cinglante et même cruelle. Un charme particulier qu'elle a transmis à Jacques. Ils s'amusent tous les deux de cette ressemblance. Elle adore rire, jusqu'à apprécier les imitations, souvent insolentes, de son fils par Thierry Le Luron, qu'elle connaît bien. Il y a autour d'eux, quand ils sont ensemble, un climat étonnant, une chaleur communicative, un halo de tendresse, une séduction naturelle, une décontraction familière. Jacques sait aussi qu'il faut parfois la contenir, éviter qu'elle n'en fasse trop. Mais leur harmonie dépasse et transcende tout. Elle encourage le sportif, international de rugby et talentueux tennisman, meilleur encore en double qu'en simple. Elle approuve les premiers pas au gouvernement dans les dernières années de la IVe République : ministre des Travaux publics, des Transports et du Tourisme avec Pierre Mendès France en 1954, ministre d'Etat sous Guy Mollet en 1956, ministre de la Défense nationale et des Forces armées avec son ami Félix Gaillard en 1957. Dans cette fonction, il travaille avec assiduité, et dans le plus grand secret, pour lancer et développer les recherches et les travaux préparatifs à la mise en place de la force nucléaire française. En même temps, il prépare activement, dans la coulisse, le retour du général de Gaulle, qu'il rencontre très régulièrement à Paris ou à Colombey. Après le retour de l'homme du 18 Juin, en 1958, il s'installe pendant plus de dix ans à la présidence de l'Assemblée nationale. Georgette s'y rend fréquemment. Pas vraiment pour évoquer la situation politique. Pour parler de tout et de rien. Pour le plaisir de se voir. Des rencontres que Jacques aimait vraiment, en fils complice. Il en parlait avec tendresse et délice.

20 juin 1969. Georgette est heureuse. Elle ne cache pas son bonheur quand elle apprend que son fils est nommé

Premier ministre après le départ du général de Gaulle et l'élection de Georges Pompidou. Elle sait que le métier de chef de gouvernement laisse peu de place à la famille. Elle parvient quand même à le voir assez régulièrement. Elle apprécie son célèbre discours du 16 septembre 1969 sur la nouvelle société et sur les blocages auxquels il veut s'attaquer. Elle connaît très tôt les difficultés que Jacques rencontre avec l'entourage du Président, notamment Marie-France Garaud, que Georgette n'aime vraiment pas, et Pierre Juillet. La mère du Premier ministre vieillit. Mais elle continue de suivre avec passion, ne ratant pas un quotidien, une émission radio ou un journal télévisé, le parcours de Jacques à Matignon. Au départ, on l'a vu, elle n'avait pas d'ambition politique particulière pour son fils. Désormais, il lui arrive de rêver, d'imaginer pour lui un vrai destin, de le voir s'installer à l'Elysée. Elle sait qu'il y pense, qu'il s'y prépare. Elle connaît les petits secrets politiques de Jacques. Elle comprend qu'il s'organise pour la suite. Il y a les déjeuners des « fauves » (*sic*) qui réunissent des responsables politiques, des chefs d'entreprise et des représentants de ce que l'on appelle aujourd'hui la société civile. Il y a les déjeuners des « barons », avec ses amis Guichard, Frey, Debré et Foccart. Georgette n'est pas obsédée par la succession de Pompidou, dont on connaît la maladie. Mais elle veut le meilleur pour son fils. Elle vit mal le départ de Matignon, en 1972, et plus mal encore la campagne de 1974, avec l'élimination de son fils au premier tour. Lorsqu'elle disparaît, en 1985, Jacques perd celle qui lui apportait depuis soixante-dix ans, enfant, adolescent ou adulte, le réconfort. A tous les moments de sa vie, anonyme ou héros de la Résistance, espoir politique ou Premier ministre, Chaban a eu besoin de ce soutien maternel. C'était pour l'essentiel cela, l'influence de sa mère.

Trois épouses, trois périodes, trois caractères. Chacune de ses trois femmes aura contribué à construire la personnalité de l'ancien Premier ministre. Il a vingt-quatre ans quand il épouse Odile, la fille du patron de *L'Information économique et financière*, un journal dans la mouvance radicale où Jacques effectue un stage avant d'être réellement embauché. Ils auront trois enfants avant de se séparer pendant la guerre et de divorcer. Odile est une femme attachante et discrète. Elle vit pour Jacques, ses enfants et sa famille. Elle n'aura pas le temps d'exercer une réelle influence sur son jeune mari. Leur mariage ne résistera pas longtemps à l'orage de 1940 et aux tempêtes qui vont suivre. C'est précisément pendant la guerre que Chaban rencontre sa deuxième femme, Marie-Antoinette. Une patriote, courageuse et déterminée, engagée dans la Résistance. Son père est roumain, sa mère belge. Marie-Antoinette est une gaulliste de la première heure, comme Chaban. Elle travaille auprès de lui dans cette période où il joue un rôle central dans l'organisation de la Résistance. Jacques et Marie-Antoinette se marient en 1947. Il est déjà député, et bientôt maire de Bordeaux. C'est une femme solide, pleine de bon sens et de discernement. Une sportive aussi, qui partage la même passion pour le sport en général, le tennis en particulier. Elle aime vraiment la politique et accompagne son mari presque partout, à Paris comme à Bordeaux. Elle le conseille, elle le modère. Une vraie influence. Elle le protège contre un entourage parfois trop possessif. Et elle entretient de bonnes relations avec Charles et Yvonne de Gaulle. Elle s'entend bien, également, avec Georges et Claude Pompidou. Marie-Antoinette disparaît tragiquement dans un accident de la route, en août 1970. Chaban est alors Premier ministre depuis plus d'un an.

Octobre 1971. Jacques est à Matignon depuis plus de deux ans. Il épouse Micheline, qu'il connaît depuis plusieurs années. Est-ce François Mitterrand, un ami de longue date de Chaban, qui les a présentés ? Difficile de confirmer cette légende familiale. Jacques et Micheline, c'est un couple fusionnel. Sur les photos, nombreuses, comme à Persépolis, fin novembre 1971, un mois après leur mariage, où Chaban représente la France aux fastueuses cérémonies du vingt-cinquième centenaire de la fondation de l'Empire perse, on les voit toujours souriants, sincèrement épanouis. Micheline s'intéresse à la vie politique sans, pour autant, s'y investir directement. C'est une femme moderne, douce, cultivée, ouverte aux autres, enthousiaste. Elle connaît très bien l'art moderne, et va y convertir son Premier ministre de mari. A Bordeaux, elle va notamment contribuer à la modernisation de l'action culturelle avec la création du Centre d'art plastique contemporain. Chez eux, à Paris, dans l'appartement de la rue du Docteur-Blanche où ils continuent d'habiter, délaissant les appartements de Matignon, ils reçoivent chaleureusement leurs amis politiques ou personnels, André Malraux très souvent. Les familles recomposées cohabitent. Jean-Jacques, le fils de Jacques et Marie-Antoinette, et Thierry, l'un des enfants de Micheline, seront ensemble à l'ENA, dans la promotion Guernica. Le couple et la famille vivent assez mal le remplacement de Chaban par Messmer début juillet 1972. Moins de deux ans plus tard, Georges Pompidou disparaît. Jacques est bien sûr candidat. La campagne présidentielle est chaotique. Chirac le lâche et soutient Giscard. Curieusement, Chaban semble très vite manquer de souffle et d'enthousiasme. Impréparation, comme il le pensera ? La dynamique n'est pas de son côté. Il est battu au premier tour. Micheline est auprès de lui. Elle n'a pas participé activement à la campagne. Après l'échec, elle est très présente, attentive et soucieuse de l'entourer avec les amis et les proches. Ils sont tous d'accord pour que

Jacques prenne un peu de recul. Dans cette période difficile, le rôle de Micheline sera essentiel.

Le choc a été rude. Le retour sera réussi. Chaban retrouve avec un grand bonheur la présidence de l'Assemblée nationale à deux reprises, de 1978 à 1981, puis de 1986 à 1988, pendant la première cohabitation. Et jusqu'en 1995, il reste bien sûr le duc d'Aquitaine dans sa mairie de Bordeaux où il passera le relais à Alain Juppé. Jacques termine sa carrière politique. Il aura laissé une vraie trace dans l'histoire de la Ve République. Celle d'un homme d'Etat ouvert, moderne. Celle d'un réformateur, d'un éclaireur, avec ce projet de nouvelle société qu'il n'aura pu construire lui-même mais qui, longtemps après, continue d'être une référence. Cette personnalité rare, originale, les femmes de sa vie auront largement contribué à la modeler...

Valéry Giscard d'Estaing

De May à Simone...

Comme souvent, comme toujours, ou presque, il y a la mère. May Giscard d'Estaing couve le jeune Valéry et le distingue dès sa naissance. « J'ai toujours cru en lui dès le premier moment où je l'ai porté dans mes bras[1] », confie-t-elle, encore attendrie, quelques jours après l'élection de son fils à la présidence de la République. Mais derrière la tendresse d'une mère, il y a aussi le caractère d'une femme qui connaît bien le milieu politique. Son père, Jacques Bardoux, a été sénateur puis député du Puy-de-Dôme. Son grand-père, un ami de Flaubert, Agénor Bardoux, celui dont la petite pendule trônera en permanence sur le bureau de son arrière-petit-fils, a été lui aussi parlementaire, ministre de l'Instruction publique sous Mac-Mahon, au début de la IIIe République. May Giscard d'Estaing connaît depuis longtemps ce monde politique qu'elle affectionne. C'est une personnalité plutôt moderne, gaulliste, nettement plus libérale que son mari. La première femme, par exemple, à avoir obtenu son permis de conduire dans le département du Puy-de-Dôme. Ambitieuse pour deux, et aussi étonnant

1. *Paris Match*, 1er juin 1974.

que cela paraisse, elle pensera même à la carrière politique de son fils Valéry avant lui. Et ne ménagera aucun effort pour l'aider et accélérer son apprentissage. Ces quelques phrases tirées du discours prononcé par l'académicien Jean-Marie Rouart à l'occasion de l'entrée de Giscard sous la Coupole, en décembre 2004, donnent le ton : « C'est de votre mère, May, que viendra l'influence la plus déterminante. Cette femme [...] vous éclaire de toute la force d'un amour absolu. C'est elle qui vous apprend à lire, elle qui, par son affection inconditionnelle, vous donnera cette force indomptable que Freud évoque à propos de la jeunesse de Goethe. Quand votre mère parle de vous, c'est avec des superlatifs et un enthousiasme qui certainement vous protégeront contre les périls, contre le démon du doute et la défiance de vous-même [...] Avec une telle mère [...] comment ne pas être condamné à réussir ? » Exemple, fin 1955. May a-t-elle beaucoup pesé pour convaincre son père, député sortant du Puy-de-Dôme, de renoncer à être candidat aux élections législatives de janvier 1956 après la dissolution de l'Assemblée, permettant ainsi à son petit-fils, Valéry, d'être élu député à moins de trente ans ? « Il faut toute la bienveillante pression de la famille pour qu'il [Jacques Bardoux] ne se représente pas, sa fille May lui rappelant notamment que, six mois plus tôt, il avait annoncé qu'il effectuait son dernier mandat », écrit ainsi Georges Valance dans sa biographie[1]. Quelle que soit la nature réelle de l'intervention maternelle, cet épisode fait désormais partie intégrante de la légende giscardienne.

Valéry est donc élu le 2 janvier 1956 et devient l'un des plus jeunes députés de la nouvelle Assemblée. Son parcours

1. Georges Valance, *VGE, une vie*, Flammarion, 2011.

a été rapide. A un peu plus de dix-huit ans, après avoir pris part à la libération de Paris, il s'est engagé dans la 1re armée dirigée par de Lattre de Tassigny. En septembre 1945, il a repris ses cours, au lycée Louis-le-Grand, et a réussi le concours d'entrée à Polytechnique avant d'intégrer l'Ecole nationale d'administration, dans la promotion Europe. May le cajole et s'efforce de faciliter son ascension. Fidèle et opiniâtre observatrice de la vie publique, elle ne cache pas sa fierté : son fils est secrétaire d'Etat à trente-trois ans, ministre des Finances et des Affaires économiques à trente-six. Comme sa belle-fille Anne-Aymone, et tous les amis du futur Président, elle approuve, au printemps 1969, après l'échec du référendum et la démission du général de Gaulle, la décision de Valéry de ne pas se présenter à l'élection présidentielle et de soutenir Georges Pompidou. L'heure n'est pas encore venue. En 1974, cinq ans plus tard, un autre choix s'impose. VGE est candidat et élu. Il a quarante-huit ans. Pour la première fois sous la Ve République, la mère d'un nouveau Président va se faire rapidement connaître par l'opinion. Elle a suivi avec passion la campagne de son fils. Elle a avec lui, au téléphone, des contacts presque quotidiens. Avec son accord, sans doute même à sa demande, elle va s'exprimer largement dans la presse écrite et à la télévision. May Giscard d'Estaing sort de l'ombre. Valéry sait qu'il lui doit beaucoup. Il continuera d'écouter ses jugements, et de suivre certains de ses conseils. Sur la nécessité de mieux expliquer ses choix et sa politique, sur ses interventions télévisées en particulier, qu'elle regarde très attentivement à la demande de son fils qui l'appelle régulièrement après pour connaître sa réaction.

Le troisième Président de la Ve a baigné, pendant son enfance et son adolescence, dans un milieu féminin. Le père est souvent absent, occupé par ses affaires. Sa mère est omniprésente. Il y a aussi ses trois sœurs. De vrais complices. Parmi elles, Isabelle, de neuf ans sa cadette. Il la consulte fréquemment. Isabelle aime la politique. Elle devient une véritable conseillère. Aussi influente qu'un visiteur du soir. Devenu Président, son frère lui permettra de s'engager plus activement encore. Elle entrera au cabinet du ministre de la Culture de l'époque, Jean-Philippe Lecat. Et pendant toute la durée du septennat, il verra régulièrement cette sœur Isabelle qu'il affectionne. Il la teste, il l'écoute. Plutôt libre dans sa parole, elle lui dit clairement ce qu'elle pense. Des vérités que le phénomène de Cour, très présent à l'Elysée, étouffe au quotidien. Isabelle sera, sept années durant, une vraie et précieuse confidente.

Avec Anne-Aymone Sauvage de Brantes, son épouse depuis décembre 1952, alors qu'elle n'a pas encore vingt ans, la relation est singulière. Cette aristocrate bon teint est réputée timide, réservée, effacée. Pour ce qui est de la vie publique, cette image est largement justifiée. La femme de Giscard goûte peu le pouvoir, ses apparences, ses lourdeurs, son protocole pesant, ses obligations quasi permanentes. D'abord surprise, elle a plutôt apprécié les débuts en politique de son mari. Tour à tour amusée, intriguée, intéressée. Elle déteste les conflits de personne, mais n'hésite pas à donner son sentiment sur les sujets de fond. De son côté, VGE l'associe souvent à ses décisions. Peu à peu, au rythme de la carrière de son mari, elle s'adapte donc à ce milieu. Spontanément, elle hésite toujours à donner son avis. Mais lorsqu'elle est interrogée, elle s'exprime sans ambages. Et ses jugements, de bon sens, sont à la fois écoutés et entendus. Ainsi, elle n'est pas étrangère, loin de là, aux efforts que son mari déploie pour modifier une image jugée lointaine. Et l'on verra, encouragé par son épouse, Giscard en pull à la télévision, Giscard dans le métro, Giscard jouant de l'accordéon, Giscard jouant au football dans sa bonne ville de Chamalières.

En 1974, la campagne électorale l'effraie un peu. A la demande du futur Président, elle va pourtant s'investir. Un voyage dans les DOM-TOM, des visites sur le terrain, une présence régulière à la permanence électorale avec d'autres femmes très actives, comme Anne d'Ornano, qui invente l'efficace slogan « Giscard à la barre ». Anne-Aymone accepte que sa famille soit très largement exposée. Elle donne son feu vert pour que sa fille cadette, Jacinte, âgée de quatorze ans, figure sur les affiches aux côtés de son père. Mais elle-même reste assez discrète, et demeure dans l'ombre le soir de la victoire de son mari. Sur la réserve également le jour de l'installation à l'Elysée. Anne-Aymone apprécie peu la vie quotidienne dans ce palais, mais accepte, par devoir, de jouer le jeu. Elle goûte particulièrement les dîners chez les Français, assez controversés. Elle ne se contente pas de suivre les travaux de décoration de l'Elysée, de faire redessiner la roseraie du parc ou de demander que l'on installe des orangers dans des baquets de bois blanc au milieu de la cour d'honneur. Conseillée par Christine Albanel, qui sera la plume de Jacques Chirac à l'Elysée avant de devenir ministre de la Culture et de la Communication sous Sarkozy, la nouvelle Première dame s'investit peu à peu. Consultée par son mari, et malgré une éducation religieuse stricte et conservatrice, elle se déclare favorable à l'autorisation de l'IVG, un peu moins à la réforme du divorce. Elle pousse le Président à parler davantage de la famille, d'environnement, de ruralité et d'agriculture. En revanche, ses quelques apparitions publiques lui laissent un goût mitigé. En avril 1975, elle participe à regret à un colloque organisé par Edgar Faure. L'exercice est difficile. Elle ne recommencera pas. Le 31 décembre de la même année, Giscard lui demande de présenter ses vœux avec lui. Elle hésite, se sachant mal à l'aise à la télévision. L'entourage présidentiel insiste. Elle cède. La prestation est diversement appréciée. Elle en tirera les conséquences et évitera désormais d'intervenir trop fréquemment en public. Mais en privé, son influence est réelle. Les repas en famille sont souvent rythmés par ses réactions et ses prises de position. Elle voyage, souvent sans journalistes, et fait remonter, de manière directe, très « cash », des informations parfois négatives. Les conseillers élyséens s'en étonnent et s'en émeuvent. Le Président, amusé par ces réactions, parfois franchement intéressé par ces coups de sonde, laisse faire et laisse dire. Elle prend aussi, surmontant sa réserve, quelques initiatives et milite par exemple en faveur de mesures sociales pour les femmes, les mères de famille notamment. Sa proposition de création d'un salaire maternel sera rejetée avant même d'être sérieusement étudiée. Elle ne cachera pas sa déception. Elle ne cache pas non plus ses sentiments personnels sur telle ou telle personnalité. Très critique en privé sur Jacques Chirac, beaucoup moins sur Bernadette avec laquelle elle entretient des relations cordiales. 1981 approchant, détestant la brutalité politique et la foire d'empoigne des campagnes électorales, elle évite au maximum les apparitions publiques. Et se consacre pour l'essentiel à sa Fondation pour l'enfance. Pendant cette campagne, elle donne quelques conseils et participe à quelques dîners politiques privés autour de son mari. Après la défaite, Anne-Aymone Giscard d'Estaing garde un œil sur la vie publique. Elle approuve la décision de l'ancien Président de repartir de zéro, en redevenant d'abord conseiller général de son département du Puy-de-Dôme. Soulagée d'avoir quitté l'Elysée, elle se sent libérée. Et soutiendra l'engagement de son fils Louis, élu lui aussi en Auvergne. Anne-Aymone aura approché le pouvoir sans trop le montrer, sans trop y toucher, sans s'y brûler. Avec un certain détachement. Un exemple étonnant d'influence discrète. Le parfait contraire de la Première dame qui lui succède, la militante Danielle Mitterrand.

Françoise Giroud, entrée au gouvernement le 16 juillet 1974 contre l'avis du Premier ministre Jacques Chirac, a joué un rôle, bien sûr. Chargée de la Condition féminine, elle a fait avancer quelques dossiers techniques sur l'égalité hommes-femmes et le combat contre les discriminations. La création de l'année de la Femme, en 1975, a été saluée comme un signe encourageant et novateur. Mais son bilan au gouvernement est globalement modeste. Ses relations personnelles et politiques avec Chirac étaient trop mauvaises. « C'est un homme dont l'instinct est de tuer – au sens figuré – plutôt que de convaincre, et qui finit toujours par le laisser paraître[1] », écrit-elle notamment sur son ancien Premier ministre dans *La Comédie du pouvoir*, l'essai au vitriol qu'elle publie après son départ du gouvernement, en 1977. Françoise Giroud n'a pas réellement trouvé sa place. Elle aurait voulu porter elle-même deux réformes emblématiques, sur l'IVG et le divorce. Elle n'y a pas réussi et l'a vivement, et publiquement, regretté. A la Culture et à la Communication, elle a passé trop peu de temps, sept petits mois, pour agir et pour convaincre. Sur le plan politique, elle a surtout pesé en menant contre Chirac et les néogaullistes une bataille de tous les jours. Giscard savait qu'elle avait voté pour Mitterrand à l'élection présidentielle. Il avait

1. Françoise Giroud, *La Comédie du pouvoir*, Fayard, 1977.

peu apprécié qu'elle l'interroge, lors d'une émission de radio pendant la campagne, sur le prix d'un ticket de métro... Il l'admirait et s'en méfiait tout à la fois. Sa campagne municipale ratée à Paris, en 1977, a mis un terme à sa très courte carrière politique. Françoise a exercé davantage d'influence en écrivant des éditoriaux ciselés, et parfois vengeurs, et en dirigeant avec un talent lumineux son « bébé », l'hebdomadaire *L'Express*. C'est là, grâce à sa plume et à son autorité, qu'elle a fait réellement bouger la société française.

Mais la plus influente des femmes auprès de Valéry Giscard d'Estaing, outre May et Anne-Aymone, est sans aucun doute Simone Veil. C'est d'abord au gouvernement que Simone Veil a marqué les esprits. Valéry Giscard d'Estaing connaît la réputation flatteuse de cette secrétaire générale du Conseil supérieur de la magistrature. Il croit savoir qu'elle a voté pour son concurrent gaulliste Jacques Chaban-Delmas au premier tour avant de se prononcer pour lui au second. Il attend beaucoup de cette nouvelle ministre qui devra porter le texte sur la libéralisation de l'IVG. Sa nomination, souhaitée par Jacques Chirac, est une heureuse décision. Simone Veil deviendra en même temps une icône nationale, un symbole pour la société française et un atout pour ce nouveau et jeune Président. L'influence de Simone Veil s'exerce dès son entrée au gouvernement. Elle a souvent la dent dure contre ses collègues masculins, leurs petits calculs et leurs grandes ambitions. Elle travaille les dossiers. Elle dialogue, elle écoute. Elle s'impose. Elle en impose. Les médias l'encensent. Son courage pendant le difficile débat parlementaire sur la réforme de l'avortement est largement salué, y compris chez certains de ceux qui se sont opposés à ce texte. Elle aurait voulu obtenir, outre la légalisation de l'IVG, son remboursement par la Sécurité sociale.

Mais le réalisme politique et l'arithmétique parlementaire l'emportent. Le vote de la petite centaine de députés de droite et du centre favorables au texte ne peut être assuré si le projet de remboursement est maintenu. A l'issue de ce débat historique, Simone Veil est devenue incontournable. Giscard est impressionné. Il la consulte sur bien d'autres sujets ne relevant pas de son ministère : la politique sociale, les affaires étrangères, l'éducation nationale, la justice. Il apprécie aussi ses analyses politiques, et commence à évoquer l'avenir avec elle. Un temps, à l'automne 1977, l'idée d'une candidature à la mairie de Paris, avec le soutien conjoint de Giscard et de Chirac, est sérieusement envisagée. Mais la suspicion est trop forte entre les deux hommes. A ce moment, Giscard pense-t-il déjà à la future élection européenne et au nouveau destin de sa ministre de la Santé ? Sans doute. Le poids de Simone Veil devient considérable. Malgré l'agitation des adversaires de l'IVG sur le terrain politique comme dans la société française, la ministre de la Santé caracole dans les sondages. Au Président, elle parle souvent, et avec passion, de l'Europe. Elle est étroitement et, dans les premières discussions, discrètement associée à la décision, combattue par Chirac, de faire élire le Parlement européen au suffrage universel. Elle ne cache pas à Giscard son envie de mener une liste en juin 1979. Il n'hésite pas. Le résultat est concluant. Simone Veil devance largement la liste menée par le patron du RPR. Dans la foulée, et avec l'appui commun de Giscard et du chancelier allemand Helmut Schmidt, elle est brillamment élue présidente de cette Assemblée européenne qui bénéficie évidemment d'une nouvelle légitimité. Dans la coulisse, de l'été 1979 à l'automne 1980, un étonnant ballet politique se déroule. Nombreux sont ceux qui pressent le Président de nommer Simone Veil à Matignon en remplacement d'un Raymond

Dorothée de Courlande, duchesse de Dino,
nièce et maîtresse de Talleyrand.

Portrait en pied de Letizia Bonaparte, Madame Mère. Près d'elle, le buste de son fils l'empereur Napoléon Ier.

La princesse Mathilde Bonaparte, cousine de l'empereur Napoléon III.

Adélaïde Barbaza, mère de Jean Jaurès.

Marguerite Baldensperger, le dernier grand amour de Georges Clemenceau.
© Paris, Coll. musée Clemenceau

Léon Blum et son épouse Jeanne dans un hôtel de Niederdorf en Allemagne après leur libération en mai 1945. © Keystone-France/Gamma-Rapho

Charles et Yvonne de Gaulle aux jeux Olympiques de Grenoble en 1968.

Maurice Thorez et sa femme Jeannette Vermeersch autour de Jacques Duclos au 14e congrès du parti communiste en 1956.

Vincent Auriol et sa femme Michelle assistent au prix du président de la République à l'hippodrome d'Auteuil en 1949.

René Coty et son épouse Germaine à la veille de l'élection à la présidence de la République (décembre 1953).

Marie-France Garaud, conseillère de Georges Pompidou, à Matignon puis à l'Elysée, pendant sept ans.
© Keystone-France/ Gamma-Rapho

Clara Malraux, lors de l'émission « C'est à dire » consacrée à André Malraux en 1976.
© François Lochon/ Gamma/Gamma-Rapho

May Giscard d'Estaing, mère de Valéry Giscard d'Estaing.
© Laure Albin Guillot/Roger-Viollet

Jacques et Micheline Chaban-Delmas dans la cour de l'hôtel Matignon en 1971. © Keystone-France/Gamma-Rapho

Georges Marchais et son épouse Liliane à la fête de l'Humanité
à La Courneuve en 1974.

Eugénie Lorrain, la grand-mère maternelle de François Mitterrand.

Marie-Louise Chirac,
mère de Jacques Chirac.

Charlotte Badinter,
mère de Robert Badinter.

Lionel Jospin et sa mère Mireille en 2002. © Philippe Desmazes/AFP photo

Denyse Séguin et son fils Philippe lors de son installation à la tête de la Cour des comptes en 2004. © Elodie Grégoire/Gamma/Gamma-Rapho

Alain Juppé et sa mère, Marie.

Emma Bayrou,
mère de François Bayrou,
lors d'un meeting pour l'élection
présidentielle de 2002.

François Hollande et sa mère Nicole en 2008.

Nicolas Sarkozy et sa mère « Dadu » dans les salons de la mairie de Neuilly-sur-Seine dans les années 1990.

Manuel Valls et sa mère Luisa lors de la remise des insignes de grand-croix de l'Ordre national du Mérite à l'Elysée en 2014.

Barre solide comme un roc, mais usé par la guérilla permanente à l'intérieur même de sa majorité. Simone n'ignore rien de ces calculs et de ces rumeurs. Elle ne fait rien pour les encourager, ni même pour les accréditer. Elle préfère attendre, épanouie dans cette fonction gratifiante et emblématique de présidente du Parlement de Strasbourg. Simone Veil, soucieuse de l'unité de la majorité, assistera tristement à la campagne de 1981 et à l'échec du Président sortant. Elle fut influente, très influente, auprès de Valéry Giscard d'Estaing. Et gardera toujours en tête cette date du 17 juillet 1979, jour de son accession historique à la présidence du Parlement européen. Un symbole, une consécration. Un moment de grâce pour l'Union européenne. Et pour celle qui, auprès de Valéry Giscard d'Estaing, aura joué un rôle majeur.

Georges Marchais
Liliane, la militante

En colère. Sous le choc. En ce mois de février 2015, Liliane Marchais n'accepte pas la décision du nouveau conseil municipal de Villejuif de débaptiser le parvis Georges-Marchais. Avec son fils Olivier, elle saisit le tribunal administratif. C'est la seconde fois, depuis la mort de Georges, en novembre 1997, qu'elle sort de son silence pour défendre la mémoire de son mari. La première fois, c'était un an et demi plus tôt, fin 2013, alors que Jean-Marie Le Pen avait tenu des propos qu'elle avait jugés « nauséabonds ». « S'il était encore vivant, il voterait peut-être Front national », avait lancé, provocateur, le créateur du parti d'extrême droite. Liliane ne supporte pas les attaques contre son mari. Elle sort ses griffes, déterminée à combattre bec et ongles ceux qui s'en prennent à lui. C'est une militante de la grande époque du PC. Sincère, ardente, communiste depuis son plus jeune âge. Elle a rejoint le parti à seize ans, et ne le quittera plus. C'est la femme qui aura, et de loin, la plus grande influence sur celui qui a dirigé le PC pendant plus de vingt ans.

De sa mère, Germaine, qui lui donne naissance en 1920, Georges héritera une solide détermination, une volonté et une énergie hors normes. Germaine est une catholique pratiquante. On ne lui connaît pas de convictions politiques partisanes. Son fils Georges restera toujours proche de celle qu'il ira rejoindre le plus souvent possible le dimanche après-midi jusqu'à sa disparition, en 1974. Georges est ouvrier, comme son père. Il aime ce métier de métallo qu'il exercera très tôt, avant d'engager une longue carrière syndicale puis politique. Sa première femme, Paulette, qu'il épouse au début de la guerre, en 1941, est une militante, comme lui. Leurs trois filles, Michèle, Monique et Claudine, seront elles aussi passionnées par le débat public. Chez les Marchais, on vit, on respire pour la politique. Georges prend très vite des responsabilités à la CGT. Il gravit les échelons et grandit, à l'intérieur du parti communiste, à l'ombre protectrice du couple Thorez. A trente-six ans, il est déjà membre suppléant du comité central. Trois années plus tard, il intègre le saint des saints, le bureau politique, et devient secrétaire à l'organisation, un poste envié et enviable. Il est ambitieux, résolu, travailleur. La voie royale lui est ouverte.

C'est aux côtés de Liliane, sa seconde femme, qu'il va vivre cette ascension. Ils se sont rencontrés à la fin des années 1950, et se marient en 1977. Le couple est soudé, uni autour d'un combat commun, le communisme. Il fait partie des dirigeants en vue du parti. Plus qu'un espoir. Un futur leader. Elle est permanente à la fédération du Val-de-Marne, dans le département où ils habitent. Deux sacrés caractères. Georges est une force de la nature. Un physique impressionnant avec son visage en mouvement perpétuel, son regard noir et ses sourcils broussailleux. Tourné en permanence vers la lutte, fonceur, sincèrement convaincu de la justesse des positions qu'il défend. Il aime le débat, la polémique, voire la bagarre. Il supporte difficilement la contradiction. Il malmène les journalistes. Pour lui, le terrain politique est une sorte de ring. Liliane, elle aussi, se passionne pour cette bataille permanente. Ils sont complémentaires et différents à la fois. Comme nombre de ces femmes qui ont accompagné les dirigeants politiques, c'est un mélange de discrétion et d'engagement, d'humilité et de convictions bien ancrées. A la fois réservée et déterminée. En 1981, lorsqu'elle accompagne Georges pendant la campagne présidentielle, on la voit et on l'entend chanter *L'Internationale*. Et parler sans hésitation, devant les caméras, du candidat communiste, de son mari, un homme « humain et sensible[1] ». Liliane Marchais a du tempérament, de l'autorité. C'est une militante, une vraie. Une élue aussi, au conseil municipal de Malakoff. Avec Georges, auprès de Georges, son rôle est réel. Une influence au quotidien.

« Quand j'ai entendu François Mitterrand refuser de s'engager sur l'existence d'une défense nationale indépendante, j'ai dit à ma femme : "François Mitterrand a décidé d'abandonner le programme commun de la gauche, fais les valises, on rentre à Paris." » Cette scène d'anthologie qui se déroule en Corse le 28 juillet 1977, cet épisode politique et médiatique, le numéro un communiste les raconte à la télévision en ces termes, devenus cultes, deux ans et demi plus tard[2]. Et pourtant, selon tous leurs proches, le couple Marchais était loin, très loin, de cette image d'Epinal. Liliane était tout le contraire de la femme soumise à qui le mari demande, comme une évidence, de faire les valises. Lorsque le secrétaire général du PC rentrait le soir, vers 19 heures, dans le petit pavillon de Champigny, le rituel était invariable.

1. TF1, Journal télévisé, 19 avril 1981.
2. « Cartes sur table », Antenne 2, 21 janvier 1980.

Pendant une heure, avant de regarder en famille le journal télévisé de 20 heures, dont ils ne rataient rien, Georges et Liliane commentaient l'actualité politique du jour. Sans détours, d'égal à égal. Liliane tenait à dire les choses franchement. Avec son franc-parler. D'accord ou réservée, elle ne cachait rien. Son influence tenait à cette sincérité, à cette absence de langue de bois. A aucun moment, pendant la longue carrière de son mari, qui dirigera le parti de 1972 à 1994, elle ne dérogera à cette règle. On le sait au siège du PC, où Liliane est très respectée pour cette franchise et ce bon sens. Elle est volontaire, intelligente. Ses jugements sont appréciés ou redoutés. Ainsi, elle aime bien Danielle Mitterrand, beaucoup moins son mari François dont elle conteste la sincérité des convictions de gauche. Elle est solidaire aussi. De son parti, pourtant en recul d'élection en élection. Et de son mari, bien sûr, qu'elle encourage dans la plupart de ses initiatives et qu'elle soutient dans l'épreuve, politique ou personnelle. Elle approuve par exemple l'abandon de la dictature du prolétariat et certaines distances prises parfois avec Moscou, au moment de l'intervention à Prague en août 1968 notamment. Elle partage l'objectif stratégique de signature d'un programme commun de la gauche avec les socialistes et les radicaux de gauche. Elle applaudit aux prestations télévisuelles musclées de Georges. Elle le soutient en mars 1980, quand se développe une très violente polémique après les graves révélations sur son passé pendant la guerre avec l'affaire du STO, le Service du travail obligatoire. Elle est toujours là dans les moments les plus délicats, les plus embarrassants. Un réconfort de tous les instants.

Tous ceux qui ont vécu de près cette période en conviennent : Liliane jouera un rôle essentiel pendant cette vingtaine d'années de direction du PC. Avec leur fils

Olivier, ils forment un solide bloc familial. Georges est un mari amoureux, attentif, un père tendre et complice. Olivier, aujourd'hui informaticien, aime évoquer ces années où les Marchais respiraient au rythme enfiévré de la vie politique. Il est ému et touchant lorsqu'il se souvient de ce père dont il était si proche. De ces moments de détente consacrés à regarder les matchs de football à la télévision, à applaudir aux performances de Jean Gabin dont son père ne ratait aucun film, ou à organiser ces grandes tablées entre copains, peut-être le seul point commun entre Georges Marchais et François Mitterrand. Toutes les étapes de ce rude parcours, jusqu'à ses graves problèmes de santé, Georges doit à Liliane d'avoir pu les gérer dans une relative sérénité. Les lourdes difficultés politiques comme l'échec de l'actualisation du programme commun en 1977, son score médiocre à l'élection présidentielle de 1981 et, plus généralement, le déclin inéluctable et inexorable du parti auquel il a consacré sa vie, Marchais a réussi à les surmonter grâce à cet équilibre familial. Notamment grâce à Liliane la combattante, la militante exigeante.

François Mitterrand

La grand-mère, la mère et les deux familles

Mitterrand et les femmes, c'est un étonnant cocktail. Il y a d'abord sa grand-mère maternelle et sa mère. Un héritage sacré, auquel on ne touche pas. Il y a ensuite les deux femmes, l'épouse et la compagne. Le symbole d'une double vie qui sera exposée librement, tout naturellement, le jour des obsèques de l'ancien Président. Il y a encore toutes celles qui ont vraiment compté, à un moment ou à un autre de la vie tourmentée de cet artiste incontesté de la politique. Des amies, des proches, des collaboratrices, des conseillères, des ministres, et une vraie confidente, Laurence Soudet, la seule à tout savoir, ou presque, de la vie privée de François. Et puis, bien sûr, il y a Mazarine. La fille adulée, celle en qui il se reconnaît, celle dont il est si fier. Toutes ces femmes ont exercé une influence sur le premier président socialiste de la Ve République. Elles ont toutes contribué aussi à écrire de nombreuses pages de la légende mitterrandienne.

Eugénie Lorrain est la grand-mère que François voulait avoir. Eugénie, Maman Ninie pour les intimes et la famille, c'est d'abord Touvent en Charente, le véritable éden du jeune François. Evocation sensible par Robert Schneider, qui connaissait très bien l'ancien Président : « Touvent ! Ce nom dans la bouche de Mitterrand est synonyme de bonheur. C'est là, dans ce lieu totalement et littéralement magique aux yeux du jeune François, que son frère Robert[1] appelle le "domaine enchanté" ou le "paradis de notre enfance" qu'il fut le plus heureux[2]. » Un attachement viscéral, le souvenir de ces années de rêve dont il aimera, toute sa vie, à chaque occasion, parler de longues heures. Touvent, le domaine d'Eugénie, c'est avant tout la nature et la famille. Les proches amis et les biographes sont, pour une fois, tous d'accord : on ne peut comprendre le futur Mitterrand si l'on oublie ces nombreux séjours à Touvent qui illuminaient la vie du petit-fils préféré. En cela, cette grand-mère charentaise est un personnage central. Le goût particulier de François Mitterrand pour la nature, il vient de Touvent et de nulle part ailleurs. Les multiples séjours dans cette propriété, auprès d'Eugénie ? Le souvenir d'une « enfance heureuse, où chaque chose s'accordait à mon âme, où chaque arbre avait un nom : les saules, les frênes, les chênes, les tilleuls, où le cours de mes rivières venait du sol, du mien ; ils étaient mon sol. Il me semblait que l'herbe et ses plus humbles fleurs, ombelles, scabieuses, trèfles, n'étaient ni négociables ni transmissibles. L'odeur du blé moissonné appartenait à mes narines, à mes poumons. Les méandres de la rivière ne baignaient qu'un pays, le mien », se souviendra François Mitterrand[3] peu de temps avant de mourir. Vingt-cinq ans plus tôt, en 1969, c'est avec une vraie tendresse et une vraie nostalgie qu'il évoquait déjà « ormeaux, noyers, maïs, abeilles, sarcelles, anguilles, un mur sous le

1. Robert Mitterrand, *Frère de quelqu'un*, Robert Laffont 1988.
2. Robert Schneider, *Les Mitterrand*, Perrin, 2011.
3. François Mitterrand, *Mémoires interrompus*, Odile Jacob, 1996.

soleil, la liberté à portée des jambes et de l'imagination, l'absence de frontières dans le ciel et sur la terre[1] ». C'est donc à Touvent, dans cette région où il se ressourcera fréquemment, qu'il a appris « ce que sont les heures, la courbe des jours, les saisons[2] ». Les interminables marches ; les grandes balades buissonnières improvisées, si longues qu'elles provoquent parfois des retards légendaires dans les meetings électoraux ou les réunions élyséennes ; cette connaissance encyclopédique, qu'il aimait faire partager, des arbres, des plantes et des fleurs ; cet appétit insatiable de grand air ; ce sentiment « d'orgueil, d'ivresse, de pureté[3] » qui lui vient en écoutant un rossignol ; ces nombreuses promenades quotidiennes dans le parc de l'Elysée où il entraînait certains de ses visiteurs ; cette célèbre affiche électorale, pastorale et bucolique, de l'épopée présidentielle de 1981, champs nivernais et clocher de village en fond d'écran ; l'ascension annuelle de la roche de Solutré, accompagné par une véritable meute de vrais et de faux amis et, bien sûr, des médias : tout cela vient de loin, de cette enfance charentaise, d'Eugénie et de Touvent.

Maman Ninie, grand-mère intelligente, sensible et bienveillante, fera aussi connaître à son petit-fils François les plaisirs d'une vie familiale agitée et intense. « Enfance envoûtante, bourgeoise, familiale, avec frères, sœurs, cousins, cousines, dont il conservera le goût des grandes tablées », écrit Hubert Védrine, qui fut le dernier secrétaire général de Mitterrand à l'Elysée[4]. Tous ceux qui l'ont bien

1. François Mitterrand, *Ma part de vérité*, Fayard, 1969.
2. *Ibid.*
3. François Mitterrand, *L'Abeille et l'Architecte*, Flammarion, 1978.
4. Hubert Védrine, *François Mitterrand, un dessein, un destin*, Gallimard, 2005.

connu en témoigent : c'est bien ici, à Touvent, que l'on trouve l'origine de ce Mitterrand chef de bande, toujours entouré d'amis plus ou moins proches, sincères ou intéressés, anciens ou récents, ce Mitterrand qui n'aime rien tant que ces longs et joyeux repas à dix, quinze ou vingt. Ce Mitterrand de la rue Guynemer, de la rue de Bièvre, du repaire landais de Latche, de Cluny chez les Gouze, de l'hôtel Au Vieux Morvan à Château-Chinon, de l'auberge où il déjeune après l'escalade rituelle de la roche de Solutré, à chaque Pentecôte; ce Mitterrand qui, attablé pendant des heures, rit aux éclats en écoutant pour la énième fois la même histoire drôle de Roger Hanin, ou son imitation inénarrable de l'Algérien Ben Bella; celui qui, affolant les cuisines élyséennes, invite au tout dernier moment des amis à venir déguster des fruits de mer au palais; ce Mitterrand qui, pendant cinquante ans de vie politique, parcourt la France dans tous les sens, de canton en canton, et retrouve partout où il passe un compagnon, une amie, un camarade, une connaissance perdue de vue : dans chacune de ces circonstances, c'est le Mitterrand de Touvent. Et le cérémonial est immuable : le restaurant qu'il aime découvrir ou redécouvrir, ces multiples invitations lancées à l'improviste, ces déjeuners ou ces dîners qui n'en finissent pas, où l'on passe de la politique à l'histoire, de l'histoire à la géographie, de la géographie à la littérature, avec un dernier retour, pour boucler la boucle, à la politique. Le Mitterrand député ou sénateur, président de conseil général ou patron du PS, ministre de la IVe, candidat à la présidentielle ou Président élu adore ces rencontres qui s'éternisent. C'est toujours l'héritage d'Eugénie et de Touvent. Il n'a pas encore treize ans lorsque cette propriété est vendue. Ce sera pour lui, pire qu'une tristesse, un véritable choc. Il y retournera régulièrement, comme en pèlerinage, souvent avec des membres de sa famille, parfois avec des amis comme Jean Védrine ou Georges Dayan. Dans sa chambre de l'Elysée où, affaibli par la douleur et la maladie, il demeurait de longues heures, allongé, dans les derniers mois de son second septennat, François Mitterrand avait disposé la photo de ses grands-parents Lorrain. Et Hubert Védrine se souvient qu'il conservait soigneusement, dans son petit bureau de la rue de Bièvre, le panneau indicateur de Touvent. En souvenir d'Eugénie, Maman Ninie.

Avec Yvonne, sa mère, la relation est différente. « Enthousiaste et chaleureuse » : ainsi la décrit Robert, l'un des frères de François, dans un texte à découvrir sur le site de l'Institut François-Mitterrand. Yvonne est aussi, et sans doute surtout, une catholique fervente et pratiquante. Elle va régulièrement à la messe. Plutôt conservatrice, comme sa famille, des vinaigriers charentais. Joseph, le père, est sévère, érudit et pudique. Un homme d'une grande intelligence, qui n'a pas connu la carrière professionnelle qu'il attendait et méritait. Ancien cheminot, chef de la gare d'Angoulême, il a ensuite repris la vinaigrerie de sa belle-famille. Yvonne, de son côté, est indulgente avec ses huit enfants, agréable, cultivée. Sa grande passion, c'est la lecture. Elle la fera vite partager à François, le cinquième de la fratrie. Il lit très jeune, avant même l'adolescence, tout ce qui lui passe par les mains, de Zola à Tolstoï, de Gide à Alphonse Daudet, Paul Féval ou Maurice Barrès. L'influence de sa mère, elle est là, dans cet amour total de François pour le livre et la lecture, un amour absolu, intellectuel, physique et presque charnel. Le Mitterrand flânant sur les quais de Paris, bavardant avec les bouquinistes, fouinant consciencieusement dans ses librairies préférées, toujours à la recherche et à l'affût d'un ouvrage rare, adorant sentir l'odeur des livres, s'isolant dans l'arrière-boutique de Gallimard ou de La Hune, à Saint-Germain-des-Prés, le Mitterrand qui appréciera tant que Danielle, sa femme, se passionne pour la reliure, c'est clairement l'héritage d'Yvonne. Sa mère disparaît début janvier 1936, après de terribles souffrances. François n'a pas encore vingt ans. Il évoquera souvent, en privé, dans son cercle familial et amical, et avec une tendresse infinie, cette mère croyante, sa culture littéraire, sa douloureuse fin de vie. Son rapport à la foi, son obsession de l'au-delà, cette référence surprenante et désormais célèbre aux « forces de l'esprit » dans ses derniers vœux télévisés du 31 décembre 1994, à quelques mois de son départ, tout cela vient de loin, de cette mère pieuse, si attentive avec le cinquième de ses huit enfants, dont elle ne connaîtra jamais le destin. Il a été élevé, selon ses propres mots, « dans un milieu catholique, très croyant et très ouvert ». Par-delà ses évolutions idéologiques, politiques et personnelles, il en restera imprégné. Jusqu'au bout.

Début 1944. La scène fait partie de la mythologie mitterrandienne. François, Morland dans la clandestinité, se trouve à Cluny, en Bourgogne, au domicile familial de Christine Gouze, une jeune résistante, la future femme de Roger Hanin. Soudain, une photo attire son regard. C'est Danielle, la sœur cadette de Christine. « Elle est mignonne, votre sœur. Je veux la connaître. » A-t-il ajouté immédiatement, comme le veut la légende : « Elle me plaît, je l'épouse » ? « Peut-être, mais de façon moins péremptoire », dira Mitterrand en 1994 à Georges-Marc Benamou[1]. Le 28 octobre suivant, François épouse Danielle. Anecdote

1. François Mitterrand, *Mémoires interrompus*, *op. cit.*

révélée dans les mémoires de l'ancienne Première dame[1] : le jour du mariage, à l'issue du déjeuner, elle apprend que François doit partir à une réunion avec les responsables du Mouvement des prisonniers. Danielle l'accompagne... en robe de mariée. Elle a déjà, depuis quelque temps, compris que, pour son mari, la vie professionnelle l'emportera toujours. Danielle fêtera son vingtième anniversaire le lendemain de son mariage. Mitterrand a vingt-huit ans depuis deux jours. Il a connu une vraie et sérieuse aventure amoureuse avec une jeune femme intelligente et séduisante, Marie-Louise Terrasse, la future Catherine Langeais, l'une des premières icônes de la télévision. La rupture, en 1941, lui sera très douloureuse. Pour ses proches, ceux qui le connaissent vraiment, cet échec sentimental a tant marqué le futur Président qu'il n'aura plus jamais la même vision romanesque des relations amoureuses, sauf peut-être avec Anne Pingeot. A l'époque de ce mariage, en 1944, Mitterrand sort de quatre années tumultueuses. Mobilisé, prisonnier, évadé. Vichy, Pétain, puis la Résistance. Bientôt, il s'engouffrera dans la vie politique. Danielle a du caractère. Une vraie personnalité, déjà. A dix-sept ans, elle s'est engagée dans la Résistance. Courageuse, et même téméraire, passionnée. Une militante, une vraie. Joli croquis de Franz-Olivier Giesbert : « Avec son port spontané et vaporeux – qu'elle a gardé –, ses petits rires étouffés et son regard ennuagé, Danielle Gouze a tout de suite conquis Morland. Elle est belle, sans faire parade. Elle est pétillante, pétulante, tout en restant discrète. Mitterrand la séduit en quelques heures[2]. » Les parents de Danielle ont des idées clairement à gauche. Elle les partage résolument. « C'était

1. Danielle Mitterrand, *En toutes libertés*, Ramsay, 1996.
2. Franz-Olivier Giesbert, *François Mitterrand ou la Tentation de l'histoire*, Seuil, 1977.

une famille attachante, très patriote, très laïque. La rigueur morale et l'intransigeance de conviction et de comportement des Gouze m'ont certainement influencé[1] », notera Mitterrand plus tard. Les Gouze, avec Christine et Danielle, les deux sœurs inséparables. Presque fusionnelles. Jamais un nuage entre elles, même dans les moments difficiles. Et Danielle, inflexible, parfois impertinente, suit de près la carrière politique de son mari.

En novembre 1946, c'est d'abord sur un programme de droite ou de centre droit que François Mitterrand est élu député de la Nièvre. Progressivement, il évolue. Danielle y aura-t-elle contribué ? Comment imaginer le contraire ? Le couple est à la fois uni et indépendant, ambitieux, volontaire. En 1945, ils ont connu une terrible épreuve avec la mort de leur premier fils, deux mois après sa naissance. Jean-Christophe et Gilbert naîtront en 1946 et 1949. Sur le terrain politique, Danielle encourage et soutient. Elle donne son avis sans fioritures, sans langue de bois. Elle aime ou elle n'aime pas. Elle a un jugement affirmé sur la plupart des sujets. François commence une longue carrière ministérielle. Des portefeuilles très divers : Anciens Combattants et Victimes de guerre pour commencer, puis l'Information, la Justice, l'Outre-mer, l'Intérieur auprès de Pierre Mendès France. Danielle suit cette ascension avec un intérêt soutenu, quotidien, de plus en plus présente. Pas toujours d'accord, car elle est alors plus progressiste que lui, mais solidaire et attentive. Et heureuse lorsque François s'installe durablement à la gauche de l'échiquier politique. Ses relations avec le PC sont déjà détestables. Mais il s'efforce de rassembler la gauche non communiste. Comme sa

1. François Mitterrand, *Ma part de vérité*, *op. cit.*

femme, il combat le retour et les idées du général de Gaulle en 1958. Son pamphlet, *Le Coup d'Etat permanent*, paru chez Plon en 1964, lui permet de se positionner en adversaire privilégié du nouveau Président. Danielle approuve. Son influence s'affirme. Dans la ténébreuse affaire de l'Observatoire, qui voit son mari accusé d'avoir lui-même organisé un attentat le visant, elle le soutient sans le moindre état d'âme. Solide. Son mari apprécie. Certes, l'harmonie ne règne pas toujours dans le couple. Le mari, un séducteur-né, et la femme sont plus indépendants que jamais. Mais l'affection est là. François et sa femme forment un duo original. Il lui demande son avis à chaque occasion. Il lui raconte tout, ou presque, de son quotidien politique. Aux yeux des proches, elle est désormais au centre du jeu.

1965. Le premier vrai et grand tournant. Mitterrand, malgré les réserves du PC, est le candidat unique de la gauche à l'élection présidentielle, la première au suffrage universel. Danielle est ravie. Leurs convictions se sont clairement rapprochées. Deux militants pour la même cause, l'union de la gauche. Danielle suit la campagne de son mari sans être toutefois trop présente. Des meetings, qui l'impressionnent par leur ferveur. Des participations à quelques repas politiques, à leur domicile de la rue Guynemer, face aux jardins du Luxembourg. A la surprise générale, les sondages d'opinion révèlent assez vite une poussée du candidat de la gauche. Les Français n'avaient pas l'habitude de voir aussi souvent François Mitterrand à la télévision. Danielle lui donne quelques conseils pratiques. Rien de plus. Les résultats du premier tour l'enthousiasment. De Gaulle, qu'elle n'aime guère, est mis en ballottage. François est qualifié haut la main pour le second tour avec sept millions sept cent mille voix et 31,7 % des suffrages. Sa femme est émue, et plus encore. Elle se mobilise pour aider, là où elle peut. Elle l'accompagne à plusieurs reprises dans ses déplacements. Et pour la première fois, elle n'hésite pas à avancer des suggestions personnelles. Explication de Danielle : « Euphorique, emportée par la dynamique du mouvement des idées, je lance, comme une bouteille à la mer ou plutôt comme une boutade, mes propositions[1]. » De quoi s'agit-il ? D'une nouvelle politique salariale par exemple, avec un effort pour les instituteurs et les infirmières, ou encore d'un accent mis sur les droits de l'homme en politique étrangère, précise-t-elle dans ce livre. Cette fois, Danielle plonge réellement dans le bain politique. Cette campagne de 1965 sera pour elle une sorte de révélateur. « Ce n'est plus seulement le rôle du témoin attentif et avide de savoir qui m'intéresse. Agir devient un besoin[2] », précise-t-elle. François ne désapprouve pas. L'influence de Danielle s'affirme encore davantage.

1968. 1969. La séquence est difficile pour Mitterrand. Le candidat socialiste flamboyant de 1965 a-t-il perdu la main ? Il semble ne pas maîtriser l'enjeu et le contenu politique et sociologique des événements de Mai 68. Danielle paraît mieux percevoir l'impatience des étudiants. Son mari politise la situation, s'enlise dans un conflit tactique avec Pierre Mendès France et annonce, dans une conférence de presse à contretemps, sa candidature à une éventuelle élection présidentielle. Ni l'opinion, ni même les socialistes ne comprennent ni ne suivent. Embarras chez ses amis. Les législatives anticipées de juin 1968 se soldent

1. Danielle Mitterrand, *En toutes libertés, op. cit.*
2. *Ibid.*

par un raz-de-marée de la droite. Même s'il parvient à conserver son siège de député de la Nièvre, Mitterrand est clairement affaibli, presque marginalisé. Du coup, il est absent de la présidentielle de 1969, et assiste, plutôt spectateur, à l'effondrement de la candidature socialiste, avec un Gaston Defferre qui réalise un score piteux de 5 % des voix. Dans la foulée, à la grande satisfaction de Danielle, François reprend sa longue marche et réussit à unifier, et à conquérir, les socialistes. C'est le congrès d'Epinay, en 1971. Sa femme est là, à ses côtés, passionnée. Heureuse et soulagée après le succès de son mari. Trois ans plus tard, c'est la présidentielle de 1974 provoquée par la disparition brutale de Georges Pompidou. Danielle est plus investie encore qu'en 1965. Elle prend notamment en charge le courrier adressé au candidat. « Répondre, rassembler les arguments, ou simplement remercier des encouragements ou des soutiens[1] », raconte-t-elle. Le résultat, bien que très serré, la déçoit, bien sûr. Mais la militante reste mobilisée. Elle a déjà commencé, en privé, à imaginer ce que pourraient être son rôle et son activité de Première dame. En 1981, ses proches, sa sœur Christine Gouze-Rénal notamment, estiment qu'elle est prête, elle aussi. Sa vie va basculer.

10 mai 1981. La photo est dans les livres d'histoire. Danielle, rayonnante, à côté du nouveau Président élu, sur la terrasse de l'hôtel Au Vieux Morvan, à Château-Chinon. Souvenirs émus de ce 10 mai, au moment où la télévision, à 20 heures, montre le visage de son mari[2] : « François me prend la main, nous ne disons rien – du dehors monte une immense clameur. François me murmure : "Qu'est-ce qui

1. Danielle Mitterrand, *En toutes libertés, op. cit.*
2. *Ibid.*

nous arrive ?" ». Danielle à l'Elysée, onze jours plus tard, c'est une vraie militante qui parvient au palais. Plutôt bien reçue, elle s'installe assez vite. A l'exception de la seule Bernadette Chirac, et comme toutes celles qui sont arrivées avant ou après elle, la nouvelle Première dame n'aime pas trop ce palais. Elle prend cependant l'habitude d'y travailler avec son équipe. Quatorze longues années durant, Danielle imposera sa marque. Une vraie influence, une vraie indépendance aussi, au risque de gêner le Président et le gouvernement.

Palais de l'Elysée, salon Doré, le bureau présidentiel. Conversation téléphonique entre François et Danielle. La Première dame se trouve en déplacement auprès de ses amis kurdes, au grand dam des autorités turques. Alain Duhamel est présent dans le bureau. Mitterrand lui demande de rester. Récit[1] : « François Mitterrand, furieux [...], intimait à sa femme l'ordre de rentrer. Manifestement, elle résistait. Me jetant des regards à la Richelieu comme pour me prendre tacitement à témoin, le Président expliqua alors avec des mots très durs qui n'admettaient aucune réplique qu'il n'existait qu'une seule diplomatie française, celle du Président, que son épouse n'avait aucune existence constitutionnelle ou politique d'aucune sorte et qu'il ne tolérerait pas qu'elle se mêle ainsi des affaires de l'Etat. La conversation s'acheva fraîchement sur la promesse d'un retour immédiat. » Tout est là, dans cet épisode éclairant : le débat entre mari et femme, pendant ces années présidentielles, ce fut le choc entre l'idéalisme de l'une et, le plus souvent, le réalisme politique de l'autre. Les exemples sont nombreux de ces désaccords en matière de politique étrangère de la

1. Alain Duhamel, *Une histoire personnelle de la Ve République*, Plon, 2014.

France : la Chine et le Tibet, l'accueil du Dalaï-Lama à Paris, le Salvador, le Maroc et Hassan II, le Front Polisario et les Sahraouis, l'Algérie et, bien sûr, Cuba et Fidel Castro. Autant de divergences entre la diplomatie française et la Fondation France Libertés créée par Danielle en 1986. A cette occasion, et avec l'accord de son mari, Danielle a eu les honneurs du célèbre « 7 sur 7 » d'Anne Sinclair. Une forme de consécration. Parfois, donc, ça tangue vraiment, on l'a vu, entre le Président et sa femme. Parfois, souvent, le Quai d'Orsay, et même du temps de Roland Dumas, un vieil ami du couple, s'irrite. A quelques très rares exceptions près, Danielle ne cède pas. Elle a ses convictions. Elle tient à les garder. Elle est accusée de militantisme tiers-mondiste ? L'opposition s'emporte contre certaines de ses initiatives, sur le problème cubain notamment ? Rien n'y fait. Elle tient son cap. Et il arrive à son mari, bien qu'agacé sur le fond, d'exprimer en privé une certaine admiration face à cette opiniâtreté. Elle est là aussi, l'influence tenace de Danielle.

Sur le terrain intérieur, les positions de Danielle sont tout aussi tranchées. D'où, et notamment pendant les deux cohabitations, des moments de grande tension. Même si, parfois, à l'occasion de telle ou telle décision, elle émet en petit comité des réserves sur les gouvernements Mauroy et Fabius parce qu'ils ne vont pas assez vite ou qu'ils s'éloignent des promesses de la campagne de 1981, elle est globalement d'accord avec la politique suivie au début du premier septennat. En revanche, dès la première cohabitation, elle exerce franchement sa fonction critique. Toujours militante, toujours exigeante, toujours intransigeante. « Il fait tout et n'importe quoi[1] », dit-elle à propos du gouvernement

1. *Journal du dimanche*, décembre 1986.

Chirac. Tollé, explications, mises au point, commentaire présidentiel, recadrages divers et variés. Un beau fracas. Danielle ne s'en émeut pas vraiment. Jalouse de son indépendance, dans les mots comme dans les actes. Et elle continue, sachant que sa petite musique est parfois entendue par son mari. En 1989, sous le gouvernement Rocard, elle soutient l'idée que les jeunes filles voilées peuvent être acceptées à l'école. Elle sera peu suivie, y compris par François. Et pendant la seconde cohabitation, de 1993 à 1995, elle s'en prend vivement aux lois Pasqua qui durcissent les conditions d'entrée et de séjour des étrangers en France. Cette fois, le Président approuve. Sur le fond en tout cas. Toujours complices, malgré les désaccords. Elle feint d'ignorer les rumeurs qui enflent dans les rédactions parisiennes sur l'existence de Mazarine. Danielle sait, bien sûr. Comment imaginer le contraire ? Elle n'est donc pas surprise, en novembre 1994, à la lecture de *Paris Match*. François et Mazarine à la une, sortant d'un restaurant huppé du 7e arrondissement ? Le regard tendre d'un père sur cette jeune fille qui va avoir vingt ans ? Les médias qui s'enflamment ? Danielle vit cela avec un mélange de tristesse et de sérénité. Déjà tournée vers la suite, l'aggravation de la maladie de son mari, dont elle connaît et les détails et l'échéance, et la fin du second septennat. Militante toujours, et défendant avec ardeur le Président finissant. « Les polémiques, les attaques, les insanités déversées sur François à la fin de son mandat révèlent l'impatience de certains à vouloir prendre le pouvoir sans en attendre l'échéance[1] » : en lisant ces lignes, on mesure à la fois sa loyauté, sa détermination et son influence. Comme lorsque, en 1998, elle décrit le dernier 31 décembre de son

1. Danielle Mitterrand, *En toutes libertés*, *op. cit.*

mari, à Latche : « Seul, et lucide, François a vécu à sa façon ces derniers moments de comédie humaine. Il savait qu'il pouvait me faire confiance, et m'attribuait le privilège indicible d'être sa compagne avant de s'abandonner aux sortilèges de son ultime conquête[1]. » Jusqu'au bout, une étonnante complicité. Et, au-delà des ruptures personnelles et des périodes tumultueuses, une relation rare dans l'histoire politique.

Les femmes autour de Mitterrand, ce sont aussi celles, assez peu nombreuses, qui, au gré de sa vie politique, ont joué un rôle vraiment significatif. Edith Cresson, qui le sensibilise à la politique industrielle, aux enjeux de l'exportation et aux dossiers agricoles, devient en 1991, mais pour moins de onze mois, la première femme Premier ministre de la Ve République. Elisabeth Guigou, à l'Elysée puis au gouvernement, lui prépare notamment les grandes initiatives et les grandes négociations européennes. Ségolène Royal, c'est Jacques Attali[2], qui l'a présentée au Président, en même temps que son compagnon François Hollande. Le chef de l'Etat aime bien cette jeune femme originale et volontaire. Il apprécie sa capacité de travail et son bon sens. Au palais, elle va notamment s'efforcer d'introduire une dimension écologique dans un certain nombre de projets, de discours, de textes de loi. Elle va devoir le convaincre, lui, le terrien charentais, le rural, lui si attaché à l'agriculture traditionnelle, d'intégrer réellement l'environnement dans sa réflexion politique. Dans l'opposition, Simone Veil, qu'il respecte infiniment, préside avec ambition et fermeté le Parlement de Strasbourg au moment de son élection, en 1981. Avec elle,

1. Danielle Mitterrand, *Le Printemps des insoumis*, Ramsay, 1998.
2. Jacques Attali, *C'était François Mitterrand*, Fayard, 2005.

il parle souvent de l'avenir de l'union. Et ils sont souvent d'accord. « Mitterrand dont je détestais les ambiguïtés et condamnais vigoureusement l'alliance avec les communistes, ce nouveau Président dont la politique intérieure me paraissait suicidaire pour le pays, se montra tout aussi attentif à la construction européenne que l'avait été son prédécesseur[1] », témoignera-t-elle. Dans plusieurs circonstances, elle sera discrètement et efficacement consultée. A un autre niveau, plus technique, moins politique, Anne Lauvergeon, secrétaire générale adjointe de la présidence dans les dernières années du second mandat, et « sherpa » de Mitterrand, s'occupe notamment, sous la houlette d'Hubert Védrine, des sommets internationaux. Elle accompagnera fidèlement l'ancien Président après son départ de l'Elysée. Plus tard, elle raconte cet échange, lorsqu'elle apprend la gravité de la maladie de François Mitterrand : « [...] il m'a fait jurer que, si je détectais quelque chose de bizarre dans son comportement, dans sa manière de parler, il fallait que je le lui dise, quoi qu'il en coûte. "Vous me direz : 'Il faut s'arrêter'. Est-ce que vous le jurez ?" J'avais trente-trois ans, j'ai dit : "Oui, je le jure"[2]. » Etonnant souvenir. De son côté, Laure Adler, conseillère à la Culture au palais au début des années 1990, sera longtemps une interlocutrice privilégiée du chef de l'Etat sur le terrain intellectuel qu'il aime tant défricher. Parmi les conseillères ou collaboratrices influentes figure aussi Georgette Elgey, la « mémoire » de François Mitterrand, qui veillera treize ans durant, de 1982 à 1995, sur le précieux travail d'archivage des deux septennats. Indispensable.

1. Simone Veil, *Une vie*, Stock, 2008.
2. Anne Lauvergeon, *La Femme qui résiste*, Plon, 2012.

Sur un plan plus personnel, il y a les amies proches, à l'image d'Elisabeth Badinter, qu'il respecte et qu'il écoute (voir : Robert Badinter). Il y a aussi, dans sa famille, sa jeune sœur, Geneviève Delachenal. Une personnalité attachante, cultivée, intelligente. Elle ne partage pas, loin de là, toutes les idées et les convictions de son frère aîné. Mais elle est là dès qu'un problème se pose. Elle dispose de réseaux amicaux dans la presse. Nombre de journalistes, de tous bords, l'apprécient. Elle prêche, elle, la catholique aussi croyante que leur mère, la bonne parole pour expliquer l'action de François ou, tout simplement, pour le défendre. Et elle jouera un rôle majeur en 1983 et 1984 pour tenter d'apaiser la querelle de l'école privée. Dans *Les Mitterrand*[1], Robert Schneider révèle que c'est au domicile privé de Geneviève que le Président rencontrera secrètement des responsables catholiques de haut niveau, notamment le cardinal Lustiger, pour les rassurer en personne sur ses intentions. Geneviève sera une véritable alliée, une sorte d'ambassadrice personnelle du chef de l'Etat. Elle aura joué un rôle central dans la décision de son frère de retirer, au final, la loi préparée par le ministre de l'Education nationale Alain Savary. Une influence assez peu connue. Mais significative.

Et puis, il y a Laurence Soudet, l'amie proche, la confidente. Une personnalité singulière. Secrète, loyale jusqu'au bout, dans toutes les épreuves. Jamais prise en défaut. Une tombe, qui ne révélerait sous aucun prétexte les informations confidentielles qu'elle partage avec un tout petit nombre de proches de Mitterrand. « Elle a servi d'agent de liaison, elle sait tout, suit tout et ne dit que ce qu'elle veut

1. Robert Schneider, *Les Mitterrand*, *op. cit.*

bien dire. C'est une "groupie" éclairée », écrit Michèle Cotta[1]. Laurence Soudet a connu Pierre Mendès France avant de rejoindre le futur Président. Elle est présente, au plus près, lors des quatre campagnes présidentielles de 1965, 1974, 1981 et 1988. Elle sera l'une des premières à connaître l'existence d'Anne et la naissance de Mazarine, la seule peut-être à pouvoir rassembler les morceaux, épars et cloisonnés, de la vie personnelle de son ami le Président. Elle s'est occupée du refuge de la seconde famille de François, à Gordes. Elle est toujours là quand il le faut. L'une des rares personnes, avec Hubert Védrine et Michel Charasse, à pouvoir entrer dans le bureau présidentiel à tout moment, lorsque c'est vraiment nécessaire. François la charge de missions, surtout personnelles, parfois politiques. Elle fait passer des messages dans les deux sens, venant du Président ou destinés au Président. Comme Roland Dumas et François de Grossouvre de temps en temps, en fonction des périodes, elle s'occupe des dossiers sensibles, des relations délicates avec tel ou tel journal par exemple. Elle connaît avant les autres, mieux que les autres, les épisodes de la vie privée de son ami François. Selon les plus proches de l'ancien Président, elle est à la fois désintéressée et indispensable. Une présence rare auprès d'un Président sous la Ve République.

Que dire du rôle politique d'Anne Pingeot, le pivot de cette seconde famille que la France découvre, étonnée puis séduite, le 11 janvier 1996, le jour des obsèques de François, sur le tarmac de la base aérienne de Cognac, avant la cérémonie religieuse dans la petite église de Jarnac et l'inhumation auprès de ses parents ? François et

1. Michèle Cotta, *Cahiers secrets de la Ve République*, Fayard, 2007, 2008, 2009, 2011.

Anne, c'est une belle aventure. Dans sa récente biographie, Michel Winock évoque cette rencontre : « Anne n'appartient pas à son univers politique. Elle est d'une famille très conservatrice, mais la politique en soi ne l'intéresserait pas, si ce n'est son amour secret pour François, qu'elle vénère [...] Elle s'est résignée à rester clandestine, comprenant que François ne divorcera pas[1]. » Anne Pingeot et François Mitterrand, c'est avant tout une étonnante symbiose. Avant la victoire de 1981, puis entre 1981 et 1995, pendant les deux septennats, ils aiment surtout, seuls ou devant témoins, parler de tout. De leur rencontre, de leur avenir, de Mazarine, mais aussi, plus souvent qu'on ne le dit généralement, de politique. Pas toujours d'accord, bien entendu. Vingt-sept ans les séparent. Mais si proches affectivement que leurs désaccords les amusent plutôt. Anne est une femme bien. Une culture encyclopédique, et pas seulement sur les sujets professionnels de cette conservatrice du musée du Louvre, l'histoire de l'art en général, la sculpture du XIXe siècle en particulier. Un vrai charme, une grande intelligence, une empathie rare avec ses amis. Sensible, intuitive. Timide aussi, en retrait, secrète. Les circonstances le lui imposent. Rarement une confidence, jusqu'à la publication récente d'une biographie fouillée du Britannique Philip Short, ancien correspondant de la BBC à Paris. Un témoignage émouvant de la mère de Mazarine. « Admirer la personne qu'on aime, c'est un immense bonheur... Admirer tellement, ne jamais s'ennuyer, avoir tous les centres d'intérêt... C'était... le renouvellement permanent. Trente-deux ans de vie intense de bonheur... et de malheur ! Parce que c'était dur... François avait une phrase que j'ai trouvée merveilleuse... "Il n'y a

1. Michel Winock, *François Mitterrand*, Gallimard, 2015.

d'amour éternel que contrarié"[1].» L'influence d'Anne, selon les rares témoins, s'exerce surtout dans le domaine culturel. Elle et François ont sensiblement les mêmes goûts, les mêmes repères intellectuels. Ils pensent, dialoguent, réfléchissent et s'amusent à l'unisson. « Tous ceux qui ont vu vivre Anne et François parlent d'un couple fusionnel, d'une communion de pensée faite de complicité, de respect et d'admiration mutuelle. Ensemble, ils étaient seuls au monde[2] », analyse Robert Schneider. Leur œuvre commune, car il y en a une, c'est évidemment le Grand Louvre. Ils ont évoqué d'abord, s'amusant des résistances des fonctionnaires du ministère de l'Economie et des Finances, le déménagement à Bercy. Ils ont surtout parlé de la pyramide. Avant même sa conception, pendant les travaux, et après l'inauguration. Ils en sont très fiers. On les a vus fréquemment et discrètement sur le site, le soir en particulier. Avec leurs amis, ils parlent littérature, classique ou contemporaine, cinéma, variétés, théâtre, philosophie. François évoque les auteurs et les artistes qu'il a connus et qui l'ont marqué : dans le désordre, François Mauriac, un ami de sa mère dont il était proche, au-delà des divergences politiques ; Marguerite Duras, « une amie loyale », et Joséphine Baker, toutes deux rencontrées pendant la guerre ; Marguerite Yourcenar, Françoise Sagan, Dalida, Violette Trefusis, Václav Havel, l'auteur dramatique devenu président de la République tchèque ; le réalisateur allemand Wim Wenders, l'auteur d'un de ses films préférés, *Les Ailes du désir*. Anne et lui sont le plus souvent sur la même longueur d'onde. Son influence essentielle est là, sur ce terrain artistique et intellectuel. Anne n'est pas une

1. Philip Short, *François Mitterrand. Portrait d'un ambigu*, Nouveau Monde éditions, 2015.
2. Robert Schneider, *Les Mitterrand*, *op. cit.*

militante politique mais une vraie personnalité culturelle, une militante de l'art. Un rôle majeur, sans doute irremplaçable, pour le François Mitterrand amoureux des livres et de la culture sous toutes ses formes.

Le 10 mai 1981, Anne aurait lâché : « C'est le pire jour de ma vie. » Elle sait que rien ne sera plus comme avant. Pour Mazarine, qui a un peu plus de six ans le jour de l'élection de son père, les souvenirs sont précis. On ne peut oublier ces moments. Récit émouvant, en 2005, à la troisième personne, près de vingt-cinq années plus tard : « Sur Antenne 2, on voit la rue, des gens par milliers qui pleurent [...] Et bientôt on le voit, lui. Alors sa maman pleure elle aussi, elle pleure en silence. Mais ce ne sont pas les mêmes larmes. Cela, Marie [le deuxième prénom de Mazarine] le comprend. Pourquoi sa maman pleure tandis que les autres sont heureux, l'homme à la télévision a remporté une victoire, il l'a appelée en fin d'après-midi pour la tenir au courant. Cet homme, sa maman l'aime, et Marie aussi, s'il s'agit bien du même. Elles sont là, toutes les deux, seules devant un poste minuscule, ne font pas partie de la fête, la nuit va se refermer sur un avenir incertain. C'était le 10 mai 1981[1]. » Entre Mazarine et son père, tous les témoins le confirment, il y a bien davantage que de l'amour et de la complicité. Une véritable alchimie, une incroyable harmonie. Lorsqu'ils sont ensemble quelque part, l'ambiance n'est pas la même. Des moments de grâce.

En juillet 1974, deux mois après sa défaite à l'élection présidentielle, quand sa fille voit le jour à Avignon, son père est un homme heureux, épanoui. Jour après jour, mois après mois, année après année, il ne cessera de manifester sa joie

1. Mazarine Pingeot, *Bouche cousue*, Julliard, 2005.

devant ses vrais amis, un tout petit nombre. Ceux qui savent, et dont il sait qu'ils ne parleront pas. Rue Jacob, chez Anne et Mazarine, puis quai Branly, dans un appartement appartenant à la présidence, pour des raisons de sécurité, à Gordes le printemps et l'été, au château de Souzy-la-Briche, le week-end : les relations entre François et sa fille deviennent de plus en plus étroites. Il est si fier de commenter devant ses proches les résultats scolaires et universitaires de sa fille qui brille à Henri-IV, le prestigieux établissement parisien. Si fier lorsqu'elle intègre Normale sup en 1994. Dix ans plus tôt, en 1984, le père a reconnu sa fille. Danielle est informée depuis assez longtemps. Comment mesurer réellement l'influence de la fille sur le père ? Sur le plan personnel, et psychologique, évidemment considérable. Sur son comportement durant les dernières années de son second mandat, à partir de 1990, essentielle. Mazarine est passionnée de politique. Elle aime tout savoir, ou presque. Elle commente, elle débat, elle juge aussi. Avec un mélange d'intelligence et de naturel qui le séduit. Les témoignages concordent : François Mitterrand a vraiment besoin de ces échanges. Ils parlent de littérature, de politique bien sûr, de philosophie. Il écoute, il entend. Il estime que la réflexion de sa fille l'enrichit. Il pense mieux connaître, grâce à elle, les problèmes et les difficultés des jeunes, l'état et le fonctionnement du système éducatif en particulier. Elle n'a pas encore quatorze ans pendant la campagne présidentielle victorieuse de 1988. Mais elle en suit la plupart des épisodes. Avec appétit.

Novembre 1994. *Paris Match* publie donc à sa une la photo, tendre et naturelle, du père et de sa fille de vingt ans. Georges-Marc Benamou le décrit alors « soulagé, heureux, fier comme un père qui s'est trop longtemps contenu[1] ». Et il évoque ce souvenir du père parlant de sa fille : « Il nous parle d'elle, de ce 19,5 en métaphysique – il exagère un peu la note –, de cette agrégation qu'elle prépare avec ardeur, de sa carrière future d'écrivain, de grand journaliste ou de brillante universitaire[2]. » Après cette révélation, les Français sont d'abord surpris, puis clairement séduits. La photo de *Paris Match* est un véritable événement. Plus d'un an avant la présence des deux familles regroupées aux obsèques, elle fait en effet bouger les lignes de la société française. Combien de familles recomposées se sont-elles senties directement concernées ? Jamais il ne l'a caché à ses amis : ses derniers mois, de plus en plus affaibli, souffrant parfois le martyre, il les a supportés plus aisément grâce à la présence de sa fille. Rayonnant quand il sait qu'il va la voir. Emu dès qu'il parle d'elle. Dans ces moments-là, nombreux, l'influence de Mazarine est évidemment déterminante.

Jarnac, janvier 1996. Les obsèques familiales, sous les yeux de la France entière, et du reste du monde. Les familles et les amis réunis. « On a glosé sur la réunion des deux familles. Je me rendais à peine compte de ce que cela pouvait représenter. J'avais vécu mon enfance aux côtés de ma mère et de mon père que je voyais à la télévision au côté de Danielle. C'était cela, ma normalité, je n'y voyais pas d'inconvénient, et passer cette journée tous ensemble était à mes yeux la logique de nos vies[3] », écrira plus tard Mazarine. François avait donc réussi cette étonnante et dernière synthèse entre ses deux familles...

1. Georges-Marc Benamou, *Le Dernier Mitterrand*, Plon, 1996.
2. *Ibid.*
3. Mazarine Pingeot, *Bouche cousue*, *op. cit.*

« Mon enfance a illuminé ma vie[1] », a écrit l'ancien président de la République. Eugénie, sa grand-mère, et Yvonne, sa mère, ont fortement influencé sa personnalité. Sa fratrie lui a donné l'envie de ces tablées chaleureuses dont il se fera une spécialité. Danielle l'a accompagné, active et militante. Anne l'a entouré de sa tendresse et nourri de sa curiosité intellectuelle. Et Mazarine, qu'il chérissait, lui a apporté sa présence juvénile, passionnée et enthousiaste. François Mitterrand a eu besoin de toutes ces influences féminines. Elles font évidemment partie de la légende mitterrandienne. Des femmes sans lesquelles le jeune François de Jarnac et de Touvent ne serait pas devenu Mitterrand.

1. François Mitterrand, *Ma part de vérité*, *op. cit.*

Jacques Chirac

Marie-Louise, Bernadette, Claude, Laurence, et les autres...

« Tous les matins, mon mari me dit : vous avez une chance formidable de m'avoir épousé. » Entre Bernadette et Jacques Chirac, la complicité est évidente. Chacun le sait, et Bernadette ne s'en cache pas : le couple a connu des difficultés, quelques crises, des moments de grande tension. Mais, au bout du compte, il a tenu, soudé par une solide complémentarité. Et par l'épreuve, terrible, de la maladie de leur fille aînée, Laurence. Parmi les femmes qui ont joué un rôle majeur dans la vie politique de Chirac, Bernadette arrive tout naturellement en tête. Mais elle n'est pas la seule, loin de là : Claude, qui entretient avec son père une relation exceptionnelle de tendresse et de confiance; Laurence, qui a pesé lourd dans la psychologie, le comportement et la trajectoire du futur Président; Simone Veil, une amie très proche, qui a toujours, dans les moments délicats comme dans les périodes fastes, occupé une place privilégiée; Marie-France Garaud, dans l'ombre, qui a mis sur orbite le jeune ministre de Georges Pompidou avant de le propulser à la Mairie de Paris et de s'en éloigner, jusqu'à la rupture de 1979; et d'abord Marie-Louise, la mère, indispensable, décisive dans les choix professionnels et personnels. Jamais, dans l'histoire de la Ve République, une famille entière n'aura joué un tel rôle. Jamais, plus généralement, un Président de la Ve n'aura autant été influencé par quelques femmes.

« J'adorais ma mère autant qu'elle m'adorait[1]. » Marie-Louise Chirac, c'est le pivot. Un roc. Il suffit de lire Jacques Chirac pour mesurer l'intensité et la densité de leurs relations. « [...] une femme de caractère, douée d'un sens aigu de la repartie et d'un franc-parler qui pouvait déconcerter. Energique, tenace et chaleureuse [...] attentive et d'une très grande bonté[2]. » Cette catholique pratiquante, connue pour rendre service autour d'elle, a tout appris à son fils unique. Elle a perdu une petite fille, Jacqueline, à l'âge de deux ans, près de dix ans avant la naissance de Jacques. Son affection sera donc exclusive. Marie-Louise est ultraprotectrice, jusqu'à enlever le papier de la sucette quotidienne de Jacques, lorsqu'il rentre de l'école, pour lui éviter toute fatigue excessive ! Parfois, plus tard, cette affection deviendra envahissante. Le père de Chirac, Louis, est sérieux, pudique, autoritaire. Marie-Louise est exactement à l'opposé. Le futur Président héritera d'elle cette proximité naturelle, ce goût du contact, cette bonne humeur qui caractérisent le côté face, le versant positif de sa personnalité. Jacques vit une enfance heureuse. Sa mère suit son parcours avec une attention quotidienne. Des études solides, un passage chez les scouts qui lui vaut un surnom déplaisant, « Bison égocentrique », une envie de grand large, le désir de devenir capitaine au long cours, un long voyage aux Etats-Unis contre l'avis paternel, puis la voie royale, Sciences-Po, où il

1. Jacques Chirac, *Mémoires. Chaque pas doit être un but*, tome 1, NiL, 2009.
2. *Ibid.*

rencontre Bernadette, et bien sûr l'ENA. Marie-Louise approuve tout, chaque épisode, chaque aventure, chaque page, chaque rebondissement de ce qui deviendra un feuilleton personnel et politique. Elle n'a pas besoin de l'encourager. Il sait qu'elle est là, quoi qu'il arrive. Toujours d'accord. Un réconfort permanent en cas de difficulté. Ces deux-là ont tant de choses en commun. Et cette passion réciproque ne retombera jamais. Marie-Louise disparaîtra en septembre 1973, quelques semaines après le déclenchement de la grave maladie de Laurence, la fille aînée de Chirac. Une période noire, sombre, pour celui qui occupe alors les fonctions de ministre de l'Agriculture et du Développement rural dans le gouvernement de Pierre Messmer. Il n'en parlera que trente-six ans plus tard, après avoir quitté l'Elysée, en novembre 2009[1]. Marie-Louise aura suivi pas à pas l'ascension de son fils. Heureuse de le voir s'implanter dans cette Corrèze qu'elle adorait ; pas peu fière de son entrée au gouvernement ; satisfaite de son mariage, elle qui disait à la mère de Bernadette : « Vous savez, madame, mon fils aurait pu faire n'importe quel mariage ! », et qui lâchait, à destination de son fils et de sa belle-fille, cette phrase culte : « Et surtout, pas de divorce dans la famille » ; littéralement épanouie à la naissance de ses deux petites-filles. Une mère qui aura tout fait, tout sacrifié, pour voir son fils réussir. Son fils en larmes, bouleversé, effondré à la mort de sa mère. Une femme de conviction. Une influence qui va de soi...

C'est le matin que Bernadette parle à Jacques. Entre 7 et 8 heures, entre deux éditoriaux à la radio, quand son mari est dans la salle de bains. Elle profite très souvent de ce

1. Jacques Chirac, *Mémoires. Chaque pas doit être un but*, *op. cit.*

moment intime et particulier pour faire passer des messages. A sa manière, directe, drue, sans fioritures. En le bousculant, parfois. En parlant de tous les sujets, mais d'abord de politique, de nominations, des arbitrages qu'il doit rendre, des réactions de l'opinion, du comportement de tel ou tel. En n'hésitant jamais à lui tenir tête, quitte ensuite à assumer une décision qu'elle désapprouve. Bernadette et Jacques, c'est un duo comme on en voit rarement dans la vie publique. Une vraie estime réciproque. En novembre 2006, lors d'une émission réalisée par Michel Drucker à l'occasion de l'anniversaire de Jacques, avec la première participation de leur petit-fils Martin, son mari lui rend un hommage très personnel et très appuyé. Hors antenne, Bernadette ne peut retenir ses larmes. Une sorte de consécration. Ils ont tout vécu ensemble, même si elle a dû supporter nombre d'incartades et d'infidélités, car Jacques est un grand séducteur. Ils ont traversé côte à côte les épreuves personnelles et politiques. Et pourtant, rien n'avait préparé à cela la jeune et timide étudiante de Sciences-Po, Bernadette Chodron de Courcel, que Chirac va peu à peu séduire. Le 16 mars 1956, lorsque les deux fiancés se marient, Jacques est énarque depuis deux ans. Mais il est loin d'avoir choisi la carrière politique. « La politique n'était pas dans le contrat de mariage », dira plus tard le père de Bernadette. Très réservée au départ, à l'instar d'une Claude Pompidou qu'elle vénère, elle s'y fera peu à peu, jusqu'à devenir elle-même une véritable actrice politique. Pendant les débuts de son mari, Bernadette suit donc l'actualité, mais d'assez loin. C'est en 1967, quand il choisit d'aller se présenter en Corrèze, qu'elle va réellement sur le terrain. Le couple s'y installe pour longtemps. Ils achètent la résidence de Bity, un petit château qu'ils rénovent, mais qui sera objet de polémiques. Au point de faire dire à Georges Pompidou, le mentor d'un Chirac dont l'énergie le bluffe : « Quand on prétend faire de la politique, on s'arrange pour ne pas avoir de château, sauf s'il est dans la famille depuis Louis XV. » Deux années après, Bernadette décide de s'implanter elle-même. Elle devient en 1971 conseillère municipale de la petite commune de Sarran, puis adjointe du maire et, en 1979, conseillère générale du canton. Elle a pris goût à la politique. Le virus ne la quittera plus jamais.

Jacques observe tout cela d'abord goguenard, puis intrigué et même impressionné. Depuis quelques années déjà, le caractère de sa femme s'est affirmé. Lorsqu'elle lui annonce qu'elle veut retourner à la faculté pour préparer une licence d'archéologie, il réagit vivement. « C'est ridicule, vous allez vous attirer des ennuis ! » Dans le livre qu'elle publie à l'automne 2001 avec Patrick de Carolis[1], elle raconte ce moment de tension. Bernadette ne lâche pas et s'inscrit à l'université Paris-I sous son nom de jeune fille. Elle renoncera en 1977 pour se consacrer activement à la campagne municipale de Paris. Dès lors, elle sera de plain-pied sur la scène politique. Certaines de ses initiatives courent très vite les salles de rédaction. Ainsi, cet ultimatum lancé à son mari en 1979, après le fameux appel de Cochin et les élections européennes. Fin 1978, Chirac est immobilisé à la suite d'un accident de voiture. Ses conseillers Pierre Juillet et Marie-France Garaud lui rédigent un texte violent et provocateur sur la construction européenne. On y lit des phrases pour le moins étonnantes : « Comme toujours quand il s'agit de l'abaissement de la France, le parti de l'étranger est à l'œuvre avec sa voix paisible et rassurante. Français, ne l'écoutez pas. C'est l'engourdissement qui précède la paix de la mort. » *Sic*. Chirac est affaibli. Ses conseillers savent

1. Bernadette Chirac, avec Patrick de Carolis, *Conversation*, Plon, 2001.

qu'il est prêt à tout pour combattre Giscard, avec lequel les relations ne cessent de se dégrader depuis qu'il a claqué la porte de Matignon, en août 1976. Il va donc signer ce texte qui lui coûtera cher, et notamment une cuisante défaite en juin 1979, lors du premier scrutin européen au suffrage universel. Bernadette désapprouve, et ne cache pas son exaspération face à ces éminences grises qui prennent et occupent tant de place. « Ce sera eux ou moi », dit-elle en substance à son mari. Il n'a pas vraiment le choix. Ce sera elle. Elle qui affirmera un peu plus tard, dans une interview restée célèbre, au magazine *Elle* : « [Marie-France Garaud] est une femme très intelligente et pleine de charme mais elle a beaucoup de mépris pour les gens. Elle les utilise puis elle les jette. Moi, elle me prenait pour une parfaite imbécile... Son tort a été de ne pas se méfier assez de moi. On ne se méfie jamais assez des bonnes femmes[1]. » Des propos fondateurs. Une nouvelle Bernadette est née. Avec son refus de la langue de bois, son ambition, son envie de peser. Et son influence, qui devient considérable.

A l'Hôtel de Ville, au RPR, en Corrèze, partout où son mari exerce des responsabilités, Bernadette s'impose. Jacques le voit et le sent : « Je sais tout ce que je lui dois, après trente ans d'engagement politique. » Il évoque son « franc-parler » et ses opinions, qui « peuvent être tranchantes, parfois trop à mon goût, surtout quand elles me concernent[2] », ajoute l'ancien Président. Mais ils se considèrent « indissociables, partenaires et complices d'une même aventure[3] ». C'est par étapes successives que le poids de Bernadette va se faire sentir. Avec des hauts et des bas. Des hauts quand

1. *Elle*, 17 septembre 1979.
2. Jacques Chirac, *Mémoires. Chaque pas doit être un but*, *op. cit.*
3. *Ibid.*

elle obtient, on l'a vu, le départ immédiat de Pierre Juillet et de Marie-France Garaud, quand elle est chaque jour davantage associée à l'action du maire de Paris, quand, élue de Corrèze, elle représente son mari dans ce département d'adoption. Des bas quand elle s'interroge, sans le moindre succès, sur la candidature de Chirac à la présidentielle de 1981, craignant pour l'union de la majorité de l'époque, quand elle regarde d'un œil perplexe l'ascension d'Alain Juppé auprès de son mari, quand elle s'efforce, sans y parvenir, de convaincre Chirac redevenu Premier ministre en 1986 de faire progresser la parité entre hommes et femmes. C'est en cette fin des années 1980 que Bernadette commence vraiment à s'intéresser à la vie politique. Sceptique sur la stratégie électorale de 1988 et sur l'équipe de campagne choisie par son mari, elle lâche ce célèbre « Décidément, les Français n'aiment pas mon mari » qui consacrera cette rude défaite. Désormais, Jacques consulte régulièrement Bernadette. Et s'étonne de son flair, de sa capacité à anticiper et à prévoir la météo politique et certains mouvements électoraux : le très large succès de la droite en 1993 ; la victoire étriquée, arrachée au dernier moment par un Mitterrand pourtant épuisé, du oui au référendum européen sur Maastricht ; le triomphe de Jacques, à sa troisième tentative, à la présidentielle de 1995 face à Jospin ; le grave échec, qu'elle est l'une des rares à avoir prévu, de la dissolution de 1997 ; la progression du Front national et de Jean-Marie Le Pen en 2002 ; la montée, puis la victoire du non au référendum du 29 mai 2005 sur le traité européen. Chaque fois, Bernadette en avait dit un mot à Jacques. Chaque fois, elle avait vu juste. Pour autant, elle n'est pas encore en première ligne. Elle participe, mais au second plan, à la campagne de 1995. En réalité, c'est à partir de la cohabitation avec Lionel Jospin, en 1997, qu'elle se propulse sur le devant de la scène. N'hésitant pas, comme l'avait fait Danielle Mitterrand en son temps, à critiquer le gouvernement, notamment à propos de la création du PACS, le Pacte civil de solidarité. Pendant le premier mandat de son mari, elle laboure consciencieusement et efficacement le terrain, parcourt le pays discrètement. Et fait « remonter » directement, sans intermédiaires, ses observations auprès de Jacques. Du coup, en 2001 et 2002, son rôle ne se discute plus. L'impact de son livre, *Conversation*[1], vendu à plus de trois cent mille exemplaires, l'audience record qu'elle réalise à cette occasion dans l'émission dominicale de Michel Drucker, l'attention qu'elle suscite dans les médias, les résultats mirobolants de son opération annuelle des Pièces jaunes au service de la fondation Hôpitaux de Paris-Hôpitaux de France qu'elle préside, la manière dont elle s'occupe du palais de l'Elysée lui confèrent une sorte de légitimité naturelle. Elle dispose désormais de sa propre « clientèle » électorale, à dominante conservatrice et régionale. Elle devient davantage qu'une Première dame.

Tout n'a pourtant pas été facile. En 1995, à l'arrivée de son mari, elle est parfois marginalisée, ou ignorée, comme ce premier 14 Juillet du septennat où elle est écartée d'un déjeuner avec une quarantaine de jeunes conviés pour la circonstance. Elle en garde un souvenir amer. Dans l'entourage présidentiel, et chez les proches du chef de l'Etat, elle n'a pas que des amis. Dans Paris, et au-delà, chacun connaît ses rapports détestables avec le tout-puissant secrétaire général de la présidence, Dominique de Villepin, celui qu'elle surnomme Néron et à qui elle a lancé, le croisant après la dissolution ratée de 1997, un fameux et tonitruant :

1. Bernadette Chirac, avec Patrick de Carolis, *Conversation*, *op. cit.*

« Vous êtes encore là ? » On sait aussi qu'elle se montre curieusement réservée sur la personnalité et l'avenir d'Alain Juppé, malgré l'estime que lui porte son mari. Peut-être ne lui a-t-il pas suffisamment prêté attention ? Son caractère tranchant ne fait pas l'unanimité, loin de là. Intelligente, déterminée, elle sait être attentive et généreuse. Il lui arrive aussi, et encore plus souvent qu'on ne le dit, d'apparaître autoritaire, lointaine, rancunière, presque méprisante et cassante. Chacun se souvient de ce soir de victoire, en 1995, où, en direct à la télévision, elle rabroue une journaliste de France 2 qui lui demandait courtoisement et simplement sa réaction après le succès de son mari. Celles et ceux qu'elle n'aime pas, elle les ignore ou les combat. A l'inverse, elle ne lâche rien quand il s'agit d'aider ses amis ou ses proches. Ou quand elle estime avoir une bonne idée. Ainsi, après la réélection de son mari, en 2002, elle contribue largement à convaincre Jacques de nommer Jean-Pierre Raffarin à Matignon, au grand dam d'un certain Nicolas Sarkozy. Elle avait connu, et apprécié, le sénateur de la Vienne lors de son premier passage au gouvernement, de 1995 à 1997, comme ministre des Petites et Moyennes entreprises, du Commerce et de l'Artisanat. Au lendemain du 21 avril 2002, elle met en avant les solides racines locales de l'élu du Poitou, sa loyauté, sa connaissance de « la France d'en bas », son expérience du Sénat, son appétit de régionalisation et de décentralisation, son profil de rassembleur, son parcours à l'UDF. Pendant les trois années que Raffarin passera à Matignon, elle s'efforcera d'aider. Assez souvent auprès du Premier ministre lui-même, parfois, le week-end, au pavillon de la Lanterne pour voir le couple, car elle s'entend très bien avec Anne-Marie, la femme du chef du gouvernement. Son influence se confirme. Elle obtient généralement ce qu'elle désire. En 2003, elle parvient à convaincre son mari de demander la création d'une ligne de TGV Limoges-Poitiers. Ce n'est pas la Première dame mais... l'élue locale, la conseillère générale de Corrèze, et donc de la région Limousin, qui s'est battue en première ligne. Inédit sous la Ve République.

Bernadette a plusieurs fers au feu. Après Raffarin, ce sera Sarkozy. Dès 2002, elle a pesé lourdement en faveur de la nomination du maire de Neuilly au ministère de l'Intérieur. En désaccord, c'est un euphémisme, sur l'arrivée de Villepin à Matignon, c'est Sarkozy qu'elle soutient pour la présidentielle de 2007, comme une militante et même comme une véritable fan. Oubliés, la grande brouille de 1994 et le ralliement de Sarkozy à Balladur, pourtant toujours considéré par Jacques et Claude Chirac comme une haute trahison. Du coup, le désaccord s'installe dans le couple. Mais Bernadette continue inlassablement, durablement, de distiller des conseils et de peser de tout son poids. Elle intervient pour que son mari, pour le moins réticent, apporte « tout naturellement » son soutien au candidat Sarkozy en mars 2007, puis le reçoive à l'Elysée au lendemain du premier tour. En 2011, elle vit très mal l'appui tonitruant apporté par Jacques à François Hollande. D'autant qu'elle avait organisé en juin 2010, au restaurant Tong Yen, un déjeuner très médiatique avec les deux Présidents, l'ancien et le nouveau, afin de faciliter le règlement par l'UMP d'une large partie de l'indemnisation due par son mari dans l'affaire des emplois fictifs de la Mairie de Paris. Ce jour-là, selon plusieurs témoignages, Chirac est resté silencieux. Affaibli par la maladie, il laisse faire, tout en conservant une solide inimitié pour son successeur. 2012. Bernadette soutient activement le candidat Sarkozy. Apparemment seule dans sa famille. On lui prête ce mot, après le scrutin présidentiel : « Dans ma famille, ils ont tous voté Hollande, sauf Jacques, mais il ne le sait pas. » Autrement dit, Bernadette, disposant de la procuration de son mari, et contre sa volonté, aurait voté Sarkozy. A-t-elle réellement osé ? S'agit-il plutôt d'une boutade familiale, d'un nouvel avatar de ce désormais célèbre « humour corrézien » ? Difficile, aujourd'hui encore, d'apporter une réponse catégorique... Survient enfin l'épisode surréaliste de l'automne 2014. Bernadette, supportrice inconditionnelle de Sarkozy, s'en prend à Alain Juppé « froid... qui n'attire pas les gens ». Et Chirac réplique en se félicitant de l'ambition de son ancien Premier ministre, « au rendez-vous de son destin et de celui de la France ». Le 21 novembre 2014, au musée du quai Branly, lors de la remise des prix annuels de la Fondation Jacques-Chirac, Bernadette enfonce le clou en se montrant d'une froideur polaire avec Juppé, au risque de froisser nombre de proches et d'amis de sa famille. Son influence, incontestable, Bernadette la met alors, et définitivement, au service du successeur de son mari, dont elle souhaite ardemment le retour (voir : Nicolas Sarkozy). Certes, elle continue de défendre le bilan des deux mandats présidentiels de Jacques. Mais elle a peut-être trop subi, et trop enduré. Trop joué aussi de son influence. Cruelle situation pour ce couple aujourd'hui politiquement déchiré.

Jacques et Claude, sa fille, au-delà d'une tendresse infinie, c'est l'histoire d'une véritable équipe politique qui, à l'inverse, et jusqu'au bout, regarde dans la même direction. Claude Chirac, en public et en privé, conteste toujours avoir exercé une influence réelle sur son père. Cette humilité résiste peu à l'analyse. Dès qu'elle arrive à l'Hôtel de Ville, au début des années 1990, Claude tranche par son caractère, son assiduité, sa présence. Elle prend peu de précautions.

Seul compte celui qu'elle appelle avec gourmandise « Chirac ». Elle ne perd guère de temps à composer ou à négocier. Elle aime ou elle déteste. Mais son intuition impressionne, même chez ses ennemis, et elle en a. « Une vraie Chirac », dit sa mère. « Elle va savoir se tenir à distance en se mettant au service exclusif de son père... Peu à peu, elle organise son existence, elle fait en sorte de le ménager[1]. » Derrière les mots de Bernadette, il y a une réalité qui n'échappe à personne. Claude devient très vite indispensable. Jacques la décrit « vive, belle, sensible[2] ». Elle l'étonne, elle en impose. Une personnalité romanesque et attachante. Bientôt, après quelques petits mois d'apprentissage, tout va passer par elle, dans la communication bien sûr, mais aussi dans la gestion du temps et des déplacements, dans le choix des entourages, dans le calendrier de travail, dans la mise au point de la stratégie politique, dans certains grands arbitrages. Jusque-là, quand le maire recevait une note de travail avec des propositions d'action, il écrivait dans la marge : « oui », « non » ou un « vu » synonyme de « venez m'en parler ». Désormais, ce sera très souvent « voyez avec Claude ». Entre les deux, un regard suffit. Ils se cherchent, ils se trouvent. Un clin d'œil, un sourire, un geste. Ils ont leurs codes, qu'ils sont seuls à connaître. Leurs rituels également. Personne, Bernadette pas plus que les autres, ne rentre dans ce cercle fermé, presque verrouillé.

C'est en 1993, pendant la campagne pour les élections législatives, que Claude marque ses premiers points. Le tour de France de son père, c'est elle qui l'imagine, qui le prépare, qui le suit pas à pas, jour après jour. Rien ne se décide en dehors d'elle. La victoire de la droite, son père considère

1. Bernadette Chirac, avec Patrick de Carolis, *Conversation*, *op. cit.*
2. Jacques Chirac, *Mémoires. Chaque pas doit être un but*, *op. cit.*

qu'elle lui revient largement. Elle ne perd pas de temps, ne s'attarde pas à commenter devant les journalistes la nomination de Balladur, qu'elle n'aime pas, ou les premiers pas de ce gouvernement constitué sans son père. Elle a les yeux rivés sur la présidentielle de 1995. Elle sait que c'est sans doute la dernière chance de Jacques, après les défaites de 1981 et 1988. Elle va s'y consacrer à plein temps. La cote de Balladur monte ? Il devient le chouchou et le favori des médias ? Sarkozy se rapproche de lui et s'éloigne des Chirac ? Furieuse, notamment contre Nicolas qu'elle connaît par cœur, et depuis longtemps, elle détourne le regard. Discrètement, elle prépare la campagne, la seule qui vaille vraiment à ses yeux. Guettant pour son père les attentes de l'opinion, soucieuse de changer son image par trop droitière, elle participe activement à la réflexion d'un petit noyau, avec Juppé, Séguin et Debré. Ce sera la « fracture sociale ». L'une des premières, elle a deviné qu'il fallait creuser ce sillon. Le moyen de surprendre l'électorat, de modifier d'un coup le positionnement politique, de repousser aussi Balladur vers une droite rétro et conservatrice. La campagne est rude. L'hiver 1994 est plombé par des sondages désastreux. Son « ami » Nicolas, passé sans états d'âme chez Balladur, en rajoute, envisage l'élection de son candidat... au premier tour et ironise méchamment en privé, devant les journalistes qu'il courtise, sur un Chirac hors course. Elle avance, convainc son père de se mettre dans le plus grand secret à l'écriture d'un livre, lui organise une nouvelle tournée électorale plutôt discrète. Début 1995, les courbes se croisent dans les intentions de vote. Elle veillera désormais, pendant la dernière ligne droite, à éviter les erreurs, à maintenir le cap d'une campagne sérieuse et sobre, à tenir à distance ceux, de plus en plus nombreux, qui volent vers la victoire et cherchent à se rapprocher d'un candidat qu'ils avaient lâché quelques mois plus tôt. Ce spectacle n'étonne pas Claude. Elle a appris à connaître ce monde politique. Au fond, elle le méprise, à de rares exceptions près. Jusqu'au bout, elle parvient à contourner les obstacles. Consciente que Chirac maîtrise mal la télévision et que le face-à-face d'entre les deux tours avec Jospin est un gros risque, elle obtient que les deux candidats passent un « deal » : pas de polémique, pas d'attaques personnelles, un débat digne qui ne portera que sur le fond. L'opération réussit, et tourne même au piège pour un Jospin qui apparaît bien peu combatif. La victoire de son père, le 7 mai 1995, c'est donc un peu la victoire de Claude. Selon les rares témoins présents ce soir-là dans l'immense bureau du maire de Paris, le regard qu'échangent le nouveau Président et sa fille à la minute où ils apprennent le résultat est indéfinissable. On est bien au-delà de l'influence. Une immense tendresse et une infinie reconnaissance.

Au palais, Claude prend tout de suite deux décisions. Elle demande, et obtient, que Jacques Pilhan, le talentueux « spin doctor » de François Mitterrand, continue d'apporter ses conseils, ses jugements et son regard. Et elle s'installe, modestement, un peu à l'écart, au premier étage de l'un des immeubles de la rue de l'Elysée, loin des ors et de la Cour. Belle idée. Il apparaît ainsi, pour les habitués du Château et pour l'entourage présidentiel, que Claude souhaite rester à distance. En réalité, une crainte l'obsède depuis qu'elle a rejoint son père : le mélange entre l'affectif et le professionnel, entre le familial et le politique. Elle parvient à peu près à éviter le piège même si, dans le regard des autres, on voit souvent la fille plutôt que la conseillère. Claude n'y peut rien. Mais, tout au long des douze années passées à l'Elysée, elle cherchera toujours à trouver le bon équilibre. Aussitôt installée, elle se met au travail. Elle reste évidemment associée aux grandes décisions. Et elle peaufine, avec Pilhan qu'elle admire et qui devient un ami, la nouvelle communication présidentielle. Aucun détail ne lui échappe. Elle surveille tout. Elle participe aux réunions stratégiques. Elle intervient dans les séances de relecture des principaux discours. Mais son influence va beaucoup plus loin. Claude incite son père à se préoccuper davantage encore des droits de l'homme, du dialogue des cultures, des problèmes humanitaires ou d'écologie. C'est elle qui lui présente Nicolas Hulot, qui le pousse à prendre une position marquante au Sommet de la Terre, en 2002, à Johannesburg. Ce sera le désormais célèbre : « Notre maison brûle, et nous regardons ailleurs. » C'est encore elle qui élargit ses réseaux aux artistes et aux sportifs, elle qui mobilise pour la difficile négociation sur l'exception culturelle. Perfectionniste, efficace, parfois autoritaire comme sa mère. Certainement irremplaçable.

Le 21 avril 2002, quand son père apprend qu'il affrontera Le Pen au second tour de la présidentielle, c'est avec Claude et Villepin qu'il s'enferme dans un petit bureau pour préparer sa première déclaration. Quelques jours plus tard, elle participe aux réunions restreintes qui portent sur la suite, le gouvernement Raffarin en particulier. Elle partage le diagnostic et les conclusions : pas d'union nationale, malgré le très large score du second tour, pour éviter d'accréditer l'idée d'une sorte d'axe UMP-PS. Son seul vrai mauvais souvenir de cette période intense, c'est l'émission en direct de l'Elysée avant le référendum européen du 29 mai 2005. Ce soir-là, Chirac doit dialoguer avec une petite centaine de jeunes adultes sur l'avenir de l'Union européenne. Dialogue de sourds. Le Président ne comprend pas le scepticisme de ces jeunes. L'exercice est raté. En septembre de cette même année, Claude et sa mère devront gérer l'AVC du chef de l'Etat. Avec doigté et tact, sans toutefois donner à la presse trop de détails alarmants ou alarmistes. Deux ans plus tard, elle quitte le palais aussi discrètement qu'elle y est rentrée. Elle continuera d'accompagner un père affaibli par la maladie. Toujours dans l'ombre. Pas de déclaration fracassante. Présente, comme toujours depuis près de vingt ans. Tout juste apprend-on au hasard d'une confidence, ou dans l'indiscret d'un journal, qu'elle approuve en privé le soutien apporté par son père à François Hollande en 2012. Et qu'elle appuie tout autant, comme l'ancien Président, Alain Juppé dans sa candidature présidentielle. « Pour les chiraquiens, Juppé est une évidence[1] », explique-t-elle. Jusqu'au bout, sans surprise, Jacques et Claude, fusionnels, resteront sur la même longueur d'onde.

Il y a Bernadette, il y a Claude. Et, bien sûr, Laurence, la fille aînée. Une vive intelligence, une vraie personnalité, originale et lumineuse. La grave maladie, une méningite suivie d'une anorexie mentale, qui se déclenche pendant l'été 1973, est d'évidence un drame pour toute la famille. Laurence n'exercera pas une influence politique réelle sur son père. En revanche, cette souffrance pèsera sur le caractère du futur Président et sur le regard qu'il porte sur la vie, publique et privée, et sur les autres. Pour le mesurer, il suffit de lire ce que les deux parents ont écrit après des années d'un silence légitime. La famille est pudique. Jacques et Bernadette ne s'exprimeront qu'avec beaucoup de recul. Des phrases qui relèvent du témoignage de parents meurtris. Jacques : « A l'âge de quinze ans, c'était une jeune fille

1. *Le Figaro*, 9 octobre 2014.

extrêmement jolie, volubile, dynamique, sportive, entreprenante. C'est le moment où tout a basculé dans son existence, comme dans la nôtre. Selon le professeur Jean Bernard, la maladie serait d'origine virale. Elle pourrait être liée, selon d'autres spécialistes, à la frustration que l'enfant, dès son plus jeune âge, a pu éprouver dans les rapports avec son père. N'ai-je pas été assez présent pour elle ? En a-t-elle beaucoup souffert, sans que je m'en sois suffisamment aperçu ? Ce sont des questions que je me suis inévitablement posées... Laurence s'est mise peu à peu à sombrer, alternant les tentatives de suicide et les périodes d'hospitalisation[1]. » Bernadette : « J'ai tout fait pour maintenir un équilibre, même si la tâche n'était pas facile, avec un mari souvent absent. Il a toujours été excessif dans son travail. Sa tâche passait avant tout, et je n'avais pas un mot à dire. Bref, les enfants le voyaient rarement, et ce n'est pas très bon. Sa grande phrase, c'était : "Je file." Il faut aller partout, à longueur de semaine. Et cela se fait évidemment au détriment de la présence à la maison. Les enfants en ont souffert. Laurence, à sa manière, qui est tombée malade à quinze ans. Si elle n'avait pas été malade. Laurence, qui a marqué notre vie, avec sa maladie. Elle est là et, en même temps, elle n'est pas là[2]. » La grave maladie de la fille aînée, c'est le drame de la famille Chirac. Jacques culpabilise. Selon les témoignages quasi unanimes de ses amis, il est à la fois dévasté, déstabilisé et fragilisé par cette épreuve. Il fera tout, avec sa femme et sa seconde fille Claude, pour la surmonter. Longtemps, il repassera chez lui le plus souvent possible, pour partager un moment avec Laurence. Il aime parler de tout avec elle, parfois de politique. Elle commente

1. Jacques Chirac, *Mémoires. Chaque pas doit être un but*, *op. cit.*
2. Bernadette Chirac, avec Patrick de Carolis, *Conversation*, *op. cit.*

cette actualité avec détachement et humour. Ce drame a donc un effet majeur sur la personnalité de son père. Il apprend à relativiser, à mieux distinguer l'essentiel et l'accessoire. Et désormais, à chaque occasion, il s'occupera personnellement, et directement, sans passer par des intermédiaires, des épreuves que des proches, ou des moins proches, vont traverser. Cette souffrance familiale l'a clairement humanisé. Le 17 mai 1995, le jour de son installation à l'Elysée, Laurence est présente, un peu à l'écart. Discrètement. Un moment rare pour elle et pour un père qui vit cet instant, près d'elle, avec une émotion particulière.

Dans l'entourage politique de Jacques Chirac, quelques femmes ont joué, à telle ou telle période, un rôle particulier. Il aime les fortes personnalités. C'est Christine Albanel, chargée des médias à l'Elysée, qui préparera et rédigera certains des discours marquants, notamment celui du 16 juillet 1995 à l'occasion de la commémoration de la rafle du Vél' d'hiv', lorsque Chirac souligne la responsabilité de l'Etat français dans les monstruosités de Vichy. « [...] la France, ce jour-là [le 16 juillet 1942], accomplissait l'irréparable. Manquant à sa parole, elle livrait ses protégés à leurs bourreaux [...] La folie criminelle de l'occupant a été secondée par des Français, par l'Etat français. » Ces phrases, comme beaucoup d'autres, comme l'hommage rendu par le Président à François Mitterrand le soir de la mort de ce dernier, on les doit à cette jeune conseillère qui deviendra douze ans plus tard ministre de la Culture. Parmi les « chiraquiennes d'influence », il y a aussi Françoise de Panafieu, l'une des « jupettes », qui, à l'Hôtel de Ville, marquera de son empreinte la politique culturelle. La génération des nouveaux grands acteurs culturels comme Stéphane Lissner et Jean-Jacques Aillagon, ou encore le Pont-Neuf emballé par Christo, on les doit à cette future députée et ministre, cultivée, imaginative et pétillante.

Des années plus tôt, il y a bien sûr Marie-France Garaud. Une figure du chiraquisme des années 1970. Une gaulliste conservatrice et souverainiste comme son mentor, Pierre Juillet. Une européenne sceptique, comme Chirac à ses débuts. Une atlantiste sincère, comme nombre de ses proches. D'une loyauté sans faille, on l'a vu, avec Georges Pompidou. C'est ce dernier qui lui demande d'aider Jacques Chirac, tout juste élu député de Corrèze en mars 1967 avant de rejoindre le gouvernement Pompidou deux mois plus tard. Douze ans durant, dans l'ombre puis en pleine lumière, Marie-France exercera une influence considérable sur le futur Président. Elle prend quasiment tout en charge : la stratégie politique, pour faire émerger ce jeune loup; la tactique quotidienne, pour lui faire brûler les étapes; les relations avec la presse, pour en faire l'un des interlocuteurs favoris des médias et des éditorialistes; la résolution des dossiers, en facilitant systématiquement, depuis Matignon puis l'Elysée, les arbitrages favorables, quel que soit le portefeuille ministériel de son protégé. Pas un jour, ou presque, sans que Jacques passe voir Marie-France. Elle le couve littéralement, comme Georges Pompidou le lui a demandé. Chirac apprécie. Pendant des années, jusqu'en 1978, il ne fera quasiment rien sans elle. Elle le protège, elle le promeut, elle le guide, elle l'encourage. Dans ses *Mémoires*, Chirac souligne « la fougue [...], l'assurance intellectuelle, l'intransigeance et l'autorité avec laquelle elle assène ses jugements, rarement indulgents, sur les hommes[1] ». Avec le recul de plus de trente ans, il la juge aussi « volontiers cassante, impérieuse et dominatrice [...] [Elle] a fait des coulisses du pouvoir son

1. Jacques Chirac, *Mémoires. Chaque pas doit être un but*, *op. cit.*

domaine de prédilection, où elle peut déployer tous ses talents de tacticienne et de manœuvrière en faveur des quelques hommes qu'elle a choisi de servir, comme au détriment de ceux, plus nombreux, qu'elle a résolu de combattre ». A chaque pas, derrière chaque étape franchie, il y a Marie-France. « Richelieu en jupons », comme on la surnomme dans les antichambres du pouvoir, elle anticipe et organise au quotidien chaque épisode de cette nouvelle saga politique, l'épopée chiraquienne. Elle joue à la fois au bridge, aux échecs et au poker, souvent menteur. Le résultat est là : en quelques années, Chirac passe d'un modeste secrétariat d'Etat à l'Emploi au ministère de l'Intérieur, en passant par le Budget, les relations avec le Parlement et l'Agriculture. Même Georges Pompidou trouve que la cadence est trop infernale, et rechigne un peu avant de nommer son « bulldozer » place Beauvau. Chirac et Marie-France, sous l'œil toujours complice et protecteur de Pierre Juillet, brûlent les étapes.

2 avril 1974. Le Président Pompidou disparaît. Après quelques jours de tractations et de combinaisons tous azimuts, dans lesquelles Marie-France joue un rôle central, les pièces sont sur l'échiquier : Giscard et Chaban-Delmas pour la droite et le centre, Mitterrand pour la gauche unie. Marie-France est jour et nuit à la manœuvre. C'est elle, avec Pierre Juillet, qui monte de bout en bout la fameuse opération des quarante-trois, ces parlementaires et ministres gaullistes qui vont, en clair, lâcher Chaban et soutenir Giscard. Chaban s'effondre, Giscard s'envole, Mitterrand est menaçant. Le 19 mai 1974, VGE est élu avec 50,8 % des suffrages. Chirac semble hésiter quelques heures après la proposition de Giscard de le nommer à Matignon ? Marie-France lui explique fermement qu'il ne peut pas refuser. Aussitôt installé à Matignon, le trio Chirac-Garaud-Juillet prépare la prochaine

étape. Le nouveau Premier ministre était trop jeune pour pouvoir briguer la succession de Georges Pompidou ? Son équipe va accélérer l'allure. Avec, incidemment, un couac passé inaperçu à l'époque. Marie-France aurait aimé que Chirac la fasse rentrer au gouvernement. « J'avais tellement l'habitude de travailler avec elle en marge du pouvoir qu'il ne m'était même pas venu à l'idée de lui confier des responsabilités plus officielles[1] », expliquera, longtemps après, Chirac. La déception surmontée, Marie-France Garaud repart à l'assaut. Objet du nouveau combat : conquérir par surprise, à la hussarde, le mouvement gaulliste. Chirac, Juillet et elle ne s'embarrassent pas de détails. En décembre 1974, avec le soutien actif de Charles Pasqua, ils lancent une offensive éclair, marginalisent les « barons » et, en quelques heures, tiennent leur victoire. Chirac devient le patron de l'UDR. A peine le temps de souffler, et la bataille reprend. Cette fois, Marie-France ayant, avec d'autres, convaincu le Premier ministre que Giscard menait une politique néfaste, et surtout contraire aux souhaits de leurs électeurs, c'est l'Elysée qui est dans le viseur. Dix-huit mois durant, la polémique va enfler. Menaces de démission, demandes réitérées de dissolution de l'Assemblée nationale, débats rugueux avec les ministres giscardiens : fin août 1976, Chirac, poussé par Garaud et Juillet, démissionne bruyamment. Quelques jours plus tard, tout sera déjà prêt pour l'épisode suivant : la création d'un nouveau parti, le RPR, et la préparation de l'élection présidentielle de 1981. Marie-France n'ira pas jusque-là. Le 6 décembre 1978, les deux éminences grises font signer par un Chirac affaibli, cloué sur un lit d'hôpital à la suite d'un accident de voiture, un texte vengeur contre la construction européenne. On l'a vu,

1. Jacques Chirac, *Mémoires. Chaque pas doit être un but*, *op. cit.*

Bernadette saisit cette occasion pour provoquer le départ des deux conseillers. Une très longue page se tourne. Avec des lendemains douloureux, puisque, en 1981, Marie-France n'hésitera pas à se présenter contre son ancien poulain. Elle était « poussée par l'ambition, encore inassouvie, d'exister par elle-même et de délivrer seule au pays le message dont elle s'estime porteuse depuis toujours[1] », commentera, glacial et ironique, Chirac. Celle dont Françoise Giroud parle comme « l'une des femmes les plus haïes de France parce qu'elle a beaucoup humilié » ne cessera, dès lors, de prendre ses distances et de contester, sans précaution aucune, y compris sur les périodes où elle était aux manettes, toute l'action de Jacques Chirac. Mais, au-delà de ses dénégations, elle gardera l'image de cette « faiseuse de rois » qui a mis sur orbite le futur Président avant qu'il ne s'en détache.

Autour et auprès de Chirac, il y a enfin Simone Veil. Ils se connaissent déjà, et s'apprécient, lorsque le nouveau Premier ministre obtient de Giscard qu'elle soit nommée ministre de la Santé dans le nouveau gouvernement. « [...] une personnalité d'exception, d'une parfaite intégrité morale et intellectuelle [...] dotée d'un grand courage et d'un caractère à toute épreuve[2] », écrira Chirac. « Il me fascinait par l'incroyable déploiement d'énergie dont il faisait déjà preuve. Dès l'abord, il était convivial, chaleureux, œcuménique et sectaire, peut-être porteur d'un regret de ne pas être à gauche, bref, séduisant[3] », notera de son côté, à la fois admirative et lucide, Simone Veil dans ses mémoires. Jacques et Simone auront, en réalité, des relations complexes. Dans le privé, les rapports sont sans nuages. Chirac

1. Jacques Chirac, *Mémoires. Chaque pas doit être un but*, *op. cit.*
2. *Ibid.*
3. Simone Veil, *Une vie*, Stock, 2008.

et sa femme aiment bien le couple, solide et indissociable, formé par Simone, que Jacques surnomme Poussinette, et son mari, Antoine Veil. Cet esprit brillant et original, inspecteur des finances, imagine sans cesse des passerelles politiques et organise, au sein d'un cercle très recherché, le club Vauban, le dialogue entre les réformistes de droite, du centre et de gauche. Simone est imprégnée de ce climat politique, de cette ambiance d'ouverture, de réforme et de mouvement. Elle observe Chirac avec intérêt, tout en connaissant déjà ses qualités comme ses défauts. Trente années durant, ils passeront par des périodes de complicité et des moments de désaccord, voire d'affrontement. Au tout début, c'est l'harmonie. Simone est reconnaissante à Chirac de l'avoir aussi bien accueillie dans son équipe gouvernementale. Et de lui avoir confié, à la demande de Giscard, et malgré le forcing d'une Françoise Giroud qui revendique le projet au titre de son secrétariat d'Etat à la Condition féminine, la responsabilité de porter et de défendre le texte sur la libéralisation de l'avortement. Pendant ce douloureux débat sur l'IVG, quand Simone est parfois insultée dans la rue, quand des croix gammées sont inscrites sur les murs de son immeuble, Jacques est très présent. Même si, partageant l'objectif du projet, mais estimant qu'il y a d'autres urgences, il est plus réservé que Giscard sur le calendrier de cette réforme, il aidera sa ministre de la Santé, la rejoignant et la soutenant au Palais-Bourbon au milieu d'une séance de nuit agitée et tumultueuse. Simone Veil passe l'obstacle et devient un élément central du dispositif politique de Giscard.

Craignant pour la cohésion de la majorité et la cohérence de l'action gouvernementale, et observant que le fossé politique et personnel se creuse jour après jour entre Giscard et Chirac, « Poussinette », comme l'appelle Jacques en privé, cherche fréquemment à calmer le jeu entre le Président et son Premier ministre. Elle ne peut empêcher, malgré des interventions discrètes et multiples des deux côtés, la rupture d'août 1976. Elle refuse de suivre Chirac et, comme il le lui demande, de quitter le gouvernement et d'adhérer à son nouveau parti, le RPR. Elle ne peut éviter la bataille intestine des municipales à Paris. Déçue par ces jeux politiques qu'elle déteste plus que tout, elle se tourne résolument vers l'Europe. Cette décision ouvre une période tendue avec Chirac. La campagne de 1979 pour la première élection des parlementaires européens au suffrage universel est nerveuse. Simone a vertement critiqué l'appel de Cochin. Pendant cette campagne, Chirac ne la ménage pas, et cherche à la piéger, avec des questions techniques plutôt pointues, lors du grand débat télévisé opposant toutes les têtes de liste. Ils se combattent, en réussissant à ne pas se fâcher. Chirac sait qu'il aura besoin de Simone dans ses futures batailles électorales. Elle estime, de son côté, que son ancien Premier ministre n'est pas aussi hostile à la construction européenne que nombre de gaullistes et néo-gaullistes. Bref, le fil n'est pas rompu. Simone l'emporte haut la main : 27,55 % contre 16,25 % à la liste Chirac, qui arrive en quatrième position derrière le PS et le PC. A Strasbourg, où Simone est candidate à la présidence de cette nouvelle Assemblée, les chiraquiens font toutefois l'erreur de présenter un candidat contre elle. Inutile, contre-productif et presque provocateur. Simone Veil est élue. Un symbole, et un signe fort. Chirac, déçu et embarrassé, prend acte de cette victoire. Simone devient le porte-drapeau de cette Europe plus démocratique et de l'entente franco-allemande. Ils se voient, ils se parlent, mais des divergences demeurent. Ainsi, en juin 1991, quand le maire de Paris évoque, à propos de l'immigration, « le bruit et l'odeur », elle se déclare « triste de ce dérapage de Jacques Chirac qui n'est pas raciste[1] ». A la présidentielle de 1988, elle soutient Raymond Barre puis, en 1995, Edouard Balladur dont elle a été la ministre pendant deux ans. Mais, chaque fois, elle rejoint Chirac au second tour. Après son élection, elle applaudit le discours du Vél' d'Hiv'. « Longtemps, j'avais souhaité qu'un homme d'Etat prononce les mots, sincères, profonds, que Jacques Chirac a trouvés [...] Désormais [...] notre pays peut regarder sa propre histoire les yeux dans les yeux[2] », se félicitera celle que Chirac, élu Président, continuera d'appeler « Poussinette ». Ils vont de nouveau se rapprocher en 2005, à l'occasion du référendum sur le traité constitutionnel européen. Souhaitant participer activement à la campagne, difficile et même angoissante pour une telle militante européenne, mais soucieuse du devoir de réserve exigé au Conseil constitutionnel, elle décide, fait rarissime, de suspendre ses fonctions de membre de cette institution, où elle a été nommée en mars 1998. Et elle vivra très mal l'échec de cette consultation populaire. Simone Veil et Jacques Chirac se sont retrouvés dans quelques grandes occasions, comme sur l'Europe.

Elle aurait pu jouer auprès de lui un rôle plus important encore, s'il n'avait pas mis autant de temps à rejoindre le camp des européens convaincus. Et s'il avait pris en compte plus tôt la place, éminente et emblématique, qu'elle occupe désormais dans la société française.

---

1. *Le Figaro*, 22 juin 1991.
2. Simone Veil, *Une vie*, *op. cit.*

Robert Badinter
De Charlotte à Elisabeth

« Si vous voulez connaître un homme, regardez sa mère. » C'est Robert Badinter qui s'exprime ainsi, en 2005, sur France Inter[1]. L'ancien garde des Sceaux et Charlotte, sa mère, sont le symbole d'une famille héroïque qui a traversé toutes les épreuves possibles. Une famille dont la légende commence dans le « yiddishland », les pogroms de l'empire tsariste, au début du XXe siècle. Le symbole, aussi, d'une intégration parfaitement réussie au sein de la société française. Sa mère a vingt-neuf ans en 1928, à la naissance de Robert Badinter. Simon, son mari, et Charlotte se sont rencontrés au bal des Bessarabiens de Paris. Deux immigrés parmi d'autres. Deux personnalités hors du commun. Robert grandira dans l'affection de ses parents et l'amour pour leur pays d'adoption, la France, que Simon et Charlotte vénèrent. L'influence de sa mère sera évidente. Plus tard, à partir du milieu des années 1960, une autre femme jouera un rôle central : Elisabeth, sa seconde épouse. Ecrivain, philosophe. Charlotte et Elisabeth, les deux femmes à qui Robert doit beaucoup. Presque tout ?

1. « Entre parentèle », avec Nathalie Saint-Cricq, France Inter, 31 juillet 2005.

Quand elle arrive en France, en 1910, avec sa famille, Charlotte est sans repères, sans argent. Et, bien sûr, elle ne sait rien de la langue française. Avec sa mère, elle a traversé l'Europe pour échapper à l'horreur des pogroms. Ses origines sont modestes, voire franchement pauvres. Elle fera tout pour s'intégrer, puis pour permettre à ses deux fils, Robert et Claude, le frère aîné, de réussir. Charlotte est une femme à la fois radieuse et sévère. Cultivée, belle, soucieuse des autres, elle a aussi une conception rigoureuse, voire rigoriste, de l'éducation de ses deux fils. Lorsque les notes ne sont pas les meilleures, Robert doit affronter des explications orageuses. Il se souvient qu'elle « aimait à la passion ses enfants mais ne laissait rien passer[1] ». Il travaille dur. Ses études sont brillantes. Comme son frère, il figure le plus souvent dans les premiers et multiplie les prix d'excellence. Il a en face de lui un double modèle. Son père, Simon, devenu fourreur, est obsédé par la réussite de ses fils. Il a travaillé jour et nuit pour leur assurer les ressources nécessaires à leurs études. Quant à sa mère, après son arrivée en France, et grâce à des cours du soir donnés gratuitement à certains enfants immigrés par un admirable instituteur, elle a obtenu avec mention son certificat d'études, si précieux à cette époque. Et elle a fait bénéficier toute sa famille, sa mère et ses frères notamment, de ses nouvelles connaissances. Chez les Badinter, on vit une réelle passion pour la France républicaine. On lit Voltaire, on connaît des extraits de Victor Hugo par cœur. On écoute et on chante du Trenet. Les enfants ne parlent pas le russe. A la maison, c'est le français. Le Badinter du socialisme à visage humain, de la nécessité d'une école républicaine forte et exemplaire, celui de l'ascenseur social et de la lutte contre les inégalités, il est

1. « Entre parentèle », France Inter, *op. cit.*

né ici, dans ce Paris de l'avant-guerre. Auprès d'une mère juste et exigeante qui lui a appris l'effort et la rectitude. C'est un peu plus tard, lorsque montent progressivement la menace nazie et l'horreur hitlérienne, que grandit le Badinter révolté, celui qui combattra sans cesse la barbarie, le fascisme, le déchaînement des nationalismes, le racisme et l'antisémitisme. D'abord rassemblée, la famille écoute avec angoisse à la radio les discours et les appels à la haine de Hitler. Puis, c'est l'explosion et l'éclatement. Robert Badinter aura toujours en tête les leçons de ces événements tragiques. Dans ses convictions personnelles et privées comme dans sa vie professionnelle, dans ses engagements politiques comme dans ses choix de vie, il ne pourra jamais oublier. Et le visage, le caractère, le courage et la personnalité de sa mère dans ces moments terribles le marqueront à jamais. Son père est déporté au camp de Sobibor, dont il ne reviendra pas. Chaque jour, pendant des semaines, et comme des milliers de Français, Charlotte se rendra à l'hôtel Lutetia, où elle espère retrouver son mari parmi les survivants. Elle n'en dit rien à ses deux fils qui, eux aussi, viennent au même endroit attendre l'éventuel retour de leur père. Scènes tragiques de la vie quotidienne de l'immédiat après-guerre. Robert est ministre de la Justice quand il apprendra, soixante-dix années plus tard, à la veille du procès Barbie, après avoir organisé l'extradition du tortionnaire, que c'est ce bourreau nazi lui-même qui a signé l'ordre de déportation de son père. Terrifiant télescopage de l'histoire familiale et de l'actualité.

Pendant toute la guerre, au milieu de ces épreuves, Charlotte fait preuve d'un courage et d'une dignité qui forcent le respect. Cette dignité marquera la personnalité de son fils. Un souvenir, grave et intense, l'a marqué : Robert est à ses côtés le jour où, après la guerre, un représentant du gouvernement allemand vient discuter avec sa mère du montant des indemnités auxquelles sa famille a droit. Charlotte écoute sans rien dire. Et se contente de répondre, sobrement et fortement : « Rendez-moi mon mari. On parlera d'argent après. » Aux moments les plus importants et les plus forts de sa vie, lorsqu'il participe par exemple, en 1981, à son premier Conseil des ministres, Robert pense d'abord à ses parents, à cette mère qui lui a permis de vivre, de grandir, de survivre et de réussir. Davantage encore qu'une influence, c'est un héritage intellectuel et moral.

Le Badinter de la justice, de l'indépendance des magistrats et de la protection de la défense, vient aussi de cette longue période de l'après-guerre pendant laquelle la France se reconstruit. Charlotte, qui a courageusement repris l'affaire familiale, souhaite pour son fils une carrière à la fois ambitieuse et sans trop de risques, le droit par exemple. Robert Badinter choisit donc la filière juridique. Il obtient l'agrégation de droit, ce qui rend sa mère, confiera-t-il, « extraordinairement heureuse[1] », et devient professeur. Un passage universitaire aux Etats-Unis, et le voilà avocat. Sa mère, bien entendu, en est très fière. Peu à peu, il s'impose comme un ténor du barreau. Eclectique, il défend à la fois Chaplin et le baron Empain, Fellini, Visconti ou Roger Bontems. C'est la célèbre affaire Buffet-Bontems, ces deux auteurs d'une prise d'otages sanglante à la maison d'arrêt de Clairvaux. Il y aura deux victimes, un gardien de prison et une infirmière mère de deux enfants. Bontems, le complice, sera condamné à mort et exécuté fin novembre 1972 à la prison de la Santé. Pour le futur garde des Sceaux, c'est

1. « Entre parentèle », France Inter, *op. cit.*

le début d'une longue croisade contre la peine de mort. Près de dix ans d'une bataille acharnée avant ce 9 octobre 1981, jour de l'ouverture du débat parlementaire sur le projet d'abolition de la peine de mort. Charlotte est âgée, assez fatiguée. Mais elle mesure la dimension historique de l'événement. Ce jour désormais historique, elle est sans doute devant la télévision. Admirative. Et pourtant, elle n'est pas sur la même longueur d'onde que son fils, nouveau ministre de la Justice de François Mitterrand. Gaulliste depuis la guerre, elle n'apprécie guère Mitterrand et aurait préféré que Robert soit ministre du Général. « Son bonheur eût été complet », s'amuse Robert Badinter[1]. Et, sur le sujet de la peine de mort, il convient qu'elle n'était pas, loin de là, aussi abolitionniste que le reste de la famille. Aujourd'hui, elle reste une référence permanente pour celui qui a hérité de sa gravité, d'une certaine austérité dans le comportement, d'une retenue permanente dans l'expression, au-delà des plaidoiries flamboyantes de l'avocat et du défenseur inlassable des droits de l'homme. Charlotte apprécie son succès politique et médiatique. Elle aime moins les coups tordus de la vie publique, les polémiques et le tumulte des grands débats lancés ou portés par son fils. Elle disparaît en 1983, trois ans avant l'accession de Robert à la fonction prestigieuse de président du Conseil constitutionnel. Il sait qu'elle aurait été particulièrement heureuse de cette nomination. Aujourd'hui, il rend avec émotion hommage à cette mère, à cette femme qui l'aura tant aidé et lui aura tant apporté. L'idée que Robert Badinter se fait de la société, du combat contre les injustices lui vient largement de Charlotte. Le rôle inestimable d'une mère exemplaire.

1. « Entre parentèle », France Inter, *op. cit.*

Avec Elisabeth, la relation est bien sûr d'une autre nature. Mais l'influence de sa seconde épouse, après un premier mariage avec la comédienne Anne Vernon, est tout aussi essentielle. Elisabeth et Robert, qui a trente-huit ans lorsqu'ils se marient en juillet 1966, c'est un duo en harmonie permanente. Agrégée de philosophie, essayiste, écrivain à succès, Elisabeth est une battante, une militante active et pugnace. Fille de Marcel Bleustein-Blanchet, le fondateur de Publicis, elle est riche, mais en déteste les symboles, les signes et les manifestations. Elle est surtout en éveil, en action, sur quelques grands sujets qui lui tiennent à cœur : l'égalité des sexes, la laïcité, le voile islamique. Ses essais sont autant de succès, avec des traductions dans le monde entier. *L'un est l'autre* (Odile Jacob, 1986), *Fausse route* (Odile Jacob, 2003), *XY, de l'identité masculine* (Odile Jacob, 2004) : cette féministe moderne défriche, ouvre des pistes, lance des débats. Ses positions sont tranchées, ses opinions sincères et directes. Robert apprécie cette capacité à analyser et à faire bouger la société française, à en rechercher les atouts, à en dénoncer les insuffisances. Toujours offensive, toujours prête à ouvrir une brèche. Ils se ressemblent. Depuis leur mariage, en 1966, elle n'a cessé de le soutenir. Dans son combat contre la peine de mort, dans ses fonctions ministérielles de garde des Sceaux, dans sa présidence du Conseil constitutionnel, dans l'exercice de son mandat parlementaire de sénateur. Ce sont deux caractères, côte à côte. Avec le même engagement politique. En 1988, ils publient ensemble une biographie de Condorcet, une grande figure, synonyme de rectitude et d'exigence[1]. Elisabeth et Robert sont tous les deux amis intimes de François Mitterrand. Présents auprès de lui à chaque occasion, publique ou privée,

1. *Condorcet, 1743-1794, un intellectuel en politique*, Fayard, 1988.

informés de tout, ou presque. Dès le début des années 1970, elle travaille avec le futur Président sur son projet politique. Avec son mari, elle déjeune et dîne très fréquemment avec le leader socialiste. Des relations d'une très grande proximité. Le signe ne peut pas tromper : c'est au domicile privé des Badinter que le Président signera dans la plus grande discrétion, devant notaire, l'acte officiel de reconnaissance de sa fille Mazarine. Et c'est Elisabeth elle-même qui frappe sur sa machine le texte de cet acte notarié. L'intensité de cette amitié est évidente pour tous leurs proches. En public comme en privé, les rapports avec Mitterrand sont la fois affectueux et francs, parfois même rudes, comme au moment de la révélation des relations amicales entre François et René Bousquet, ancien secrétaire général de la police de Vichy et organisateur de la rafle du Vél' d'Hiv'. Sur ce sujet ultrasensible, le dialogue est direct entre Mitterrand et son ami Robert. Direct et cependant pudique. « Je tiens de mon éducation maternelle, et peut-être aussi de François Mitterrand lui-même, qu'une explication entre amis ne regarde qu'eux. Ce n'est donc pas moi qui dirai ici ce que nous nous sommes dit ce jour-là, et qui ne fut agréable ni pour l'un ni pour l'autre[1] », précisera plus tard l'ancien garde des Sceaux. Chez les Badinter, amitié ne signifie pas inconditionnalité. Par-dessus tout, et au-delà de ses convictions, Elisabeth, comme son mari, tient à garder sa liberté. Militante au sens noble du terme, mais pas partisane. Et surtout pas prisonnière d'un programme, d'un dogme, d'une alliance politicienne, d'une action gouvernementale. Elle milite plus pour des idées que pour un parti. Elisabeth, c'est une statue du commandeur. Charismatique, impressionnante, elle en impose au premier regard, à la première

1. *Le Monde*, 5 mai 2011.

phrase. Sobre, tout en retenue, rigoureuse. Elle conforte Robert dans la plupart de ses choix. Lorsqu'elle est en désaccord, léger ou profond, ce qui est rare, elle argumente. Précise, factuelle. Un mélange de passion sur le fond et de force dans la forme. Avec des références historiques et sociologiques. Elle l'informe toujours préalablement de ses initiatives les plus significatives. C'est le cas en novembre 1989, en plein débat sur le port du voile islamique à l'école, son mari étant président du Conseil constitutionnel et Rocard Premier ministre, quand elle cosigne avec des personnalités comme Régis Debray ou Alain Finkielkraut une vigoureuse tribune défendant la laïcité sous la forme d'une lettre ouverte au ministre de l'Education de l'époque, Lionel Jospin. Son titre : « Profs, ne capitulons pas[1] ! » Avec cette phrase : « L'avenir dira si l'année du Bicentenaire [les cérémonies de 1989] aura vu le Munich de l'école républicaine. » Vingt ans plus tard, elle tape sur le même clou en écrivant une énergique et implacable « Adresse à celles qui portent volontairement la burqa[2] ». Avec cette autre phrase : « Vous utilisez les libertés démocratiques pour les retourner contre la démocratie. » Robert Badinter, alors sénateur, s'associe à ce combat, comme à la plupart de ceux menés par sa femme. Elisabeth est une féministe fervente et lucide, comme le fut avant elle l'une des figures qu'elle admire et respecte, Simone de Beauvoir. Avec Robert, elle forme un couple bien sûr, mais aussi une équipe. Au service des idées auxquelles ils croient ensemble. Des batailles qu'ils mènent côte à côte.

1. *Le Nouvel Observateur*, 2 novembre 1989.
2. *Id.*, *ibid.*, 5 juillet 2009.

Lionel Jospin

De Mireille à Sylviane

Si différent en privé. Gai, chaleureux, amical. Lionel Jospin, c'est un cas à part dans la politique française. Une personnalité atypique. Un protestant austère, voire sombre, dans toutes ses activités publiques. Décontracté, détendu, drôle, attentif, devant ses proches et ses amis. Deux visages d'un même homme. Une personnalité singulière, marquée aussi par le rôle de trois femmes : Mireille, sa mère, Elisabeth, sa première épouse, et Sylviane, la seconde. Trois femmes de caractère.

Il est magnifique, ce regard. Un mélange de tendresse et de complicité. Ils se tiennent la main. Lionel, son fils, lui sourit. Dans cet échange affectueux, à travers cette photo (voir cahier central), il y a tout l'amour du monde. Pour Lionel, Mireille est davantage qu'une mère. Quand on l'interroge sur ce fils qui est devenu une personnalité politique de premier plan après un long parcours qui a démarré au moment de la guerre d'Algérie, elle se souvient d'abord d'un enfant sage, serviable, attentionné, déjà féministe par son éducation. Chez les parents Jospin, les garçons et les filles sont en effet sur un strict pied d'égalité. Chacun participe de la même manière aux travaux et aux tâches domestiques. Une vraie parité. Cette sage-femme a également transmis à son fils, le deuxième d'une fratrie très soudée de quatre frères et sœurs, un solide attachement aux convictions et aux valeurs républicaines. Chez les Jospin, les discussions politiques sont passionnées. Mireille a montré l'exemple, et de quelle manière ! Elle est de tous les combats, intransigeante et intraitable sur les sujets qui lui tiennent à cœur. Toujours en pointe, enthousiaste et sincère. Elle se battra toute sa vie pour ces causes multiples qu'elle a choisi de défendre bec et ongles : la condition féminine, l'éducation sexuelle, la fin de vie et le droit à mourir dans la dignité. Le pacifisme aussi, comme son mari, Robert, d'abord instituteur, ensuite directeur d'un centre d'orientation pour enfants délinquants ou en difficulté. Elle mène également des batailles sociales, et soutient notamment, et avec ardeur, jusque dans la rue, en manifestant, les revendications de ses collègues sages-femmes... en 2001, au moment où son fils est pourtant Premier ministre. Il en sourit et ne lui en tiendra pas rigueur. Il connaît, chez sa mère, la force de ces idées de solidarité et de justice sociale. Elles lui ont été transmises, tout naturellement. Il s'efforce d'y rester fidèle.

Mireille Jospin, c'est une femme étonnante, toujours à l'assaut, toujours en première ligne. Militante politique jusqu'au bout, et de toutes ses forces. En mars 2001, à quatre-vingt-onze ans, elle est encore candidate aux élections municipales dans sa ville de La Celle-Saint-Cloud sur une liste Ensemble à gauche. Une combattante, une vraie. « En famille, on parlait beaucoup politique. Le père de Lionel lui apprenait à débattre », raconte-t-elle[1]. Lionel adore cette mère énergique et sensible. Son éthique, sa morale, sa

1. *Paris Match*, 12 juin 1997.

rigueur, ces règles déontologiques qu'il met en avant à chaque occasion, c'est l'héritage de Mireille. Fidèle à son combat pour une fin de vie digne et libre, elle se l'appliquera à elle-même. Au lendemain de sa mort volontaire, qu'elle a soigneusement préparée et organisée plusieurs mois durant, on peut lire sur le faire-part familial que Mireille « a décidé dans la sérénité de quitter la vie ». Ses quatre enfants ont bien sûr été informés, et même associés, à cette décision. Une période terriblement douloureuse dont Noëlle Châtelet, la romancière, sœur cadette de Lionel, fera le récit émouvant dans un ouvrage sous forme de lettre à sa mère disparue : « Partir sans déranger tes enfants te paraissait le minimum [...] Ce choix, longuement prémédité, médité, tu l'avais pensé, mûri philosophiquement. Il était devenu une exigence de l'esprit, mieux : un engagement, une action militante [...] La dernière visite avant ta mort fut de toutes, la plus vivante. Nous sommes parvenues – jusqu'au moment de se quitter – à faire de ces heures passées ensemble quelque chose d'infiniment radieux[1]. » Un exemple ? Un modèle ? Une référence ? Pour son fils, Mireille remplissait toutes ces fonctions. Il retrouvait en elle l'affection et la tendresse d'une mère, la proximité d'une conseillère avisée, la force d'une militante, l'exigence d'une humaniste. Influente, bien sûr. Et irremplaçable.

Lorsque Lionel rencontre Elisabeth, il a vingt-sept ans, elle en a vingt-deux. Nous sommes en 1964. Le futur Premier ministre est à l'Ecole nationale d'administration, dans la promotion Stendhal. Déjà diplômé de Sciences-Po, il rejoindra ensuite le Quai d'Orsay avant d'entamer une carrière universitaire. « Grand, drôle, sportif, bruyant, paillard,

1. Noëlle Châtelet, *La Dernière Leçon*, Seuil, 2004.

cinéphile, et de gauche » : ainsi apparaît-il à Elisabeth[1]. Elle est adoptée par la famille Jospin, Mireille notamment. « [...] un clan joyeux, bruyant, soudé dans la proclamation de sa propre vérité[2] », note-t-elle. Portrait d'Elisabeth par Serge Raffy : « Radicalement féministe, vaguement hippie, furieusement révolutionnaire, elle est soixante-huitarde avant Mai 68. Son credo ? A bas la famille, à bas l'Eglise, à bas l'école, à bas l'armée[3]. » Chez Elisabeth et Lionel, la passion pour la politique est largement partagée. Dès avant leur mariage, célébré en mars 1974, il a adhéré au parti socialiste. Elle n'ignore pas son ancienne appartenance à la mouvance trotskiste, qui est alors très peu connue. La suite l'est davantage : député de Paris, et plus tard de Haute-Garonne, premier secrétaire du PS en 1981. Cette psycho-sociologue, qui travaillera un temps avec Jacques Pilhan, un brillant expert en communication, est intelligente, exigeante. La plupart des proches de son mari l'apprécient. Elisabeth et Lionel ont beaucoup de convictions communes. Mais il y a aussi des malentendus ou de vraies divergences politiques, des hauts et des bas personnels. La vie politique est décidément chronophage. Lionel est souvent sur le terrain, au combat. Ses journées sont occupées à 100 %. Malgré la présence de deux enfants, le couple va s'user, puis se déliter. Et se séparer, inéluctablement. Elisabeth aura accompagné et, globalement, au-delà de leurs différences, soutenu son ascension politique.

Pour leurs amis, pas de doute : ils étaient faits pour se connaître, pour se rencontrer. Pour vivre et vieillir ensemble. Sylviane Agacinski est une femme comme on en

1. *Le Nouvel Observateur*, 3 novembre 2002.
2. *Ibid.*
3. Serge Raffy, *Jospin, secrets de familles*, Fayard, 2001.

croise peu dans le monde politique. Réellement originale et singulière. Il y a chez elle une lumière particulière. Elle est à la fois présente et discrète, modeste et curieuse, simple et volontaire. Drôle aussi, en petit comité, quand elle manie avec un vrai talent la dérision et l'autodérision. Une vraie femme de convictions. Philosophe, sociologue, chercheuse, écrivain. Toujours à l'affût d'une idée neuve, d'un argument inédit, d'une cause audacieuse à défendre. Lionel Jospin est le patron du PS lorsqu'il la rencontre pour la première fois en 1983, en Provence, à l'occasion du mariage de Sophie Agacinski, la sœur aînée de Sylviane, et du comédien Jean-Marc Thibault, l'ancien partenaire et alter ego de Roger Pierre. Sylviane enseigne alors la philosophie, et rejoindra plus tard la prestigieuse Ecole des hautes études en sciences sociales. Ses essais, comme *Politique des sexes, mixité et parité* (Seuil, 1998) et *Corps en miettes* (Flammarion, 2009), ont lancé ou nourri de grands débats autour du féminisme, de la parité, des rapports entre hommes et femmes, de la prostitution, des mères porteuses notamment. Ils se plaisent, ils se croisent de temps en temps, ils se rapprochent. Et se marient à l'été 1994, quelques mois avant la campagne présidentielle qui désignera le successeur de François Mitterrand. Ses idées sont connues : elle est clairement à gauche, plutôt proche des socialistes, mais libre de ses mouvements. Tout cela convient parfaitement à Lionel Jospin. Leur entente est parfaite. Son influence va s'affirmer dès 1995. Son mari est choisi comme candidat des socialistes. Elle suit la campagne, mais en retrait. L'échec était prévisible. Le couple est solide. Les lendemains de défaite sont plus faciles à supporter. Depuis qu'il connaît Sylviane, Lionel est plus ouvert, plus accessible. Elle devient indispensable.

1997. C'est la surprise de la dissolution. Jospin gagne la bataille législative et entre à Matignon. Sylviane s'est passionnée pour cette campagne. Elle sera très présente, à sa manière, pendant les cinq années qui suivent. Discrète et utile. Elle ne se mêle pas de la gestion quotidienne du gouvernement ni de cette politique politicienne qu'elle a en horreur. Mais elle dialogue beaucoup avec son mari sur quelques grands sujets, en particulier l'instauration du PACS, le pacte civil de solidarité, et la nouvelle loi sur la parité qui facilite et favorise l'accès des femmes aux fonctions politiques électives. Bien sûr, Sylviane Agacinski n'est pas la seule à avoir évoqué ces deux réformes majeures. Mais elle a beaucoup contribué à faire avancer un débat qui a débouché sur ces réelles avancées législatives. « Quand je réfléchis à des questions graves, je ne réfléchis pas en tant que socialiste ni en tant qu'épouse[1] », dira-t-elle un jour. Quand un sujet vient sur la table, c'est la philosophe, la sociologue, la chercheuse, voire la féministe qui intervient. Elle a des rapports amicaux avec François Hollande, premier secrétaire du PS, et sa compagne Ségolène Royal. Mais, comme Elisabeth Badinter, elle tient par-dessus tout à son indépendance, à son autonomie. Son influence n'en est que plus lourde.

21 avril 2002. Vers 19 h 15, au quartier général du candidat Jospin, c'est le coup de massue. Même si les sondages marquaient une érosion du score du Premier ministre sortant, peu de responsables de gauche s'attendaient à cette élimination au premier tour. Lionel vient d'arriver, accompagné de Sylviane. Direction le bureau du premier étage de l'immeuble de la rue Saint-Martin. Il y rejoint Fabius,

1. RTL, 29 janvier 2013.

Martine Aubry, Moscovici, Glavany, Kouchner, DSK, Marie-France Lavarini. Très vite, en les regardant, il comprend. Le choc est rude. Sa femme le réconforte. Selon les témoins de ce début de soirée dramatique, elle sera admirable de retenue, de force et de sérénité. Ils s'isolent quelques instants. Elle est la première à comprendre, puis à savoir, ce que son mari va déclarer deux heures plus tard. « J'assume pleinement la responsabilité de cet échec, et j'en tire les conclusions en me retirant de la vie politique. » Second coup de massue chez les militants. Sylviane est totalement d'accord avec son mari. Le « coup de tonnerre » est si fort, si brutal, que la réaction doit être à la mesure. Question de morale politique, comme pour Pierre Mendès France. Sa femme n'a pas eu à le convaincre. Il sait qu'elle est sur la même ligne. Et qu'elle le soutiendra de toutes ses forces.

Les suites d'un tel échec sont évidemment difficiles. Sylviane sera omniprésente. Pressée de voir son mari rebondir, et se mobiliser sur d'autres sujets. Les chantiers qui la motivent, et auxquels elle va associer l'ancien Premier ministre, sont au cœur de ses préoccupations depuis des années : le combat contre la marchandisation des corps, l'égalité hommes-femmes, la prostitution. Son engagement devient le leur. En 2011 dans *Le Monde*, puis en 2014 dans *Libération*, ils signent ensemble, avec d'autres personnalités, des appels offensifs contre « le marché des bébés » ou « le marché des ventres ». En clair, contre la légalisation des mères porteuses. En 2014, Sylviane se distingue de ses amis socialistes, approuvant comme eux l'idée du mariage pour tous, mais ne cachant pas publiquement ses réserves, voire sa franche hostilité, sur l'adoption par des couples homosexuels. Lionel est plus discret, sans doute, compte tenu de son poids politique à gauche, pour ne pas gêner son ami

François Hollande, désormais installé à l'Elysée. Mais ses doutes sont connus. De la même manière, ils sont tous deux d'accord pour rejeter la PMA, la procréation médicalement assistée, tout comme la GPA, la gestation pour autrui.

L'influence de Sylviane trouve son origine et sa légitimité dans la force et la solidité de ses convictions. Des convictions républicaines, au sens noble du terme. Le mari et la femme partagent cette valeur, et quelques autres, aussi essentielles qu'assez peu répandues dans le monde politique : la rigueur, le sens de l'intérêt général, la morale.

Philippe Séguin

Denyse, sa mère, ce héros...

Elle est là, droite et fière, dans la tribune réservée au public et aux proches. Ce 2 avril 1993, lorsque son fils, Philippe Séguin, est élu président de l'Assemblée nationale, sa mère, Denyse, vit à l'évidence l'un des moments les plus intenses de sa vie. Philippe a cinquante ans, sa mère soixante-douze. Et quand Philippe, à la tribune, évoque la mémoire d'un jeune homme de vingt-trois ans, son père, qui, « à l'appel du général de Gaulle, tomba à l'entrée d'un petit village du Doubs, un jour de septembre 1944, pour contribuer à la libération de la France », c'est l'émotion qui déferle. Denyse et Philippe, ce n'est pas une mère et un fils, c'est un couple. Solide, indestructible. Un couple qui a traversé les pires épreuves, puis gravi ensemble, une par une, les étapes décisives d'une carrière exemplaire. Sans sa mère, qu'il admire, jamais Philippe Séguin n'aurait connu cette ascension. Jamais il n'aurait eu ce destin. L'histoire de ce couple, à Tunis, puis dans le sud de la France, enfin à Paris, c'est la chronique d'une femme, veuve à vingt-trois ans, qui ne vivra que pour son fils. Une femme dont l'influence, considérable, sera, au fil des années, une telle évidence pour Philippe qu'il ne s'en cachera jamais. Au contraire, il l'affichera, la revendiquera. « Ce que j'ai pu devenir ou faire, c'est à elle, totalement, que je le dois. Je ne pourrai ni ne saurai jamais lui marquer la reconnaissance que je lui dois[1] », écrira-t-il, ému et reconnaissant.

Le drame familial se noue le 7 septembre 1944. Philippe est âgé d'un an et demi à peine. Son père, Robert Séguin, un athlète, ancien champion d'Afrique du Nord du 110 mètres haies, est aspirant au 4e régiment de tirailleurs tunisiens. Au cours des combats, quelques semaines avant de devenir officier, il tombe dans une embuscade. Fauché par trois balles, dont l'une dans la tête, il meurt sur le coup. Dans un petit cahier que Philippe recevra de sa mère le jour de ses sept ans, elle fait dans le détail le récit de ce drame et lui écrit : « Voilà, mon fils, la fin de ton papa. Suis son exemple de bravoure. Sois courageux, bon, honnête. Je te laisse ses notes et toutes nos lettres. Voilà ton héritage[2]. » Une feuille de route que son fils n'oubliera jamais, et suivra toujours. Quelques mois plus tôt, le 11 novembre 1949, à Tunis, Philippe, seul enfant présent, a reçu la croix de guerre et la médaille militaire de son père. Une scène qui le marquera pour longtemps. Avec Denyse, il ne cessera de faire vivre le souvenir de cet homme, son père, et de son régiment. Ainsi, c'est après en avoir parlé avec sa mère qu'il refusera, en 2002, de recevoir la Légion d'honneur que souhaite lui donner Jacques Chirac au titre d'ancien parlementaire. « Quels que soient les services que j'ai pu rendre, ils ne seront jamais à la hauteur de ceux rendus par mon père, et je ne saurais en conséquence accepter une distinction qui lui

1. Philippe Séguin, *Itinéraire dans la France d'en bas, d'en haut et d'ailleurs*, Seuil, 2003.
2. *Ibid.*

avait été refusée[1] », expliquera-t-il. Du Séguin pur sucre, pétri de morale républicaine, et aussi d'une forme d'orgueil. Un exemple de ces valeurs, de ce sens du devoir, que Denyse ne cessera, des années durant, de lui transmettre. Inlassablement, Philippe Séguin rendra hommage à cette mère qu'il vénère : « D'où vint ce sens de la dignité qui allait dicter à une si jeune femme, belle, séduisante, enjouée, brillante, une telle détermination et un tel engagement, elle qui, une fois le délai de décence passé, se retrouvait courtisée et recherchée, mais s'imposait, à cause de moi, une vie trop souvent quasi monacale[2] ? », s'interrogera son fils. « Tout ne lui fut pas toujours facile. En fait, rien ne lui fut donné. Elle eut tout à construire. A arracher », dira-t-il le jour des obsèques de sa mère. D'abord surveillante, puis institutrice, avec des « petits boulots » pour arrondir les fins de mois, elle poussera le plus loin possible l'exigence et l'exemplarité dans l'éducation de Philippe. Surtout, elle lui enseigne des principes qui deviendront, pour lui, une véritable doctrine de vie. Intransigeance, honneur, fidélité : ce sera désormais, et parfois avec excès, la ligne de conduite de son fils.

« La France est ton père de remplacement », dit souvent Denyse à Philippe. Elle l'élève avec rigueur. Parfois même au-delà. Son fils envisage une aide de ses grands-parents ? « Nous ne sommes pas des mendiants. Alors, nous ne demandons rien à personne. On fait avec ce qu'on a », lui réplique-t-elle. Un oncle lui offre un sac de couchage en duvet avant son départ pour un camp de scouts ? Philippe a droit « à la raclée de sa vie ». Ce qui compte, et comptera,

1. Philippe Séguin, *Itinéraire dans la France d'en bas, d'en haut et d'ailleurs*, *op. cit.*

2. *Ibid.*

chez les Séguin, c'est le travail, l'effort, le mérite. « Elle refuse l'aide et les propositions généreuses de ses beaux-parents qui souhaiteraient nous accueillir et nous prendre en charge. Et elle décide de travailler, pour élever avec ses seuls moyens le fils qui lui a été donné. Elle m'aura appris, jour après jour, que celui qui n'a rien dispose d'un trésor inestimable dont il doit être le gardien vigilant : sa dignité. Pour ma part, je lui dois tout. Elle m'a tout appris. Il suffisait de la regarder faire, y compris quand elle était angoissée des fins de mois à venir. Elle n'aurait rien demandé à personne », dira Philippe, au bord des larmes, lors des obsèques de Denyse.

Sur ses carnets scolaires, à la ligne « Profession du père », Philippe écrit : « Mort pour la France. » Et à la rubrique « Renseignements particuliers » : « Pupille de la nation. » Comme il l'explique en juillet 2005[1], Séguin a décidément un lourd fardeau à porter. Dans un tête-à-tête permanent et exclusif avec sa mère, il assure et assume parallèlement deux destinées, la sienne et celle de son père, à la fois absent et omniprésent. Aux yeux de sa mère, il doit avoir une sorte d'obsession : se montrer à la hauteur. Philippe a aussi deux pays : la Tunisie, sa terre natale, et la France, qu'il rejoindra bientôt, après l'indépendance tunisienne. D'où ce tourbillon permanent qui le perturbe et le motive à la fois. Sa personnalité attachante et fragile, atypique et fougueuse, rigide et volcanique, originale et tranchante, vient clairement de cette longue période troublée et intense. Il est aussi pudique, à l'image de Denyse, qui lui met la main devant les yeux au cinéma lorsqu'elle juge une scène un peu trop osée. Philippe Séguin, c'est donc, à la fin de l'enfance,

1. « Entre parentèle », France Inter, 3 juillet 2005.

ce mélange détonnant qui fera de lui ce personnage ardent et tonitruant.

Sa conscience politique, ses convictions, son sens aigu de l'Etat, le jeune Philippe va les acquérir progressivement auprès d'une mère qui a de l'ambition pour deux. L'actualité le passionne. Bouleversé à onze ans par l'humiliante chute de Diên Biên Phu, c'est son arrivée en France qui va créer le déclic. Mal reçu, Philippe se sent déraciné. Il y a, plus généralement, dans sa famille un sentiment de déclassement. Il expliquera plus tard que seuls peuvent réellement comprendre celles et ceux, les rapatriés, qui ont vécu ces moments douloureux. Son apprentissage commence. Ce mal-être va le convaincre peu à peu qu'il doit et devra se battre pour lutter contre les inégalités et les injustices, faire bouger les choses. Bref, pour être utile. La mère, qui s'est remariée, et le fils partagent ces idées. Taiseux, ils se comprennent sans toujours parler. Son choix est fait, son itinéraire identifié. Ses premiers succès, c'est au lycée, puis dans les études supérieures qu'il va les obtenir. Avec un passage par le journalisme au *Provençal*, le grand quotidien régional. Ecole normale d'instituteurs à Draguignan avec les deux bacs à la clé ; licence d'histoire ; Sciences-Po à Aix-en-Provence, dont il sort major avec un 18 sur 20 au grand oral ; l'ENA promotion Robespierre, et une place de septième qui lui ouvre les portes de la Cour des comptes : Denyse est très fière de ce dernier diplôme, qu'elle juge symbolique, presque emblématique. Une consécration de leurs efforts communs. Mais elle n'en rajoute pas. Elle aurait préféré pour son fils une carrière plus tranquille, dans l'enseignement par exemple. Elle a vite compris qu'il était vraiment tourné vers l'action politique. Elle va donc, discrètement mais sans états d'âme, l'accompagner. Rarement un compliment, mais un regard bienveillant de la part de cette femme dont les convictions sont plutôt de gauche. Sans qu'il le sache dans un premier temps, elle gardera toutes les coupures de presse le concernant. Philippe fait ses premières armes politiques au cabinet du Président Pompidou, à l'Elysée, où il est chargé notamment de l'agriculture et des rapatriés. Puis, c'est le grand saut électoral. Denyse, d'abord inquiète, est vite rassurée. Le voici successivement député des Vosges, maire d'Epinal, ministre des Affaires sociales et de l'Emploi, président de l'Assemblée nationale, président du RPR... Sa mère est ravie, mais reste effacée. Au fond, et c'est le discours qu'elle lui tient au téléphone ou dans les réunions familiales, elle préfère le « séguinisme » à la carrière de son fils. Elle apprécie son idée du gaullisme social, son volontarisme.

Denyse n'est pas hostile à ce souverainisme qu'il défend, au risque d'apparaître comme un adversaire de la construction européenne. Elle a été émue lorsque, avec Jacques Chirac et Michel d'Ornano, il a fait partie de la quarantaine de députés de droite et du centre à avoir voté en 1981 en faveur de l'abolition de la peine de mort. D'autant, honneur suprême pour cette famille en quête de reconnaissance républicaine, qu'au titre de vice-président de l'Assemblée, assis ce jour-là dans le fauteuil du célèbre perchoir, c'est lui qui a proclamé les résultats de ce vote historique. Elle a suivi avec passion la campagne pour le référendum sur Maastricht, et bien sûr le duel entre François Mitterrand et son fils dans le grand amphithéâtre de la Sorbonne. Et finalement, considérant avoir obtenu satisfaction sur l'essentiel, ayant estimé que la feuille de route familiale avait été respectée, elle s'accommode fort bien de sa décision de quitter la vie politique à la création de l'UMP. Elle connaît depuis si longtemps le caractère éruptif de Philippe, ses colères mémorables, ses emportements spontanés, sa susceptibilité sourcilleuse ! Elle ne s'étonne donc pas que son fils ait si mal réagi à cette idée de regroupement de la droite et du centre, une initiative contraire à sa conception du gaullisme. Au fond, expliquera-t-elle plus tard, en 2004, quand il aura été nommé à la tête de la prestigieuse Cour des comptes, qu'il va rénover et dynamiser, cette nouvelle responsabilité lui convient comme un gant. On y aime la cohérence des idées, la défense de l'intérêt général, la lutte contre les conservatismes et les corporatismes, le respect de certaines valeurs, le sens de l'Etat. Philippe Séguin se plaira beaucoup dans ce qui sera sa dernière grande responsabilité. En harmonie avec lui-même. Et avec sa mère.

Avec ses deux épouses successives, Marie-Violaine puis Béatrice, qui travaillera un temps à ses côtés au cabinet des Affaires sociales et de l'Emploi, il partagera ses angoisses, régulières, ses états d'âme, fréquents, et ses impatiences, nombreuses et bouillonnantes. Selon ses propres mots, ses quatre enfants suivaient son action politique « avec un certain détachement[1] ». Excès de retenue d'un père pudique ? Car ils s'intéresseront de près à son bilan, à ses réalisations locales, à ses réformes, à ses discours. L'une de ses deux filles, Catherine, qui mène aujourd'hui une carrière préfectorale, dialogue souvent avec son père depuis qu'elle est allée, sans le prévenir, l'écouter dans une réunion politique. Elle se souvient de ces conversations politiques intenses et passionnées. Un jour, ils évoquent ensemble des rumeurs sur une éventuelle nomination au ministère de l'Education nationale. « La boucle serait bouclée », lui répond Philippe.

1. Philippe Séguin, *Itinéraire dans la France d'en bas, d'en haut et d'ailleurs*, *op. cit.*

Toujours la référence à sa jeunesse, et à sa mère institutrice. Denyse meurt en octobre 2009. Son fils, inconsolable, ne lui survivra que quelques mois. Il est littéralement fracassé par cette disparition. « Enfant, je me suis souvent interrogé devant elle sur ce que pouvait bien être le paradis. Depuis cette matinée où j'ai appris la nouvelle, si redoutée, j'ai la réponse. Le paradis, c'est l'endroit où nous serait donné le bonheur de la retrouver. Et d'être auprès d'elle. Pour la chérir et pour l'aimer. Pour toujours », dira-t-il, bouleversé, le jour des obsèques. Au lendemain du décès de Denyse, l'un de ses plus vieux amis lui écrit : « Nous savons tous les deux que la seule femme qu'un homme aime vraiment tout au long de sa vie, c'est sa mère. » Philippe appelle ce proche sur-le-champ : « Tu es le seul à m'avoir dit, ou écrit, cela. Tu as tout compris. Voyons-nous très vite. » Rendez-vous est pris. Ravagé par la douleur, il ne dira finalement pas un mot de sa mère. Pudique, digne et exclusif, jusqu'au bout... Comme Denyse.

Alain Juppé

Marie, Christine et Isabelle

« C'est probablement le meilleur d'entre nous. » Lorsque Jacques Chirac, le 5 septembre 1993, adoube ainsi Alain Juppé, quand, d'une phrase, il en fait son dauphin, son héritier, il ne se doute pas que sa formule comporte certainement, aux yeux de la mère du futur Premier ministre, un mot de trop. « Probablement. » Car pour Marie Juppé, sa mère, Alain est sans conteste, évidemment, naturellement, le meilleur. C'est une certitude, pas une probabilité. Encore moins une hypothèse. « Maman était, avec moi, d'une intransigeance dont nos chérubins n'ont pas idée. Elle avait décidé une fois pour toutes que mes dons me faisaient obligation d'occuper la première place[1] », écrira-t-il plus tard. A la fois sévère, généreuse et exigeante, possessive et parfois difficile, la mère d'Alain est un vrai tempérament. Une maîtresse femme qui choisira de pousser son fils vers les sommets et ne laissera rien au hasard. Volontaire au point que certains la surnomment « la tsarine ». Elle admet ce goût prononcé pour l'autorité. « Il me craignait assez[2] », dira-t-elle en 1988. Quand il n'avait que la deuxième ou troisième note

1. Alain Juppé, *La Tentation de Venise*, Grasset, 1993.
2. « Questions à domicile », TF1, 24 mars 1988.

de la classe, il faisait un détour avant de rentrer chez lui, anticipant la réaction de sa mère, raconte l'intéressé, invité du célèbre « Divan » d'Henry Chapier[1]. L'ambition, une ambition affirmée et assumée : c'est le message transmis par Marie. Dès lors, tout sera fait pour que ce surdoué, quoi qu'il arrive, réussisse. Un objectif, un seul : où qu'il soit, qu'il devienne le chef. Il le devient peu à peu. Premier à l'école, premier à créer un journal au lycée, premier à écrire des poèmes à l'âge de l'adolescence, premier des enfants de chœur au point que, vers sept ou huit ans, il s'imaginait devenir pape ! « Quand je parvins à convaincre ma mère que la pratique du sport ne contrarierait pas le bon déroulement de mes études, au contraire, j'ai même obtenu un accessit de gymnastique[2] ! » s'amusera-t-il. Bachelier à dix-sept ans, déjà distingué par un premier prix au Concours général de grec et de latin, normalien à dix-neuf, agrégé de lettres classiques, il suivra la voie royale. Sciences-Po, l'ENA dans la promotion Charles-de-Gaulle. Sa mère surveillera tout cela pas à pas, prodiguant conseils et encouragements. Mais se montrant toujours sévère s'il n'est pas le premier. C'est pour cette raison qu'il la redoute parfois, qu'il craint certaines de ses réactions si le succès n'est pas immédiatement au rendez-vous. Après une éphémère vocation de chirurgien, car Marie rêvait qu'il devienne un grand professeur de médecine à Bordeaux, Juppé se tourne donc vers la vie publique. Sa mère est, comme son mari, une gaulliste de la première heure. Alain suivra ses traces. C'est Mai 68 qui le convainc de s'engager du côté de la droite gaulliste, puis chiraquienne. Et pourtant, comme le confesse Juppé en 2006[3], « la carrière

1. « Le Divan », France 3, octobre 1987.
2. Alain Juppé, *La Tentation de Venise*, *op. cit.*
3. Alain Juppé, *France, mon pays. Lettres d'un voyageur*, Robert Laffont, 2006.

politique n'était pas celle dont elle [ma mère] avait rêvé pour moi. Avec ce mélange d'audace et de crainte qui était dans son caractère, elle ne cessa jusqu'au bout de regretter mon choix, ou, en tout cas, de paraître le regretter». Elle l'aurait préféré ambassadeur ou professeur de médecine. Malgré ces réserves, Marie ne rate aucun épisode. Ni la tentative malheureuse aux législatives de 1978 dans son département des Landes, ni son ascension auprès de Jacques Chirac, notamment à la Mairie de Paris et au RPR. Chirac et Marie vont d'ailleurs devenir très complices. Il lui téléphone souvent pour parler de son fils. « Il ne mange rien. Il faut le faire manger», lui lance fréquemment, amusé, le futur Président qui estime qu'un Juppé trop maigre ne pourra pas percer. L'entrée d'Alain au gouvernement en 1986 comble sa mère. Elle le juge irrésistible. Et ne s'étonnera pas de la suite, qui lui semble logique, avec bien sûr la nomination comme Premier ministre en 1995. L'arrivée de Juppé à Matignon, c'est une véritable consécration aux yeux de cette mère qui n'a jamais douté de l'avenir de son fils.

Ce qu'Alain Juppé a reçu de sa mère, c'est ce qu'on appelle aujourd'hui une éthique de responsabilité. Mais aussi une pudeur qui passe souvent pour de la raideur et de la rigidité. Le Juppé « droit dans ses bottes », c'est sa mère. Le Juppé loyal jusqu'au bout, qui paie clairement devant la justice pour un système collectif et se voit condamner à un an d'inéligibilité dans l'affaire des emplois fictifs de la Ville de Paris ? C'est encore l'héritage de cette mère, disparue quelques semaines avant le terrible verdict de la cour d'appel. Telle que sa famille la décrit aujourd'hui, elle aurait sans doute approuvé le départ en forme de retraite provisoire pour le Québec. « On ne se remet jamais tout à fait de son enfance», a l'habitude de dire Juppé, qui décrivait sa mère comme « la réincarnation du pélican prêt à sacrifier ses propres entrailles pour ses enfants[1] ». Lui-même, il le sait et n'hésita jamais à le rappeler, doit beaucoup à cette mère dont l'influence a été déterminante. L'amour qu'il lui portait était connu de sa famille et de ses amis. Tous ceux-là seront bouleversés en mesurant le chagrin et la tristesse d'un Alain Juppé en larmes le jour des obsèques de sa mère, en octobre 2004.

Alain et Christine, sa première femme, c'est l'histoire d'un amour de jeunesse. Il n'a pas vingt ans lorsqu'ils se marient, au début de l'été 1965. Si semblables et si différents. Ils ont en commun le goût des lettres, la foi, un grand appétit culturel, une envie d'évasion et de voyages. Elle est enseignante, passionnée de cinéma et d'éducation artistique, originale, curieuse de tout. Elle s'intéressait aux combats de Mai 68 quand lui les contestait. Et c'est la politique qui va les séparer. Elle déteste ce milieu qu'elle connaît peu et ne souhaite pas vraiment connaître. Elle n'était pas préparée à accompagner et à soutenir une carrière politique, avec tous les aléas et toutes les difficultés qu'elle comporte. Elle s'efforcera de jouer le jeu loyalement, mais la réalité s'imposera assez vite. Elle ne semble pas être construite pour cela. La vie familiale, avec leurs deux enfants, Laurent et Marion, en est affectée. Le fossé va se creuser. Inexorablement, jusqu'au divorce. La vie publique, avec ses lourdeurs et ses contraintes, a eu raison de ce couple et de cet amour de jeunesse.

Avec Isabelle, la seconde femme d'Alain Juppé, c'est la politique qui, à l'inverse, va les rapprocher. Isabelle est à

1. Alain Juppé, *La Tentation de Venise*, *op. cit.*

cette époque journaliste au quotidien *La Croix*, chargée notamment des problèmes de défense. Seize années d'écart avec Alain, qu'elle épouse fin avril 1993, lorsqu'il est ministre des Affaires étrangères pendant la difficile cohabitation Balladur-Mitterrand. Un couple amoureux, complice et complémentaire. « Je ne sais toujours pas perdre mon temps, me laisser aller à cette forme de plaisir dont je goûte chaque instant mais dont je hâte le terme[1] », pensait Alain en 1991. De ce point de vue, selon la plupart de leurs proches, Isabelle le changera. Elle exercera une vraie influence sur celui qui devient Premier ministre de Jacques Chirac en mai 1995. Passionnée par la vie politique, dont elle connaît professionnellement la plupart des acteurs, elle suit avec attention chaque épisode. Les bons moments, les débuts à Matignon notamment, et la mairie de Bordeaux, cette ville qu'elle se met à aimer et que son mari rénove avec énergie et imagination. Les moments difficiles aussi : la maladresse des « juppettes », ces douze femmes présentes dans le premier gouvernement Juppé, dont quatre seulement resteront dans la seconde équipe, moins de six mois plus tard ; les grandes grèves de fin 1995 ; la dissolution ratée de 1997 ; et, bien sûr, les gros ennuis judiciaires de Juppé avec, fin 2004, cette condamnation terrible à un an d'inéligibilité dans l'affaire des emplois fictifs de la Mairie de Paris. Alain démissionne immédiatement de la mairie de Bordeaux. Le couple affronte cette tempête plus soudé que jamais. Dans ces circonstances, Isabelle tient le choc. Alain risque de craquer ? Elle l'apaise. Elle l'encourage à changer de vie. C'est le départ pour le Québec. Cette année d'absence et d'éloignement aurait pu devenir un exil ou un purgatoire. Aux côtés d'Isabelle, ce sera en réalité, et

1. Alain Juppé, *La Tentation de Venise*, *op. cit.*

contre toute attente, un an de bonheur. Le couple est heureux. Elle adore cette ville de Montréal. Il apprécie ses activités d'enseignant après des débuts compliqués et un premier accueil mitigé. Il apprend la patience. C'est sans doute à ce moment que Juppé fait sa mue. Détendu, il continue, *via* Internet, à suivre, certes avec recul, l'actualité politique française. Mais il ne s'en mêle pas directement et quotidiennement. La présence de leur fille Clara et de Charline, la fille d'Isabelle, les réconforte quand il leur arrive d'avoir le mal du pays. Et le retour en politique, vivement encouragé par Isabelle, sera couronné de succès. A l'automne 2006, Alain Juppé est réélu largement maire de Bordeaux. Dès lors, il est remis sur orbite avec la bénédiction de sa femme. Il soutient l'année suivante un Sarkozy vainqueur. Il est nommé ministre d'Etat chargé de l'Ecologie, du Développement et de l'Aménagement durable dans le premier gouvernement Fillon. Sa défaite imprévue aux législatives, dans la foulée de la présidentielle de 2007, aurait pu l'abattre. Grâce à Isabelle, il surmonte sans drame cet échec et se consacre à sa ville de Bordeaux. Trois ans plus tard, en 2010, il revient au gouvernement, à la Défense puis aux Affaires étrangères. Finie, la tentation de Venise...

Selon ses proches, Isabelle est prête aujourd'hui à affronter le plus difficile, la plongée dans l'arène présidentielle. Elle sait qu'il s'agit d'un véritable parcours du combattant. La primaire ouverte face à Nicolas Sarkozy ne l'effraie pas. Connaissant le monde politique aussi bien que les médias, elle est consciente qu'elle aura un vrai rôle à jouer. Dans cette campagne, Alain Juppé aura besoin d'elle. Elle peut mieux que quiconque canaliser ses réactions et son énergie, tempérer son caractère, le protéger. Et jouer la carte de l'humour dans les moments difficiles. Sereinement. Tranquillement.

François Bayrou
Les leçons d'Emma

Il a toujours vécu au milieu de femmes. Entouré de femmes. Dans sa vie familiale comme dans sa vie politique. Une présence fondatrice pour cet agrégé de lettres classiques qui a plongé très tôt dans la vie publique. Emma, la mère ; Elisabeth, l'épouse ; Marielle de Sarnez, la complice politique : ces trois femmes ont pesé lourd dans le parcours étonnant de ce Béarnais têtu et obstiné, pétri de vraies convictions et amateur de nobles batailles, celles qui portent sur les idées et non sur l'écume des choses. Chez ces trois femmes en particulier, chez les femmes en général, Bayrou ne cherche pas, comme nombre de ses amis ou de ses ennemis politiques, une présence, un réconfort, un simple soutien. Ce sont des partenaires à part entière. Il partage, il dialogue, il entend. Et il écoute. Leur influence est déterminante. Avec les hommes, qu'il s'agisse de son père, de ses proches amis ou de ses collaborateurs, François Bayrou a souvent des rapports directs, francs, parfois virils. A l'ancienne. Il hésite longtemps avant d'accorder sa confiance. Avec ces trois femmes-là d'abord, avec ses trois filles aussi, il y a une complicité réelle, une vraie connivence. Elles lui sont indispensables. Il en parle volontiers aujourd'hui, pour mieux expliquer d'où il vient. Et où il va.

Emma, la mère, est le fil conducteur de toute une vie. Son mari a dix ans de plus qu'elle. C'est un agriculteur cultivé et idéaliste, amateur de poésie, imprégné de La Fontaine, Chateaubriand et Victor Hugo, ancien maire de cette petite commune de Bordères, le berceau familial. Quand il disparaît brutalement, au printemps 1974, François n'a pas encore vingt-trois ans. Il est déjà marié et père de deux enfants. Sa mère en a cinquante-six. Tous les deux, ils vont prendre en main l'exploitation familiale, une dizaine d'hectares, en se répartissant les tâches quotidiennes. Un véritable apprentissage, presque une démarche initiatique, pour celui qui, un mois tout juste après la mort de son père, réussit son agrégation. De son père, il hérite un amour absolu pour la littérature classique, un appétit gargantuesque pour la lecture et un goût particulier pour les longues discussions sur la politique française et internationale. Quand, aujourd'hui, François Bayrou évoque cette époque, il le fait avec émotion. A table, dans cette famille, on lit et on parle des livres. Une convivialité culturelle devenue une tradition familiale, et que Bayrou poursuivra, en l'adaptant, avec sa femme et leurs six enfants. Ceux qu'il a coutume d'appeler sa tribu. Emma, de son côté, lui transmet un socle de valeurs. François va les faire vivre. Il n'en déviera jamais, quels que soient les circonstances et les aléas, nombreux, de la vie politique.

Faire son devoir. C'est le premier principe, la morale d'Emma. Ce pourrait même être la devise familiale, à travers les générations. François n'a que cela en tête lorsque, à la mort de son père, il devient, d'une certaine manière, le chef de famille. Sa mère est plus qu'un exemple. Un modèle. Après la guerre, et avant de se marier, à trente-deux ans, elle a été couturière à Pau. Et a gardé de cette expérience un sentiment de précarité et une vraie prise de conscience : la nécessité de combattre l'injustice sociale. Son fils en convient des années plus tard. Il y puisera l'une des raisons de son engagement militant. Son père était démocrate chrétien, membre du MRP. François suivra ses traces. Emma ne cherche pas à l'influencer. Elle n'encourage ni ne freine cette vocation précoce. Mais elle lui apprend l'exigence, notamment avec soi-même, la nécessité du collectif, un principe essentiel dans ce pays de rugby, et l'utilité d'un certain détachement. Plus, sans doute, l'ambition et une forme d'orgueil. Avec sa mère, François a tant de points communs ! Ils aiment tous les deux le travail bien fait. Ils cultivent une certaine pudeur. Ils entretiennent un rapport particulier, presque charnel, avec la nature. Et, bien entendu, ils partagent la même passion pour la lecture. Chaque semaine, Emma emprunte cinq romans à la bibliothèque municipale. Elle ne les lit pas, elle les dévore. Comme François, qui ne peut passer une journée sans lire... et sans écrire. La carrière politique de son fils, sa mère va la suivre avec attention, mais avec discrétion. A sa manière. Elle le met en garde contre la cruauté du milieu politique. Elle ne s'enivre pas des premiers succès de François : conseiller général à trente ans, conseiller municipal de Pau, député en 1986, ministre de l'Education nationale de 1993 à 1997, sous les gouvernements Balladur puis Juppé. Elle se passionne pour les campagnes présidentielles de 2002 et 2007. Et François s'étonne, ravi, de la voir, au fil des années, de plus en plus assidue, chaque jour mieux informée sur la vie politique, ses arcanes, ses coups de théâtre, ses ombres et ses lumières. Elle reste critique vis-à-vis du pouvoir, de ses excès et de ses poisons. Elle ne cherche pas à peser sur les choix de ce fils qu'elle admire sans le lui dire. Elle est là, tout simplement. Avec ses valeurs, intangibles, et sa morale, sans concessions. A sa mort, fin novembre 2009, son fils est inconsolable. Il l'est encore aujourd'hui, et en témoigne volontiers. Plus que jamais décidé à respecter ses leçons, cette éthique républicaine qu'elle lui a transmise.

Avec Elisabeth, son épouse, l'influence n'est pas de même nature. C'est celle d'une complice de chaque instant, de chaque jour. « Babeth », il la connaît depuis les bancs de la faculté, à Bordeaux. Dès le début, c'est un vrai couple, solidaire et complémentaire. Joyeux aussi, quand les six enfants, et les onze petits-enfants sont là, rassemblés. Ils tiennent tous les deux à ce qu'elle reste à l'écart, loin du tumulte et des jeux politiciens. Depuis que François Bayrou s'est engagé dans la vie publique, il y a plus de trente ans, Babeth n'a jamais participé à un « dîner en ville » à Pau, son fief, près de cette maison de Bordères qu'ils adorent. Tout juste a-t-elle, à la demande de François, accepté ce qui apparaît aujourd'hui incontournable dans une campagne présidentielle, des photos pour *Paris Match* et des images pour la télévision, en l'occurrence le magazine « Envoyé spécial » sur France 2. Et l'on se souvient de sa présence, rarissime, fin 2001, au congrès de l'UDF qui a lancé la campagne de son mari pour 2002. En privé, ils parlent beaucoup, dans la plus grande liberté et avec humour, des grands choix de François. Et ses opinions pèsent lourd. Elle vient de la droite et a rejoint les idées d'un centre autonome et indépendant. Leurs rares désaccords de fond portent sur certains sujets de société. Ainsi, catholique pratiquante, elle n'était pas favorable à la libéralisation de l'IVG. Elle n'a pas l'âme d'une militante. Elle raisonne et argumente. Avec justesse et réalisme. En 2012, c'est après avoir écouté avec attention, entre les deux tours, le discours très « droitier » de Nicolas Sarkozy à Toulouse consacré aux frontières qu'elle a approuvé, et sans réserves, la décision de son mari d'appeler, à titre personnel, à voter Hollande le 6 mai suivant. « Tu n'as plus le choix », lui a-t-elle confié ce jour-là, le renforçant ainsi dans sa détermination. Il rappelle aujourd'hui ce souvenir avec tendresse. Babeth et François ont une vraie divergence, la passion qu'il entretient pour les chevaux. Elle s'en amuse. Evocation de Rodolphe Geisler[1] : « [...] quand il est à la maison, il aime aller regarder pendant des heures ses chevaux devant la chaîne des Pyrénées. Sans bruit. [...] Quand [je] raconte [m]es visions de paradis perdu, confesse-t-il, “ma femme se moque de moi”. » Babeth est un esprit indépendant. Cette amoureuse de la musique tient à garder sa liberté, à conserver aussi un certain détachement. Influente, mais dans la coulisse.

Sur le terrain politique, la femme qui compte, parmi quelques autres, c'est bien sûr Marielle de Sarnez. De vraies convictions, notamment européennes, une vraie fidélité politique, à Giscard d'abord, puis, le temps passant, à Bayrou. Leur complicité est notoire. Depuis qu'ils se connaissent, à la fin des années 1970, ils se comprennent. Marielle en parle avec plaisir, heureuse du chemin qu'ils ont parcouru ensemble. Même s'ils dialoguent plusieurs fois par jour, ils n'ont pas forcément besoin d'échanger pour être d'accord. A l'UDF avant-hier, au ministère de l'Education nationale hier, au MoDem aujourd'hui, ils partagent les mêmes idées, la même ambition, le même projet. Bâtir un

1. Rodolphe Geisler, *Bayrou l'obstiné*, Plon, 2012.

centre autonome autour de quelques principes simples : une Europe fédérale redynamisée, une stratégie volontariste de désendettement, un effort national en faveur de la production française... Marielle a animé le cabinet de Bayrou à l'Education nationale. Elle a dirigé ses trois campagnes présidentielles. Elle est aujourd'hui l'incontournable numéro deux du MoDem. Les grandes décisions, ils les prennent le plus souvent ensemble : la stratégie électorale, les choix tactiques, les arbitrages fondamentaux. En 2007, après avoir dépassé les 20 % dans les intentions de vote, François Bayrou termine avec plus de six millions d'électeurs et 18,57 % des suffrages. Nicolas Sarkozy l'observe, Ségolène Royal se tourne vers lui. Il fait figure d'arbitre. C'est ensemble qu'ils décident que François ne rencontrera pas Ségolène en secret, ensemble qu'ils acceptent cependant un face-à-face inédit à la radio et à la télévision entre les deux tours, ensemble qu'ils choisissent le vote blanc au second tour. Un duo rare sur la scène politique française. Une sorte de « ticket » à l'américaine. Marielle est convaincue, expérimentée, intuitive. Une seule fois, ils se sont vraiment trouvés en désaccord.

Toulouse, 23 février 2002. Un meeting réunit les responsables du RPR et de l'UDF pour jeter les bases d'un parti unique, la future UMP. Bayrou n'est d'accord ni sur la méthode ni sur l'objectif. Contre l'avis de Marielle, il prend le risque d'aller le dire haut et fort sur place. « Les yeux dans les yeux. » Ce sera le fameux : « Si nous pensons tous la même chose, c'est que nous ne pensons plus rien. » A l'exception d'Alain Juppé, l'accueil est houleux. Ce jour-là, Bayrou a vraiment choisi l'indépendance, et parfois la solitude. Elle en convient. Pour François, Marielle est une boussole politique. Elle s'efforce de lui dire la vérité, souvent difficile à entendre. Elle commente franchement, sans détours, ses interventions médiatiques. Ils forment une équipe à eux deux, au risque de s'isoler. Une influence politique peu courante.

Nicolas Sarkozy
Dadu et les trois épouses

Elle est petite, mince, frêle. Presque fragile. Et pourtant, derrière ce physique délicat, il y a un sacré caractère. Andrée Sarkozy, Dadu pour sa famille et ses amis, c'est clairement la mère que nombre de futurs hommes politiques aimeraient avoir. Une personnalité en acier trempé. Une femme étonnante, une mère tendre et attentive. Proche de ses trois fils, Guillaume, Nicolas et François. Dadu est volontaire, déterminée. Une grande indépendance d'esprit. Libérale, ouverte aux autres. Ambitieuse pour ses trois garçons. A la fois rigoureuse et tolérante, exigeante et compréhensive. Le futur Président a grandi avec elle, auprès d'elle. Une influence essentielle. Comme celle qu'exerceront sur lui ses trois épouses successives, Marie-Dominique, Cécilia et Carla.

« Je n'ai pas aimé mon enfance » ; « A part d'un père, je ne manque de rien » : ces deux phrases font désormais partie de la légende sarkozyste. Elles illustrent une vie familiale marquée par la mésentente entre Dadu et Pal, son mari, un père lointain et ombrageux, un séducteur infidèle. Une personnalité qui détonne et qui dérange. Avec, pour son fils

Nicolas, des commentaires qui mettent pour le moins mal à l'aise : « Il est tout petit, il tient de Dadu. Pour faire de la politique, il faut avoir des complexes. Nicolas en a beaucoup[1]. » Le futur Président a quatre ans, à la fin des années 1950, lorsque ses parents se séparent. Evidemment, il vit très mal cette rupture. Dans la maison du 17e arrondissement de Paris où il habite avec sa mère et ses deux frères, Guillaume et François, il y a deux pivots, deux points d'ancrage : Dadu, combative et bienveillante, et son grand-père maternel, Benedict, un chirurgien que Nicolas adore. Le futur Président est à la fois accrocheur et casanier. C'est l'époque où il dévore littéralement les émissions télévisées qui deviennent peu à peu cultes : « Thierry la Fronde », « Le Grand échiquier », « Au théâtre ce soir », les magazines sportifs... et, un peu plus tard, tous les rendez-vous politiques. Après un honnête parcours scolaire, il choisira le droit et suivra les traces de sa mère qui, au lendemain de son divorce, ayant repris ses études, est devenue avocate à l'âge de trente-trois ans. Il prête serment en 1981. Dadu, pour son deuxième fils, c'est le repère absolu. Il aime chez elle la tendresse et l'affection bien sûr, mais aussi la liberté de ton, le franc-parler. Dadu est drôle, naturelle. Elle protège Nicolas au même titre que ses deux autres fils. Plus tard, quand elle deviendra la mère du chef de l'Etat, elle conservera ce lien privilégié sans toutefois apparaître impressionnée par la fonction. Combien de témoins l'ont entendue, lors de réceptions, ou lorsqu'il lui arrive d'accompagner son fils dans des déplacements officiels, rappeler à ses interlocuteurs, y compris à des chefs d'Etat, qu'elle est certes fière de Nicolas, mais qu'elle n'en oublie pas pour autant les deux frères du Président. Elle se comporte après l'élection de 2007 comme

1. Emilie Lanez, *Même les politiques ont un père*, Stock, 2015.

auparavant. Heureuse, bien sûr, assez inconditionnelle, mais ni exclusive ni exaltée. Normale. Analyse psychologique de Catherine Nay sur cette mère atypique et foncièrement positive : « Quand on doit assumer seule tous les rôles, il faut aller à l'essentiel. Donc, inutile de céder aux nostalgies et aux regrets. Les états d'âme ? Une perte de temps stérile. Un problème surgit-il ? Chouette, on va le dépasser. Et si l'on n'évoque que ce qui va bien, tout finit par aller. Telle a toujours été sa philosophie[1]. » Une femme étonnante. Indispensable à son fils.

C'est Dadu que Nicolas appelle immédiatement à chaque étape de son ascension. Content de lui annoncer les bonnes nouvelles, satisfait de lui prouver qu'il a bien fait de s'engager sur la voie politique. Conseiller municipal de Neuilly à vingt-deux ans, maire en 1983 à la mort de son prédécesseur, Achille Peretti, conseiller général dans son futur fief des Hauts-de-Seine, conseiller régional : les mandats s'enchaînent à un rythme soutenu. Nicolas se fait connaître de Jacques Chirac, qui va le prendre sous son aile. Sa mère est aux anges. Parfois, elle craint que son fils n'aille trop vite, ne brûle les étapes, veuille tout, tout de suite. Mais elle a compris qu'il avait trouvé son chemin, et que rien ne l'en ferait dévier. Elle va donc l'encourager, le motiver. Une supportrice de choc. Influente et maternelle.

En septembre 1982, Nicolas a épousé Marie-Dominique. Une jeune Corse, très attachée à sa région. Une militante RPR, une vraie chiraquienne, qui rencontre Nicolas quand il est encore étudiant. Elle est chaleureuse et directe. Une personnalité que l'on remarque, qui surprend parfois, par son indépendance d'esprit, dans ce milieu de la droite

1. Catherine Nay, *Un pouvoir nommé désir*, Grasset, 2007.

traditionnelle de Neuilly. Ils ont deux fils, Pierre et Jean. Marie-Dominique a d'excellentes relations avec Dadu, sa belle-mère. C'est une mère parfaite. Elle partage les convictions, les objectifs et l'ambition de son mari. Catherine Nay : « Le maire veut plaire, s'intégrer. Ses fils Pierre et Jean portent les prénoms de deux paroisses de la ville. Marie, son épouse, fait le catéchisme. Un couple parfait. Neuillyssimo[1] ! » Bref, tout va bien... jusqu'à ce jour où il apparaît clairement que Nicolas regarde ailleurs, vers une nouvelle venue, Cécilia. Un choc. Un tournant dans la vie personnelle et politique du jeune maire.

Tout, ou presque, a été dit, écrit, entendu, raconté, déformé, simplifié et, bien sûr, amplifié, sur la rencontre entre Cécilia, mariée à l'animateur de télévision Jacques Martin, et Nicolas. Du premier regard jusqu'à leur décision de vivre ensemble, à la fin des années 1980. Ne nous attardons pas sur cette période de trouble et de passion, avec ses rebondissements romanesques. Ils se marient en octobre 1996. A cette date, la carrière de Nicolas est déjà bien engagée. Et l'équipe politique qu'il forme avec sa deuxième femme occupe déjà, depuis un certain temps, le devant de la scène. Le maire de Neuilly, accompagné au quotidien par Cécilia, a connu des hauts et des bas. Côté succès, une place incontestable au premier rang de la vie politique ; une présence recherchée dans tous les médias ; un passage réussi au gouvernement de 1993 à 1995, auprès d'Edouard Balladur qui, après Jacques Chirac, semble faire office de père de substitution ; une réelle emprise sur le RPR. Côté échecs, ou difficultés, l'hostilité affichée et assumée des chiraquiens qui n'ont jamais admis que leur ami Nicolas trahisse leur

1. Catherine Nay, *Un pouvoir nommé désir*, *op. cit.*

champion en 1994 en choisissant Balladur, son nouveau mentor ; une image pour le moins contrastée, un mélange d'énergie et de cynisme, de dynamisme et d'individualisme ; un positionnement très marqué à droite sur l'échiquier. Le duo Nicolas-Cécilia va prendre tout cela à bras-le-corps. Désormais, ils n'ont qu'un objectif : conquérir l'Elysée. Ensemble. Elle va s'y employer à plein temps.

Cécilia, c'est une lame. Tranchante. Inflexible, spontanée, tour à tour amicale ou cassante. « Je suis une personne simple qui a eu une vie compliquée[1] », résume-t-elle. Elle a hérité de son aïeul, le grand compositeur et pianiste espagnol Albéniz, dont elle fait interpréter une œuvre le jour de l'investiture de Nicolas, un goût prononcé pour les artistes, le spectacle, la musique. Des études de droit, une carrière rapide de mannequin, une place enviable dans le Tout-Paris, des réseaux dans le monde du show-business et de la télévision, un véritable amour pour la politique, dans laquelle elle se précipite « avec foi et enthousiasme[2] », qu'il s'agisse de stratégie ou de tactique. C'est l'alter ego de Nicolas. Un solide caractère, une volonté farouche d'avancer à tout prix, quels que soient les obstacles, quelles qu'en soient les conséquences. Intuitive et organisatrice hors pair. Un vrai sens politique. Des amis, nombreux, et des ennemis, presque autant. Ceux qui rencontrent le couple dans la petite salle à manger, en face de la mairie de Neuilly, sont quasiment unanimes. Il a besoin d'elle, de sa présence, de ses jugements, souvent à l'emporte-pièce, de ses commentaires. Elle parle beaucoup, plus que lui, qui n'avait pas, jusque-là, la réputation de savoir se taire et écouter. Gérante, régente. L'avenir va montrer que

1. Cécilia Attias, *Une envie de vérité*, Flammarion, 2013.
2. *Ibid.*

son rôle ne prête à aucune discussion. C'est l'époque où Nicolas dit de Cécilia : « Elle m'apaise [...] Son regard est plus lucide [...] Elle arrondit les angles[1]. » Pas un nuage entre les deux.

Jusqu'en 2005, Cécilia est partout. Sur tous les fronts. En permanence. Une grosse déception aux élections européennes de 1999, où Nicolas est devancé par la liste Pasqua-Villiers ? Elle le fait aussitôt rebondir, organisant une série de rencontres avec des journalistes pour mieux faire passer les « éléments de langage » du moment. La présidentielle de 2002 se prépare ? Elle s'efforce de calmer le jeu avec l'Elysée et les chiraquiens, présentant aux médias son mari comme le Premier ministre naturel en cas de victoire du Président sortant. Jean-Pierre Raffarin est préféré pour l'Hôtel Matignon ? Sitôt Nicolas nommé au ministère de l'Intérieur, elle s'installe à ses côtés, dans le bureau voisin. Hyperactive, omniprésente. En quelques mois, son mari caracole en tête des sondages de popularité. Partout, elle est chez elle. Tout, ou presque, passe par elle : l'organisation du cabinet, avec Claude Guéant qu'elle apprécie, le choix des collaborateurs, les déplacements, qui se multiplient, les réceptions, les remises de décorations, les déjeuners, les dîners, les discours. Un rythme infernal. Cécilia est chez elle. Le couple est à la une, souvent avec Louis, né en 1997, le portrait craché de son père. La présidentielle de 2007 approche. Sarkozy plane sur l'UMP, au grand dam de Chirac et de Villepin. Les sondages lui sont favorables. L'aller-retour à Bercy, où elle règne en maître, comme place Beauvau, ne change rien. Nicolas paraît inoxydable. Et Cécilia incontournable.

1. Nicolas Sarkozy, entretiens avec Michel Denisot, *Au bout de la passion, l'équilibre*, Albin Michel, 1995.

« Comme des milliers de familles, la mienne a connu des difficultés [...] Nous sommes en train de les surmonter [...] Je reste serein, je reste calme ; quand on touche à ceux que j'aime le plus, je dois les protéger, et c'est la seule chose qui compte[1]. » Ce jour-là, des millions de téléspectateurs sont pour le moins étonnés de voir le ministre de l'Intérieur commenter publiquement ses déboires sentimentaux. C'est que l'heure est vraiment grave. Les médias évoquent depuis quelque temps la liaison entre Cécilia et Richard Attias, un communicant intelligent et séduisant. Dans la coulisse, les adversaires de Sarkozy ricanent et ironisent, à l'image de Dominique de Villepin. Les amis de Nicolas s'inquiètent. Il lui fallait réagir. Il le fait à sa manière, directe. L'absence de Cécilia bouleverse tout. Sa vie personnelle comme sa situation politique. C'est à ce moment que chacun mesure son rôle. Presque aussi influente absente que présente.

La suite est connue. Après une rupture publique et des unes de magazines à répétition, Cécilia revient. Tout rentre – ou plutôt semble rentrer – dans l'ordre. Dès son retour, et comme si rien ne s'était passé, elle reprend sa place. Avec une autorité inchangée, voire renforcée. Avec aussi quelques comptes à régler avec celles et ceux qui, en son absence, avaient pris leurs distances. Dans l'immédiat, la campagne présidentielle approchant, elle met de côté ses arrière-pensées. Jusqu'à ce 6 mai 2007 où il est élu président de la République, Nicolas Sarkozy replace sa femme au centre du dispositif. Elle a son bureau au QG de campagne. Elle travaille aussi plus discrètement, chez elle. Pas un arbitrage logistique important qui ne passe par le feu vert

1. France 3, 26 mai 2005.

de Cécilia. La victoire finale est aussi la sienne. Mais en coulisse, plus l'élection approche, plus le climat est tendu. Elle n'accompagne pas Nicolas le soir du face-à-face avec Ségolène Royal. Catherine Nay révélera plus tard que la femme du Président n'est même pas allée voter au second tour. « Comment n'aurait-il pas reçu comme un soufflet le refus de Cécilia d'aller voter avec lui et, bien pire, de s'abstenir ? Une catastrophe : il connaissait trop le monde médiatique pour savoir que cette abstention serait bien vite connue. Elle le fut[1]. » Cécilia, on le sait, rejoint à contrecœur son mari place de la Concorde et à la désormais célèbre fête organisée au Fouquet's. Elle met encore sa patte personnelle dans l'équipe qui entourera le Président et dans le premier gouvernement qu'il forme. Elle a pour modèle Michelle Obama. Et elle s'installe très professionnellement au palais après la cérémonie d'investiture où elle arrive avec cinq enfants, ses deux filles, les deux fils de son mari et leur fils, Louis. Las ! Cinq mois plus tard, après l'épisode très médiatisé de la libération des infirmières bulgares otages du Libyen Kadhafi, la rupture est consommée. Le 15 octobre 2007, c'est le premier divorce d'un Président en exercice. Cécilia a choisi de partir. Définitivement. Pendant près de vingt ans, son poids aura été considérable. Une influence politique que personne, même chez ses ennemis, ne conteste. Avec Cécilia, le quinquennat de Nicolas Sarkozy n'aurait pas été le même. Son flair politique, son jugement et sa force de caractère ont peut-être, selon nombre de ses proches, manqué au sixième Président de la Ve République.

« Avec Carla, c'est du sérieux. » Ce 8 janvier 2008, les journalistes réunis dans la salle des Fêtes de l'Elysée ne

1. Catherine Nay, *L'Impétueux*, Grasset, 2012.

cachent pas leur stupéfaction. Certes, la liaison du Président et de la chanteuse à succès est déjà notoire. Les photos du couple à Disneyland, puis en Egypte, où ils ont passé quelques jours à Noël, ont fait le tour du monde. Et les circonstances de la rencontre entre Nicolas et Carla, lors d'un dîner chez leur ami commun, le publicitaire Jacques Séguéla, commencent à être connues. Mais le commentaire présidentiel en ce jour de conférence de presse est inattendu. Du coup, l'annonce du mariage, le 2 février suivant, surprend moins. Premier mariage d'un Président en exercice depuis 1931, quand le bon Gaston Doumergue épousait sa maîtresse juste avant de terminer son mandat. On découvre Carla Bruni sous un nouveau jour. On va bientôt comprendre que son rôle sera déterminant.

Elle est riche, séduisante, cultivée. Mannequin, elle a posé pour les plus grands photographes, les plus grands magazines, les marques les plus prestigieuses. Chanteuse, elle a connu un vrai succès. Première dame, elle révélera un nouvel aspect de sa personnalité. Carla a peu d'ennemis. Elle adore la politique, les débats d'idées plus que les jeux d'appareil et les combinaisons tactiques. Quand elle rencontre son futur mari, elle est, selon ses très nombreux amis, franchement à gauche. Sensible aux droits de l'homme, à la défense des plus démunis, à la solidarité. Elle va vite épouser la plupart des convictions de Nicolas. Elle s'implique dans la vie élyséenne. Elle tempère les impatiences et les emportements de l'hyper-Président. Au palais, on murmure qu'elle canalise l'énergie de son mari, qu'elle lui ouvre des portes et des horizons qu'il connaissait peu. Son influence est d'abord artistique. Elle s'intéresse à la télévision, qui le passionne, lui qui aurait aimé, dans une autre vie, diriger un grand groupe audiovisuel. Lorsqu'il reçoit, ce qui est fréquent, des acteurs du monde médiatique, artistes, animateurs, producteurs, responsables de chaînes, présentateurs, elle est souvent présente. Dans sa maison parisienne comme au cap Nègre, elle lui organise des déjeuners et des dîners avec des comédiens et des chanteurs. Elle lui conseille des lectures, plutôt de grands classiques. Ils regardent ensemble, le soir, et à haute dose, des films, des séries et des documentaires. Elle intervient dans des nominations, comme celle de Frédéric Mitterrand à la Villa Médicis ou, plus tard, au ministère de la Culture. Bref, sur ce terrain, son rôle est central. En même temps, elle s'occupe activement de sa Fondation qui a pour objet de « faciliter l'accès à la culture, à l'éducation et au savoir afin de lutter contre les inégalités sociales ». Elle s'investit également dans la lutte contre l'illettrisme et le combat contre le sida. On sait moins qu'elle suit de près, de très près, l'actualité politique nationale et internationale. Et pas seulement en dialoguant avec des personnalités comme le Dalaï-Lama. Carla n'hésite pas à donner des avis, des conseils. Elle fait passer des messages. Elle s'efforce parfois d'arrondir les angles, de jouer la carte de la modération auprès du Président. Et pendant la campagne de 2012, il lui arrive, y compris devant témoins, de contester telle ou telle décision, en particulier lorsqu'il s'agit des orientations très droitières suggérées ou imposées par Patrick Buisson. Elle s'oppose à l'éminence grise de Nicolas en approuvant par exemple la nomination de Nathalie Kosciusko-Morizet, qu'elle apprécie, comme porte-parole de son mari. Elle tente de recentrer son époux, avec plus ou moins de succès.

Solidaire, bien sûr, mais vigilante aussi. La défaite ne la surprend pas, mais elle l'affecte, évidemment. Pas de regrets en quittant ce palais qu'elle n'a pas beaucoup aimé. Mais, le soir de la défaite, elle l'incite, comme d'autres, tel Henri Guaino, à laisser une porte politique ouverte et à ne pas annoncer prématurément un départ définitif. Et, peu à peu, comme Nicolas, elle commence sérieusement à penser à la suite, et donc au retour. Elle est totalement consciente, pendant sa tournée de concerts en 2014, que le public vient autant pour son mari, presque toujours présent, que pour elle. Elle s'en amuse, volontairement complice de cette situation. Dans son nouveau répertoire, agrémenté sur scène de commentaires politiques ironiques, elle égratigne Hollande avec des compositions comme « Le pingouin ». Elle soutient clairement la stratégie de la reconquête. Sa participation fréquente aux meetings de son mari en témoigne. En privé, elle affirme aussi ses positions, par exemple son hostilité à la remise en cause ou à l'abrogation de la loi Taubira sur le mariage pour tous. Fin mai 2015, lors du congrès fondateur du nouveau mouvement, Les Républicains, elle porte un tee-shirt sur lequel sont écrits ces mots : « L'alternance est en marche. » Elle a envie, elle aussi, de revenir. Le goût du pouvoir, mais aussi une forme de revanche, vis-à-vis notamment des médias, qu'elle critique sévèrement.

Dadu, Marie-Dominique, Cécilia, Carla : toutes ces femmes ont pesé sur le destin de Nicolas Sarkozy. Elles ne sont pas les seules. Deux personnalités ont aussi beaucoup compté, Bernadette Chirac et Simone Veil. Avec Bernadette, c'est une valse à trois temps : la complicité, la rupture et la réconciliation. Elle est complice lorsque le jeune Nicolas, espoir de la politique, chiraquien pur et dur, fait partie du premier cercle. Elle rompt, avec des mots très durs, presque définitifs, quand le protégé de son mari choisit Balladur en 1994 et mène une campagne active et agressive contre le maire de Paris. Elle décide, seule, au début des années 2000, et sans le moindre feu vert de son mari, de tendre la main à Sarkozy, de le réintégrer dans le dispositif présidentiel, en particulier pour la campagne de 2002. Elle a oublié, sinon pardonné, la trahison de 1994 et les critiques fréquentes contre le Président, de 2002 à 2007. Progressivement, depuis la réélection de Jacques en 2002, Bernadette, impressionnée par l'énergie du nouveau ministre de l'Intérieur, va tout simplement, et résolument, se ranger derrière lui, contre l'avis de son mari, de sa fille Claude et de son gendre, Frédéric Salat-Baroux, ancien secrétaire général de l'Elysée. Elle devient la première des groupies, le chef de file des supporters. Interdit désormais de faire la moindre critique sur Nicolas devant Bernadette. Elle approuve tout, lui passe tout. Oubliées, les phrases assassines des deux côtés, le « Je décide, il exécute » de Chirac, la référence aux « rois fainéants » venant de Sarkozy. Au premier rang pendant la campagne de 2012, elle est l'une des premières, après la défaite de son poulain, à souhaiter le retour de Sarkozy. Elle est à peine plus sévère avec François Hollande qu'elle ne l'est avec Alain Juppé, l'adversaire le plus redoutable de Nicolas Sarkozy aux primaires de 2016. Elle tape fort contre tout ce qui peut gêner son candidat favori. Clairement inconditionnelle. Hyperactive pour son ami Nicolas...

Entre Simone Veil et Sarkozy, les relations sont très différentes. Moins personnelles, moins affectives, plus politiques. L'ancienne présidente du Parlement européen travaille avec lui dans le gouvernement de Balladur, en 1993. Etonnée par son dynamisme et sa capacité de travail, elle suit son parcours avec attention. A la fois intéressée et vigilante, car elle ne partage pas toutes les convictions de Sarkozy, sur l'Europe par exemple. En mars 2007, après son départ du Conseil constitutionnel, elle accepte de présider son comité de soutien. « [...] je pensais que la France, assoupie maintenant depuis un quart de siècle, vivant largement à crédit, sur le dos de nos partenaires européens, sur le dos surtout des générations futures, avait besoin d'un électrochoc que seul Nicolas Sarkozy était en mesure de lui administrer[1] », expliquera-t-elle. Pendant le mandat, de 2007 à 2012, le soutien sera à géométrie variable. Elle approuvera certaines initiatives, la gestion de la crise financière internationale notamment. Elle en condamnera d'autres, comme cette idée, lancée en 2008 par Sarkozy devant le Conseil représentatif des institutions juives de France, de confier aux élèves de CM2 la mémoire d'un des onze mille enfants français victimes de la Shoah. « A la seconde, mon sang s'est glacé », confiera-t-elle, jugeant cette proposition « inimaginable, dramatique, [...] injuste[2] ». Plus généralement, elle continuera d'estimer l'énergie de Nicolas mais critiquera, sans surprise, la droitisation de sa démarche. Lui, de son côté, ne cache pas son admiration. Le parcours de Simone Veil, ses valeurs, son histoire, sa place dans la société française l'impressionnent.

D'autres femmes ont joué, ou continuent de jouer un rôle significatif dans la saga sarkozyste. Et deux parmi elles se distinguent, Rachida Dati et NKM. Rachida agace parfois le patron des Républicains, par son franc-parler et son indépendance. Il a été étonné, en 2007, qu'elle refuse le ministère de l'Intérieur. Magistrate de formation, elle préférait la Justice. Elle est l'une des rares personnalités à avoir gardé la confiance de l'ancien Président malgré sa proximité et

1. Simone Veil, *Une vie*, Stock, 2008.
2. lexpress.fr/ 15 février 2008.

son amitié avec Cécilia. Avec Sarkozy, Rachida est directe. Ses conseils et son influence, hier comme aujourd'hui, portent sur de nombreux sujets, très différents : la laïcité, la justice, les banlieues, la violence faite aux femmes, l'école, l'Europe, la lutte contre les inégalités, l'immigration. Il l'écoute, et l'entend parfois. Le bon sens de Rachida, ses intuitions et son expérience l'intéressent. Et sa liberté de ton l'interpelle. Dans un registre différent, NKM occupe une place à part. La plupart des sarkozystes, historiques ou plus récents, se méfient de cette femme qui dit ce qu'elle pense, en public et en privé, et fait le plus souvent ce qu'elle dit. Ils ironisent sur son ambition, comme si la leur était la seule légitime. Nicolas, lui, balance entre l'estime et la méfiance. Mais elle est devenue à peu près incontournable. Il sait qu'elle ne soutiendra jamais une ligne droitière très présente chez Les Républicains, qu'elle aura sur la laïcité, la parité et les sujets régaliens une position moderne, ouverte et tolérante. Son influence dépendra, dans la période qui s'ouvre, de la stratégie électorale choisie par l'ancien Président.

De Simone Veil à Nathalie Kosciusko-Morizet, de Bernadette Chirac à Rachida Dati, Nicolas Sarkozy apprécie ces femmes qui, chacune dans son style, lui ont apporté un soutien significatif, sinon déterminant. Mais l'influence réelle, celle qui compte, celle que l'on ne peut oublier, elle vient de ces quatre femmes qui, à des époques différentes, dans des moments charnières, ont façonné son caractère et accompagné son ascension : Dadu, et son soutien affectif et moral de tous les jours ; Marie-Dominique, la première à avoir encouragé son ambition politique ; Cécilia, sans laquelle rien n'aurait été possible jusqu'à l'élection de 2007 ; Carla, qui mènera les prochains combats à ses côtés.

François Hollande
Nicole et Ségolène, notamment...

Ininfluençable, vraiment ? Pour la plupart de ses amis, les plus proches, ceux qui le connaissent bien, et depuis longtemps, François Hollande ne serait pas réellement sensible aux influences, quelles qu'elles soient et d'où qu'elles viennent. Voire... A y regarder de plus près, l'affirmation est à prendre avec de très sérieuses précautions. Car, outre des inspirateurs comme Delors, Mitterrand ou Jospin, plusieurs femmes, à commencer par Nicole, sa mère, ont joué un rôle majeur dans son parcours, son choix volontariste pour l'action politique, son ambition et son empathie, mais aussi son humour et sa pudeur. Ségolène, la mère de ses quatre enfants, a toujours été essentielle. Même après leur séparation, ils partagent, même de loin, et parfois dans un climat de compétition ou de concurrence, une passion commune pour les responsabilités publiques. Valérie Trierweiler suivra de près sa conquête du pouvoir. Quant à Julie Gayet, elle occupe une place particulière. Discrète et attentive, réservée et bienveillante.

Il est assis, souriant, presque timide. Elle est debout, à ses côtés, la main sur son épaule. On devine l'exceptionnelle relation qui les unit (voir cahier central). En ce début juin 2008, à l'occasion de la fête des mères, le magazine *Marie Claire* a réalisé une série de photos étonnantes. Sur les clichés, des responsables politiques, hommes ou femmes, avec leurs mères. La photo de Nicole et François Hollande est touchante. La tendresse est palpable. La retenue aussi. Entre François et sa mère, parler de complicité est un doux euphémisme. Dès l'enfance, leur proximité est évidente. Un attachement singulier, une relation profonde. Les parents du jeune François forment un curieux couple. Ils sont discordants, voire dissemblables. Lui, Georges, le médecin prospère, installé à Rouen avec sa femme et ses deux fils, François et son aîné, Philippe, ne cache pas ses idées proches de l'extrême droite, dont il portera à deux reprises les couleurs aux élections municipales. Nostalgique de l'Algérie française, sympathisant OAS, antigaulliste. Elle, Nicole, une assistante sociale chaleureuse, dotée d'un solide sens de l'humour, a des convictions politiques, et des valeurs, à l'opposé de celles de son mari. « Elle est le soleil de la famille [...] Petit bout de femme intrépide et généreuse, tournée vers les autres, infirmière de formation, elle a le sourire en bandoulière », écrira Serge Raffy[1]. François adore la générosité de sa mère, son humeur égale, son franc-parler, sa manière bien à elle de ne jamais renoncer, de se battre sans le montrer. Pudique, combative, elle ne cessera de l'encourager. Solidaire, son soutien prendra toutes les formes possibles, jusqu'à se présenter, à l'âge de quatre-vingts ans, en dernière position sur une liste de gauche aux élections municipales à Cannes, où elle réside. Geste symbolique et révélateur. Pour les proches de François Hollande, il n'y a aucun doute : Nicole est le pivot, le point d'ancrage.

1. Serge Raffy, *François Hollande. Itinéraire secret*, Fayard, 2011.

Le Bourget, 22 janvier 2012. C'est le grand rendez-vous de la campagne présidentielle. Le candidat Hollande, ému, évoque sa famille, « plutôt conservatrice », et remercie ses parents. Mon père, explique-t-il, « parce qu'il avait des idées contraires aux miennes et qu'il m'a aidé à affirmer mes convictions ». Ma mère, « parce qu'elle avait l'âme généreuse et qu'elle m'a transmis ce qu'il est de plus beau : l'ambition d'être utile. La gauche, je l'ai choisie, je l'ai aimée ». Nicole sera toujours là, auprès de lui, du début à la fin. Chaleureuse et exigeante. Elle comprend très vite que son fils cadet est un meneur, une sorte de chef de bande. Dans un établissement catholique de Rouen, puis au lycée Pasteur de Neuilly, là où il croise Christian Clavier et Thierry Lhermitte, elle le voit se distinguer et s'imposer. Sa personnalité ne laisse pas indifférent. Atypique, curieux de tout, drôle, convivial. Délégué de classe, il s'intéresse très tôt à la vie publique. Les campagnes électorales le passionnent. Celle de 1965, déjà, alors qu'il n'a que onze ans, lorsque Mitterrand et le centriste Lecanuet mettent le général de Gaulle en ballottage. Il ne rate pas une émission politique. Entre le père et la mère, il a choisi. Ce sera la mère, Nicole, et la gauche, comme elle. Sciences-Po, HEC, l'ENA. Le parcours est linéaire, impeccable. « On l'a laissé faire ce dont il avait vraiment envie. On a obtempéré, même si on lui montrait les avantages d'autres situations[1] », commentera sa mère. En réalité, au-delà de ces mots, elle est heureuse que François ait choisi cet engagement. Comme beaucoup d'autres mères de dirigeants politiques, elle aurait, dans un premier temps, préféré un itinéraire plus calme, moins exposé. Mais elle sait que son fils a tranché, qu'il ne reviendra pas sur sa décision. Dès lors, elle le soutiendra

1. *Marie Claire*, 1er juin 2008.

à chaque instant. Elle voit bien qu'une équipe se forme autour de lui avec Ségolène, Jouyet, Sapin, un ami du service militaire, que François a tenu à faire, bien qu'exempté dans un premier temps en raison de sa myopie. Nicole comprend aussi que l'ambition se précise et se confirme : l'Elysée aux côtés de Jacques Attali après l'élection de François Mitterrand, une première candidature aux législatives à Tulle face à Jacques Chirac, une montée en puissance au parti socialiste, la rencontre avec Jacques Delors et Lionel Jospin. Peu à peu, avec ténacité, Hollande tisse sa toile. Nicole approuve, discrète mais plus attentive que jamais. « Il sait qu'il peut compter sur moi. On se parle au moins une fois par semaine[1] », confiera-t-elle. Le combat qu'elle mènera ensuite contre la maladie renforcera encore les liens avec François. Et conduira le Président élu en 2012 à faire du problème médical et éthique de la fin de vie une vraie priorité, scientifique et morale. En 2014, il évoque ainsi la fin de vie « extrêmement rude » de sa mère. Et salue, mettant en avant « la dignité des personnes », « tous ceux qui se dévouent pour les soins palliatifs, pour permettre la fin de vie sans douleur[2] ». Nicole Hollande disparaît le 8 mars 2009. Elle a quatre-vingt-deux ans. Une souffrance indicible pour le pudique François Hollande. Ce jour-là, à cinquante-cinq ans, il a d'abord perdu une mère. Mais aussi un soutien sans faille. L'influence de Nicole allait de soi. Simple, évidente, quotidienne. Un repère indiscutable et irremplaçable.

Ségolène et François, c'est sans doute le couple politique le plus étonnant de la Ve République. Ils partagent une sorte

1. *Marie Claire*, *op. cit.*
2. TF1, 6 novembre 2014.

d'ivresse pour la vie publique. Ils ont tout vécu ensemble : l'envol, l'ascension, les premiers succès, la compétition, les échecs, la rupture, la réconciliation. Ils ont traversé des tempêtes, personnelles, familiales et politiques. Jamais ils ne se sont réellement et définitivement éloignés, même dans les pires épreuves. Et toujours, Ségolène a exercé une influence déterminante. De près, de loin, dans la coulisse, sur le devant de la scène, actrice ou spectatrice. Ils sont tous les deux à l'ENA lorsqu'ils se croisent. Dans la célèbre promotion Voltaire, ils sont successivement camarades, copains, puis amis, avant de décider de partager une vie qui sera, quoi qu'il arrive désormais, tumultueuse et romanesque. Elle accompagne et encourage son parcours politique. Ensemble, ils franchissent les étapes. Sur un strict pied d'égalité. Conseillers à l'Elysée, militants chaque jour plus présents dans l'appareil socialiste, désireux de trouver chacun la bonne circonscription. 1988 est l'année charnière. Depuis 1981, François est parti conquérir la Corrèze, et défier Jacques Chirac sur ses terres. D'abord battu honorablement par le futur Président, il s'implante. Et à Paris, il s'installe dans le paysage. A la direction du cabinet de Max Gallo, porte-parole du gouvernement, puis un temps au *Matin de Paris*, un nouveau quotidien proche de la gauche, il étoffe ses réseaux. Lorsque François Mitterrand est réélu, il change de circonscription dans sa Corrèze d'adoption et devient député. Ségolène, de son côté, obtient l'appui du Président, qui apprécie son obstination, son énergie et sa capacité de travail, et s'installe dans les Deux-Sèvres. La photo qui montre ensemble Ségolène et François, souriants et détendus, devant l'Assemblée nationale fera le tour des rédactions. On dirait deux écoliers le jour de la rentrée des classes. Les médias commencent à s'intéresser à ce couple atypique qui entre au Palais-Bourbon. Ils s'épaulent tout en se surveillant mutuellement du coin de l'œil. Complémentaires et concurrents en même temps. Attachants lorsqu'ils sont en famille, avec leurs quatre enfants. Drôles et caustiques, d'humeur égale pour François, plus sévère chez Ségolène. Dans les dîners parisiens, il parle beaucoup, intarissable sur l'histoire politique et les anecdotes croustillantes sur son implantation corrézienne. Elle l'écoute, toujours sous le charme. Ambitieuse aussi, comme son compagnon. Elle sera la première à rentrer au gouvernement, celui de Pierre Bérégovoy, en avril 1992, avec le portefeuille de l'Environnement, déjà. Ségolène prend une longueur d'avance dans cette compétition familiale qui ne fait que commencer. La situation les amuse et les agace. Dans le Landerneau politique, ils font des jaloux et des envieux. On devine leur appétit, on craint leur talent. Député de Corrèze, il admire le dynamisme de sa compagne dans ses premières responsabilités ministérielles. Au sein du gouvernement, elle le soutient dans ses nombreuses initiatives parlementaires. L'un ne va pas sans l'autre. Inséparables. François lui demande conseil. Il connaît son sens politique, sa connaissance du terrain, son réalisme. Il l'écoute. Elle lui est indispensable.

1993. C'est le raz-de-marée de l'opposition. Ségolène est réélue et fait de son département des Deux-Sèvres un véritable fief. François, lui, est battu en Corrèze. Une période difficile pour le couple. Elle le réconforte. Après un court moment de découragement, de retour à la Cour des comptes, il reprend sa route. Dans l'équipe de Jacques Delors, qu'il admire, il travaille sur tous les grands dossiers. Un temps utile. Il en profite pour voir beaucoup de monde, avec ou sans Ségolène. Il se rapproche aussi de Lionel Jospin, après la défection de Jacques Delors qui, en décembre 1994, renonce à se présenter à la succession de François Mitterrand.

Le candidat Jospin choisit Hollande comme porte-parole de sa campagne. 1997 est, pour le couple, la deuxième année charnière. Chirac annonce la dissolution boomerang. La gauche triomphe. François et Ségolène sont tous les deux élus, et largement. Le nouveau Premier ministre choisit Hollande comme successeur à la tête du PS. Ségolène revient au gouvernement, d'abord aux côtés de Claude Allègre pour prendre en charge l'Enseignement scolaire, puis avec le portefeuille de la Famille, de l'Enfance et des Personnes handicapées. Une période faste, jusqu'à l'effondrement du 21 avril 2002 et l'élimination de Jospin au premier tour de la présidentielle. Dès lors, une page se tourne. Presque en même temps, ils décident de prendre leur indépendance et de jouer leur propre partition : lui, au PS et en Corrèze où, après la mairie de Tulle, il s'empare du très symbolique conseil général, là où tout a commencé pour Chirac ; elle, dans son Poitou-Charentes où elle remporte la présidence de la région et, dans l'opinion, où sa percée inquiète ses adversaires socialistes. François et sa compagne sont toujours solidaires, comme pendant la difficile campagne de 2005 sur le référendum européen qui voit leur parti se diviser. Mais, peu à peu, leurs chemins semblent s'éloigner. Imperceptiblement, l'esprit de Ségolène se tourne vers la présidentielle de 2007. Un moment délicat pour le duo qu'ils formaient jusque-là. C'est elle, clairement, qui, d'un coup, va attirer la lumière.

Y a-t-il eu, comme le veut la légende de ce couple hors normes, un malentendu, puis une vraie cassure politique entre les deux ? Difficile de le confirmer, même avec le recul d'une petite dizaine d'années. François pensait-il réellement s'engager dans cette compétition présidentielle ? A-t-il été surpris par l'ambition volontariste de sa compagne ? A-t-il cherché à la freiner ? Les proches divergent sur ce point. Et la situation devient franchement inédite. A la tête du parti, François Hollande doit organiser, avec la neutralité qui s'impose et qu'il s'impose, une primaire dont sa compagne est la favorite. Il y parvient tant bien que mal. On connaît la suite. Elle était influente. Elle devient « la madone ». A la mode dans les médias, encensée par certains observateurs, littéralement portée par les sondages. Parfois cassante et injuste, parfois enjouée et toujours étonnante. Insoumise et autonome. Son compagnon n'a plus vraiment le choix : il doit se contenter de suivre. La victoire de Ségolène aux primaires socialistes est écrasante : plus de 60 % au premier tour devant DSK et Fabius. Pour François, la campagne présidentielle de 2007 est difficile. Depuis plus de deux ans, leur couple se déchire en privé. Il semble s'éloigner politiquement. Elle détermine sa stratégie loin du PS. Certains de ses lieutenants s'en prennent directement à François. « Ségolène Royal n'a qu'un seul défaut, son compagnon », lâche, hilare, Arnaud Montebourg[1]. Il sera suspendu pendant un mois de ses fonctions de porte-parole, mais le mal est fait. La campagne patine. Les éléphants socialistes ne font rien, ou si peu, pour soutenir leur candidate, ses élans lyriques et sa « démocratie participative ». Le résultat n'étonne personne. La surprise vient plutôt de la détermination d'une Ségolène, décidément atypique, le soir de sa défaite face à Nicolas Sarkozy. Juchée, on s'en souvient, sur le toit de l'immeuble de la rue de Solférino, elle se positionne pour la suite et paraît s'installer en leader de l'opposition. Quelques semaines plus tard, au terme du second tour des élections législatives, elle prend l'initiative d'officialiser leur rupture personnelle. En 2008, c'est une femme rebelle

1. Canal +, « Le Grand Journal », 17 janvier 2007.

et presque seule qui s'enflamme sur la scène du Zénith au rythme de la « fraternité ». Et au congrès de Reims, dominé par une guerre au couteau entre Ségolène et Martine Aubry, le flottement est perceptible. On pense le couple politique définitivement brisé. Il est pourtant trop solide, leurs liens sont trop étroits, et leurs quatre enfants légitimement soucieux de ne pas voir éclater la famille...

De la longue page Ségolène, on passe au « moment » Valérie, avec ses coups de théâtre et ses coups de tonnerre. François et Valérie Trierweiler, c'est d'abord un album photo. Il y a « La Vie en rose », interprétée à l'accordéon par le maire de Tulle après l'élection de François, le 6 mai 2012 ; il y a le timide pas de danse esquissé ce même soir sur la place de la cathédrale de la capitale corrézienne, le baiser arraché un peu plus tard par une Valérie possessive à la Bastille, son omniprésence le jour de l'installation à l'Elysée du nouveau Président. Il y a ensuite ses déclarations ambiguës sur son rôle de Première dame et, bien sûr, le tweet ravageur, ces cent trente-sept signes de soutien à l'adversaire de Ségolène Royal qui déclenchent l'incompréhension du milieu politique, l'étonnement de l'opinion, la sidération des membres du gouvernement, la stupéfaction de Ségolène, la colère rentrée de François Hollande et l'indignation de leurs quatre enfants. Dès lors, ce sera entre François et Valérie, on le mesure en parcourant l'ouvrage de l'ex-Première dame[1], une lente descente aux enfers. A-t-elle influencé politiquement son ancien compagnon entre 2005, date à laquelle leur liaison devient notoire, et la rupture, officialisée le 25 janvier 2014 ? Sur quelques points, sans doute. Ils parlent beaucoup politique, mais,

1. Valérie Trierweiler, *Merci pour ce moment*, Les Arènes, 2014.

selon les témoins, leurs discussions portaient essentiellement sur la nature, le profil et la personnalité des hommes et des femmes qu'ils côtoyaient, peu sur la stratégie. Elle le soutiendra activement dans sa décision d'engager le difficile combat des primaires. Malgré les réserves initiales de son compagnon, elle prendra une part significative dans la campagne. Elle lui conseillera de changer son look. Elle défendra ou, à l'inverse, s'efforcera d'écarter tel ou tel. On se souvient de l'épisode Julien Dray, un temps marginalisé par Valérie avant de réintégrer le premier cercle des « hollandais ». A l'Elysée, elle s'intéressera de près à la formation de l'équipe présidentielle et à la composition du gouvernement. Elle suggérera même quelques noms, comme celui de la talentueuse journaliste Valérie Toranian, initiative évoquée dans son livre[1]. Mais son influence n'ira pas vraiment plus loin. Les conditions de la rupture et le contenu du livre publié en septembre 2014 pèseront en revanche sur l'image présidentielle. Valérie Trierweiler va poursuivre ses actions caritatives et humanitaires. En même temps, et régulièrement, par tweet ou dans telle ou telle interview, elle continuera de commenter, de juger, de critiquer, de condamner. Et de semer des petits cailloux, le plus souvent noirs, sur le chemin de son ancien compagnon. Elle n'a plus d'influence, mais de la mémoire. Et toujours, sans doute pour longtemps, le souci d'exister, de peser, de rappeler le « moment » où elle était Première dame...

La rupture avec Valérie, l'entourage de François s'y attendait, coïncide avec le retour en grâce politique de Ségolène. Tant que la journaliste partageait la vie du Président, il était difficile, voire impossible, d'envisager, ou

1. Valérie Trierweiler, *Merci pour ce moment*, *op. cit.*

même d'imaginer, une participation de la patronne du Poitou-Charentes au gouvernement. Entre les deux femmes, la détestation était trop grande. Mais François, de son côté, n'a jamais réellement rompu le fil avec la mère de leurs quatre enfants qui commence une longue traversée du désert. Après l'échec de 2007, ils se voient fréquemment. Et pendant la primaire de 2011, candidats l'un et l'autre davantage que l'un contre l'autre, les enfants font en sorte que la compétition ne soit pas trop âpre. Ségolène, en larmes, sort meurtrie de son lourd échec au premier tour. Malgré les rumeurs du moment, alimentées par le camp Aubry, elle sait dès ce soir-là qu'elle soutiendra François pour le second tour. Leurs enfants n'ont pas réellement besoin d'intervenir. Il n'y aura pas de négociation. Tout simplement, chacun sait qu'il ne peut en être autrement. Ségolène applaudit sincèrement le discours enflammé du Bourget. Elle comprend que c'est le tour de François. Elle participe comme elle le peut à la campagne victorieuse. Et elle sera vraiment heureuse le soir de la victoire du 6 mai. Certains épisodes de la campagne, comme son absence dans un clip socialiste, l'ont affectée. Mais elle a joué le jeu, encouragé François et l'a très souvent conseillé. Il a pu compter sur son jugement, son bon sens, son flair. Rien à lui reprocher. C'est pourquoi ils seront tous les deux si blessés, presque traumatisés, par le tweet rochelais de Valérie Trierweiler. De ce jour, le nouveau Président estime qu'il a une dette politique, morale et personnelle vis-à-vis d'elle. Son retour au premier plan dans l'équipe de Manuel Valls, au printemps 2014, s'imposait. Son influence est peut-être plus importante que jamais. Dans le gouvernement de Manuel Valls, elle apporte son expérience, indéniable, son autorité, réelle, sa popularité, fluctuante mais plutôt solide. Ségolène décide, arbitre, suggère.

Elle lance des idées, elle ouvre des débats. Le plus souvent, avec l'accord du Président. Elle le conseille au quotidien, et bien au-delà de ses compétences ministérielles, l'écologie, le développement durable, la transition énergétique, les transports. Elle négocie pour lui avec les Verts. Elle prépare activement, comme Laurent Fabius qui préférerait en diriger seul les opérations, la COP21 (21e Conférence des parties), le grand sommet international sur le climat qui se réunira début décembre 2015 à Paris, l'un des moments forts du quinquennat. Elle intervient dès qu'un problème se pose. Efficace, loyale, plutôt habile, dérangeante et déterminée. Elle n'hésite pas à s'excuser publiquement si elle commet une erreur. On la décrit en vice-présidente parce qu'elle a un contact direct avec l'Elysée. Elle représente la France à l'étranger le plus souvent possible et dans des circonstances exceptionnelles, comme à Jérusalem en janvier 2015, pour les obsèques des victimes de la tuerie terroriste de l'Hyper Cacher de la porte de Vincennes. On la voit partout aux côtés du chef de l'Etat. A La Rochelle, petite revanche politique, pour le départ de l'*Hermione*, la réplique de la légendaire frégate de La Fayette. Sur le perron de l'Elysée, au titre de numéro 3 du gouvernement, pour accueillir le couple royal espagnol. Depuis sa victoire aux primaires socialistes de 2006 et sa campagne de 2007, elle ne s'était jamais retrouvée ainsi au centre du jeu politique. Ce n'est pas une revanche mais une reconnaissance. En cet automne 2015, son rôle est majeur, son influence considérable. Il y a huit ans que le couple privé n'existe plus. Mais le duo politique fonctionne à plein régime. Ségolène est décidément au centre du jeu.

L'influence de Julie Gayet est aujourd'hui difficile à mesurer. La comédienne et productrice s'intéresse depuis longtemps à la politique. C'est une vraie femme de gauche, militante à ses heures, surtout pendant les campagnes électorales qu'elle suit avec fièvre et appétit. Ses convictions sont fermes, sur le feu vert au mariage homosexuel par exemple. Elle fait d'abord partager à François Hollande sa vraie passion, la culture au sens large, le cinéma en particulier. Quelques artistes viennent au palais le temps d'une projection ou d'un dîner. Mais elle se fait particulièrement discrète. Pas une photo officielle à l'Elysée, juste quelques clichés volés. Les collaborateurs du chef de l'Etat la croisent très rarement. Pas question pour elle de jouer le moindre rôle public, encore moins d'apparaître de près ou de loin comme une éventuelle Première dame. Lorsqu'elle participe, le 18 juin 2015, au Mont-Valérien, à la cérémonie commémorative de l'appel du général de Gaulle, à quelques mètres du Président, c'est officiellement parce qu'elle est la petite-fille d'un Compagnon de la Libération, qu'elle accompagne. Elle est intelligente et cultivée. Elle milite ardemment pour le développement du septième art et du spectacle vivant, le théâtre notamment. Sa vie de productrice et d'actrice est bien remplie. Elle est connue, et appréciée, pour prendre des risques et donner leur chance aux jeunes talents. La plupart des vrais amis personnels du Président sont désormais aussi les siens. Ils la décrivent comme apaisante et joyeuse. Pour l'instant, elle n'accompagne François que dans les dîners qui restent confidentiels. Elle apprécie ces soirées simples et conviviales où l'on refait le monde. Elle ne se risque pas à intervenir dans les affaires politiciennes. En revanche, elle ne dissimule pas son souhait de voir augmenter le budget de la Culture. Julie Gayet veut avant tout conserver son libre-arbitre. Peu à peu, elle semble s'installer de manière subliminale dans le décor national.

Peut-être influente sur la vie artistique. Pas du tout, ou très peu, dans le domaine politique.

Dans l'entourage politique ou les gouvernements de François Hollande, d'autres femmes ont pesé lourd. Pour un temps ou pour longtemps. Martine Aubry, avec laquelle les relations ont toujours été fraîches, ne se prive pas de critiquer l'hôte de l'Elysée, acerbe en privé et piquante en public. Elle intervient cependant le moment venu, comme avant le congrès de Poitiers, pour apporter son soutien ou sa contribution. Partenaire au coup par coup plus qu'alliée véritable. Christiane Taubira apprécie François Hollande. Il le lui rend bien, et montera au créneau avec énergie chaque fois qu'elle sera attaquée à titre personnel, avec un parfum nauséabond de racisme, ou pour sa politique. Quand elle donne un conseil, lorsqu'elle développe une analyse, le Président l'écoute attentivement. Un atout politique, une personnalité loyale. Un vrai plus pour l'exécutif, même si, régulièrement, elle conteste telle ou telle orientation du gouvernement. Najat Vallaud-Belkacem est une fidèle. François Hollande la consulte. Il la défend et n'hésitera pas, pendant la crise de la réforme du collège, à lui faire des suggestions utiles sur des points techniques et sur sa communication. De son côté, elle lui apporte des éclairages particuliers sur la jeunesse, la société française, la stratégie politique. La première femme dans l'histoire politique à devenir ministre de l'Education nationale exerce une vraie influence. Et puis, il y a Cécile Duflot. Amie-ennemie, solitaire plus que solidaire. Elle joue sa carte personnelle, envisage de concourir en 2017, critique fermement le déroulement du quinquennat. Mais, aux yeux de François Hollande, elle a le mérite de parler clair, voire crûment, quand ils se rencontrent. Tacticienne, calculatrice et rusée avec ses « amis » écologistes, directe et plus franche avec le Président. Une curieuse influence, à géométrie variable, qui exaspère nombre d'amis du Président.

Nicole et Ségolène : sans ces deux femmes, le François Hollande que l'on connaît, ou que l'on devine, n'aurait pas été le même. Sa mère l'a forgé. En choisissant le camp maternel, il a fixé son destin. Quant à Ségolène, elle a partagé tous ses combats, dans les bons comme dans les mauvais jours. Dans ce couple singulier, le premier sous la Vᵉ République à exercer de telles responsabilités conjointes, son rôle a été majeur. Elle aura apporté son tempérament, son indépendance d'esprit et sa loyauté, au-delà des soubresauts de leur vie privée.

Manuel Valls

Luisa, Nathalie et Anne

Elle est radieuse, ce jour d'avril 2015 où elle apparaît, pour la première fois, à la télévision, dans un documentaire réalisé pour France 3[1]. Luisa Valls, la mère de Manuel, est visiblement heureuse d'évoquer devant les Français l'enfance et l'adolescence de son Premier ministre de fils. Derrière le sourire, la bienveillance, le charme et le caractère, on devine l'amour et la fierté d'une mère. Elle évoque le Manuel enfant, celui qui aimait l'ordre, celui qui « a toujours très bien rangé ses affaires », celui qui « sortait du lit pour remettre ses chaussons bien en place, bien parallèles[2] ». Elle se souvient d'un enfant « méticuleux dans le rangement de ses livres », « très doux, très tranquille, très obéissant », mais aussi, avec les garçons de son âge, « intrépide, menant la bande comme un chef[3] ». Chez Luisa, il y a également une certaine incrédulité devant la réussite de son fils, même si son ambition est apparue très tôt, dès l'adolescence en fait. Quelques jours plus tard, sur Canal + cette

1. France 3, « Manuel Valls, le matador », avec Franz-Olivier Giesbert, 13 avril 2015.
2. *Ibid.*
3. *Ibid.*

fois, Luisa reçoit chez elle, dans l'appartement familial qui est resté le même, Manuel accompagné de Michel Denisot[1]. Détendue et intimidée, gaie et impressionnée. Toujours surprise de l'observer en Premier ministre, car elle voit d'abord en lui le fils, même s'il a dépassé la cinquantaine. « Il y a longtemps qu'il roule vers ce destin[2] », note, au passage, une mère attentive, qui suit de près l'actualité politique mais la commente très peu avec Manuel. Ils se parlent quotidiennement, mais surtout de la famille.

Chez les Valls, le rôle du père est essentiel. Xavier le Catalan est aujourd'hui un peintre renommé et reconnu parmi ses pairs. Manuel admire l'homme, le père et l'artiste. Il est ému lorsque Xavier décide de faire son portrait. Il est passionné par les discussions familiales, presque quotidiennes, sur la guerre d'Espagne. Des débats enflammés. Son père rejette tout à la fois les franquistes et les communistes. C'est une personnalité charismatique, un républicain convaincu. Avec Luisa, ils ont adopté la France, ce pays qui les a accueillis à bras ouverts, avec sa culture, son histoire, ses faits d'armes, ses traditions et, à l'époque, sa vraie capacité d'intégration. Le mot qui résume le comportement, l'état d'esprit et la sensibilité des Valls, c'est la passion. Passion pour la liberté, pour les idées, pour la République. Le Manuel Valls d'aujourd'hui, il est né et a grandi là, dans ce petit appartement du Marais, en face de l'île Saint-Louis, où la vie tourne autour du travail du père et, le soir, autour de l'histoire et de la politique. On discute, on se dispute des heures entières ; on vibre ; on parle indifféremment le français, l'espagnol et le catalan ; on mélange les cultures ;

1. Canal +, « Conversation secrète », avec Michel Denisot, avril 2015.
2. *Ibid.*

on reçoit des artistes et des intellectuels. Le goût de Manuel pour le débat, et même pour la polémique, trouve sa source dans ces échanges qui vont souvent jusqu'au bout de la nuit. Inoubliable pour le jeune adolescent qui s'éveille ainsi à l'art sous toutes ses formes, à la littérature, à l'histoire revisitée encore et encore. Bien sûr, la tradition catalane est vivante. Ainsi, Manuel vouvoie son père, comme on le fait souvent à Barcelone. Mais pour le reste, c'est l'aventure au quotidien. Avide de savoir, Manuel apprend vite. Une période qu'il n'oubliera jamais.

Pendant ce temps, omniprésente, Luisa veille sur ses enfants. « Une femme ouverte, aux yeux bleus, au teint pâle, avec un mélange d'orgueil et de goût extrême de la vie, le pouvoir de saisir les expériences et de les faire tourner dans la lumière » : ainsi la décrit sa fille Giovanna, la sœur cadette de Manuel, dans un livre témoignage sur ses années de plongée dans l'univers de la drogue[1]. Luisa Valls, c'est un caractère bien trempé, une sacrée personnalité. « Une véritable muse pour mon père », confie aujourd'hui avec émotion leur fils. Un repère pour Manuel et Giovanna, ses deux enfants, qui ont avec elle un rapport fusionnel. Originaire du Tessin, dans la Suisse italienne, elle a une formation d'institutrice. Avec Manuel, la relation est simple. Elle lui a appris l'optimisme, la confiance, la combativité. Il sait qu'elle est là, attentive. Elle lui donne confiance. Elle l'encourage, avec son mari, quand leur fils décide d'engager la procédure exaltante et laborieuse pour être naturalisé français. Ce sera acté fin janvier 1982. Manuel a vingt ans. Luisa a compris très tôt qu'il a choisi son chemin et n'en déviera pas. Ce sera donc la politique. Et l'action, qui

1. Giovanna Valls Galfetti, *Accrochée à la vie*, JC Lattès, 2015.

l'accompagne. Elle ne fera rien pour le freiner. Elle n'aura pas à le stimuler. Elle se contente de le conforter, tout simplement. Dès le lycée, délégué de classe, il aime diriger les opérations. Il le fait plutôt discrètement, avec une sorte d'autorité tranquille. A Tolbiac, où il va vraiment s'engager en politique, on le remarque vite. Meneur, orateur, il se lie avec des amis qui resteront à ses côtés, notamment le futur criminologue Alain Bauer et Stéphane Fouks, aujourd'hui publicitaire de premier plan. Le parcours est désormais fléché. Luisa, comme son mari, suit tout cela avec un intérêt soutenu, mais sans en rajouter. Inutile de pousser davantage ce fils qui a clairement choisi de s'engager en politique.

Le vrai déclic, c'est Michel Rocard et son « parler vrai » en mars 1978, après la nouvelle défaite de la gauche aux élections législatives. A cette époque, il n'y a pas la télévision chez les Valls. Trop perturbant pour la peinture du père et les travaux scolaires des enfants. Manuel n'a pas encore seize ans. Il va regarder les émissions politiques chez des camarades. Ce jour-là, il voit l'inspirateur de la deuxième gauche commenter, courageux et lucide, l'échec des socialistes. Puis condamner l'archaïsme. C'est décidé. Manuel a trouvé sa voie. Ce sera le socialisme moderne, celui qui ne s'embarrasse pas trop de préjugés, de postures idéologiques et de pesanteurs inutiles. A la fac, qu'il rejoint après le bac, il reste sur cette ligne. En même temps que sa licence d'histoire, il milite de plus en plus activement. Xavier, son père, s'inquiète de le voir s'enfermer dans un parti. Il le rassure en lui parlant de la liberté des débats, en lui racontant les affrontements passionnés et les luttes de courants internes au PS. Luisa, elle, le soutient, comme toujours. Sans inquiétude ni états d'âme. Tout va très vite : attaché parlementaire du député rocardien

Robert Chapuis à vingt et un ans, conseiller régional à vingt-quatre, chargé de mission à Matignon auprès de Rocard à vingt-six, adjoint au maire d'Argenteuil une année plus tard. Précoce et ambitieux, Manuel Valls avance sans trop regarder en arrière sous le regard d'une mère généreuse, vigilante et bluffée...

Lorsqu'il épouse Nathalie, sa première femme, en 1987, Manuel a sa feuille de route dans la tête. Ils se sont connus à la faculté de Tolbiac. Ils partagent des goûts et des idées. De vraies convictions communes, car Nathalie, comme son mari, a le cœur à gauche. Elle le suit sur le terrain, mais très en retrait. Elle partage ses choix. Professeure des collèges, elle se passionne pour les enjeux pédagogiques de l'éducation et pour la culture. Près de vingt ans de vie et d'action politique côte à côte. Un vrai rôle. Le couple aura quatre enfants, Benjamin, Hugo et deux faux jumeaux, Alice et Joachim. Lorsqu'ils se séparent, Manuel est député-maire d'Evry depuis plusieurs années. Nathalie l'a accompagné dans ses deux campagnes victorieuses de 2001 et 2002. Elle a vécu son ascension dans les instances socialistes locales et nationales, mais aussi le premier échec, en 1997, quand Manuel était parti défier le patron du parti communiste, Robert Hue, dans son bastion imprenable d'Argenteuil. Une défaite finalement utile. Le jeune socialiste quitte Argenteuil pour Evry, où il va s'implanter pour longtemps. Au même moment, il est nommé à Matignon, dans l'équipe du nouveau Premier ministre, Lionel Jospin, dont il va gérer la communication. Il n'oublie pas pour autant l'action locale. Manuel et Evry, dont il devient maire en 2001, c'est un mariage d'amour, un vrai attachement. Il bâtit, il construit, il imagine et il rêve aussi, car 2007 approche. Et, depuis 2006, Anne est entrée dans sa vie...

Manuel et Anne Gravoin s'étaient déjà rencontrés, au début des années 1980. Une aventure rapide, sans lendemain. En 2006, quand ils se retrouvent, c'est « un coup de foudre mutuel[1] », se souvient Valls, interrogé en 2013 par ses biographes Jacques Hennen et Gilles Verdez. « C'était un besoin de changement global dans ma vie [...] Avec Anne, c'est une forme d'accomplissement et d'équilibre que je n'avais pas pu avoir plus jeune. J'ai retrouvé avec elle, qui est une grande artiste, des sensations, des sentiments, des ondes, que je ressentais avec mon père peintre, une sensibilité particulière. L'artiste sent des choses que, vous, vous ne sentez pas[2]. » Anne Gravoin, qui épouse Manuel Valls en juillet 2010, se passionne depuis longtemps pour la politique. Ses convictions sont clairement à gauche. Elle suit avec une grande attention l'actualité, vibre pendant les campagnes électorales, adore, elle aussi, les débats vifs et les échanges directs. Ils se ressemblent. Ils vont droit au but. Mêmes valeurs, mêmes ressorts psychologiques, même spontanéité, même ambition, politique pour Manuel, artistique chez Anne. Son talent de violoniste est salué. Elle passe du classique aux variétés sans difficulté. Eclectique dans son répertoire comme dans ses amitiés. Le couple fréquente des artistes, des écrivains, des élus, des philosophes. Nombre de journalistes figurent parmi leurs amis. Leurs carrières respectives sont parallèles et linéaires. Ils s'organisent au mieux. Manuel assiste souvent aux concerts de sa femme. Anne est là le plus souvent possible dans les moments importants pour son mari. Elle le conseille. Il l'associe à tout. Elle participe parfois aux voyages officiels.

1. Jacques Hennen et Gilles Verdez, *Manuel Valls, les secrets d'un destin*, Editions du Moment, 2013.
2. *Ibid.*

Ils réfléchissent ensemble aux décisions sensibles, celles qui engagent l'avenir politique de Manuel : la candidature aux primaires socialistes de 2011, le désistement immédiat pour François Hollande après un score médiocre au premier tour, l'engagement total dans la campagne de 2012. Anne et son mari vivent intensément, au quotidien, auprès du candidat et de sa compagne du moment, Valérie Trierweiler, les six mois qui précèdent la victoire du 6 mai. Valls organise la communication. Il supervise les meetings et les déplacements. Il est consulté sur chacun des principaux arbitrages. C'est lui le maître d'œuvre du grand meeting du Bourget, le 22 janvier 2012. Décidément omniprésent. Avec son épouse à ses côtés.

Hollande élu, Anne comprend très vite que leur vie va changer. Elle l'accepte volontiers, mais tient à conserver sa liberté d'artiste. Indépendante et autonome. La suite est connue : le ministère de l'Intérieur puis, deux ans après, l'Hôtel Matignon. Le couple s'efforce de ne pas trop modifier ses habitudes. Sauf urgence, comme pendant les événements de janvier 2015, ils n'habitent pas l'appartement de fonction du Premier ministre. Anne poursuit sa carrière. Elle est là quand il faut. Impressionnée quand il engage le combat frontal contre Dieudonné, et plus encore par le discours à l'Assemblée nationale après les attentats tragiques de janvier 2015. Très étonnée, légitimement outrée mais sereine, quand elle se retrouve en première ligne lorsque Roland Dumas déclenche la polémique, et provoque un tollé général, en évoquant une prétendue « influence juive » qu'elle exercerait sur son mari. Solidaire à l'occasion de la querelle sur le collège unique ou au moment de l'escarmouche sur le voyage de Manuel en avion gouvernemental à Berlin avec deux de ses fils, pour la finale de la Ligue des champions avec son équipe de cœur, le Barça, dont un cousin germain de son père a composé l'hymne. Quelle influence réelle exerce Anne Gravoin ? Elle ouvre à Manuel des horizons nouveaux. Elle le fait entrer dans des cercles culturels qu'il connaissait peu. Elle le rassure, aussi. Un réconfort et une présence essentiels à son équilibre.

Valls, c'est un caractère et un tempérament. Pugnace, volontaire et sanguin, parfois éruptif : un vrai Catalan, pur et dur, avec un zeste de Clemenceau, sa référence historique. Et un goût prononcé pour le débat, aussi rugueux et tendu soit-il. Fidèle aussi, et même affectueux, avec ses amis. Luisa, Nathalie et Anne se sont efforcées de lui apporter ce qui lui faisait sans doute défaut : la patience, le recul, la gestion du temps. Des qualités que, grâce à d'autres femmes d'influence, des hommes de pouvoir comme Talleyrand ou Mitterrand ont su efficacement cultiver dès leur enfance.

Bibliographie

Attali, Jacques, *C'était François Mitterrand*, Fayard, 2005.
Attias, Cécilia, *Une envie de vérité*, Flammarion, 2013.
Auriol, Vincent, *Mon septennat*, Gallimard, 1970.
Benamou, Georges-Marc, *Le Dernier Mitterrand*, Plon, 1996.
—, *Comédie française*, Fayard, 2014.
Bernardy, Françoise de, *Le Dernier Amour de Talleyrand, la duchesse de Dino*, Perrin, 1965.
Bibesco, princesse Jeanne, *Lettres à Emile Combes*, Gallimard, 1994.
Blum, Léon, *Du mariage*, Albin Michel, 1990.
—, *Lettres de Buchenwald*, Gallimard, 2003.
—, *Le Dernier Mois*, Arléa, 2004.
Boissieu, Alain de, *Pour servir le Général*, Plon, 1982.
Bona, Dominique, *Clara Malraux*, Grasset, 2009.
Candar, Gilles, et Duclert, Vincent, *Jean Jaurès*, Fayard, 2014.
Carolis, Patrick de, *Letizia R. Bonaparte, la mère de toutes les douleurs*, Plon, 2014.
Cars, Jean des, *La Princesse Mathilde*, Perrin, 1988.
Castelot, André, *Joséphine*, Perrin, 1965.
—, *Bonaparte*, Perrin, 1967.
—, *Napoléon III*, 2 tomes, Perrin, 1973, 1974.
Cate, Curtis, *Malraux*, Perrin, « Tempus », 2006.
Cauvin, Claire, et Ponat, Dominique, *Les Femmes de Giscard*, Tema-Editions, 1975.

Chaban-Delmas, Jacques, *L'Ardeur*, Stock, 1975.
Châtelet, Noëlle, *La Dernière Leçon*, Seuil, 2005.
Chirac, Bernadette (avec Patrick de Carolis), *Conversation*, Plon, 2001.
Chirac, Jacques, *Chaque pas doit être un but. Mémoires 1*, NiL, 2009.
—, *Le Temps présidentiel. Mémoires 2*, NiL, 2011.
Clerc, Christine, *Tigres et Tigresses. Histoire intime des couples présidentiels sous la Vᵉ République*, Plon, 2006.
—, *De Gaulle-Malraux. Une histoire d'amour*, NiL, 2008.
Cotta, Michèle, *Carnets secrets de la Vᵉ République*, 4 tomes, Fayard, 2007, 2008, 2009, 2011.
Cronin, Vincent, *Napoléon*, Albin Michel, 1979.
Danchin, Sebastian, et Jenny, François, *De Gaulle à Colombey, refuge d'un romantique*, Presses universitaires de Nancy-Editions Serpenoise, 1990.
Dino, Dorothée de Courlande, duchesse de, *Mémoires*, 7 tomes, Paléo, 2003-2004.
Dreyfus, Pauline, *Robert Badinter, l'épreuve de la justice*, Editions du Toucan, 2009.
Fauvet, Jacques (avec Alain Duhamel), *Histoire du Parti communiste français* (nouvelle édition revue et augmentée), Fayard, 1977.
Flohic, François, *Souvenirs d'outre-Gaulle*, Plon, 1979.
Frapet, David, *Le Socialisme selon Léon Blum*, Créer, 2003.
Gaillard, Jean-Michel, *Les 40 jours de Blum*, Perrin, 2001.
Gaulle, Charles de, *Mémoires de guerre*, 3 tomes, Plon, 1954, 1956, 1959.
—, *Mémoires d'espoir*, Plon, 2 tomes 1970, 1971.
—, *Lettres, notes et carnets*, 13 tomes, Plon, 1980-1997.
Gaulle, Geneviève de, *La Traversée de la nuit*, Seuil, 1998.
Gaulle Anthonioz, Geneviève de, et Tillion, Germaine, *Dialogues*, Plon, 2015.
Gaulle, Philippe de (entretiens avec Michel Tauriac), *De Gaulle mon père*, 2 tomes, Plon, 2003, 2004.
Gaulle, Philippe de, *Mémoires accessoires*, Plon, 1997.

Giesbert, Franz-Olivier, *François Mitterrand ou la Tentation de l'histoire*, Seuil, 1977.
—, *Le Président*, Seuil, 1990.
—, *Monsieur le président. Scènes de la vie politique (2005-2011)*, Flammarion, 2011.
Giroud, Françoise, *La Comédie du pouvoir*, Fayard, 1977.
Guichard, Marie-Thérèse, *Danielle, Bernadette, Françoise et les autres*, Belfond, 1987.
—, *Les Egéries de la République*, Payot, 1991.
Gurrey, Béatrice, *Les Chirac. Les secrets du clan*, Robert Laffont, 2015.
Guy, Claude, *En écoutant de Gaulle*, Grasset, 1996.
Hennen, Jacques, et Verdez, Gilles, *Manuel Valls, les secrets d'un destin*, Editions du Moment, 2013.
Jeanneney, Jean-Noël, *Georges Clemenceau, portrait d'un homme libre*, Mengès, 2014.
Jullian, Marcel, *Madame de Gaulle*, Stock, 1982.
Juppé, Alain, *La Tentation de Venise*, Grasset, 1993.
—, *France, mon pays. Lettres d'un voyageur*, Robert Laffont, 2006.
Lacouture, Jean, *Léon Blum*, Seuil, 1977.
—, *De Gaulle*, 3 tomes, Seuil, 1984, 1985, 1986.
Lasne, Laurent, *Le Roman de Jaurès*, Editions du Rocher, 2014.
Lauvergeon, Anne, *La Femme qui résiste*, Plon, 2012.
Lyotard, Jean-François, *Signé Malraux*, Grasset, 1996.
Malraux, André, *Antimémoires*, Gallimard, 1967.
—, *La Corde et les Souris*, Gallimard, 1976.
Malraux, Madeleine (avec Céline Malraux), *Avec une légère intimité. Le concert d'une vie au cœur du siècle*, Baker Street-Larousse, 2012.
Merle, Gabriel, *Emile Combes*, Fayard, 1995.
Missika, Dominique, *Je vous promets de revenir. 1940-1945, le dernier combat de Léon Blum*, Robert Laffont, 2009.
Mitterrand, Danielle, *En toutes libertés*, Ramsay, 1996.
—, *Le Printemps des insoumis*, Ramsay, 1998.

Mitterrand, François (entretiens avec Alain Duhamel), *Ma part de vérité*, Fayard, 1969.
—, *L'Abeille et l'Architecte*, Flammarion, 1978.
—, (entretiens avec Georges-Marc Benamou), *Mémoires interrompus,* Odile Jacob, 1996.
Mitterrand, Robert, *Frère de quelqu'un*, Robert Laffont, 1988.
Nay, Catherine, *Le Noir et le Rouge, ou l'histoire d'une ambition*, Grasset, 1984.
—, *Un pouvoir nommé désir*, Grasset, 2007.
Neau-Dufour, Frédérique, *Geneviève de Gaulle Anthonioz*, Cerf, 2004.
—, *Yvonne de Gaulle*, Fayard, 2010.
Nedelec, Candice, *Bernadette et Jacques*, Stock, 2015.
Oddo, Christine, *La Princesse Jeanne Bibesco. Une femme, le carmel, la République*, Cerf, 2007.
Orieux, Jean, *Talleyrand ou le Sphinx incompris*, Flammarion, 1970.
Peyrefitte, Alain, *C'était de Gaulle*, 3 tomes, Editions de Fallois-Fayard, 1994, 1997, 2000.
Pincemaille, Christophe (présentés par), *Mémoires de la reine Hortense*, Mercure de France, 2006.
Pingeot, Mazarine, *Bouche cousue*, Julliard, 2005.
Poisson, Georges, *L'Elysée. Histoire d'un palais*, Pygmalion, 2010.
Pompidou, Claude, *L'Elan du cœur,* Plon, 1997.
Queinnec, Anne, *Céleste ou les mystères de l'An IX*, Plon, 2007.
Rabaut, Jean, *Jean Jaurès*, Perrin, 1981.
Raffy, Serge, *Jospin. Secrets de famille*, Fayard, 2001.
—, *Moi, l'homme qui rit*, Flammarion, 2014.
Rioux, Jean-Pierre, *Jean Jaurès*, Perrin, 2005.
Robrieux, Philippe, *Thorez, vie secrète et vie publique*, Fayard, 1975.
Rouart, Jean-Marie, *Napoléon ou La destinée*, Gallimard, 2012.
Sarkozy, Nicolas (entretiens avec Michel Denisot), *Au bout de la passion, l'équilibre*, Albin Michel, 1995.
Schneider, Robert, *Les Mitterrand*, Perrin, « Tempus », 2011.
—, *Premières dames*, Perrin, 2014.

Séguin, Philippe, *Louis Napoléon le Grand*, Grasset, 1990.
—, *Itinéraire de la France d'en bas, d'en haut et d'ailleurs*, Seuil, 2003.
Talleyrand-Périgord, Charles-Maurice de, *Mémoires*, Plon, 1957.
Thorez, Maurice, *Fils du peuple*, Editions sociales, 1949.
Todd, Olivier, *Malraux*, Gallimard, 2001.
Trierweiler, Valérie, *Merci pour ce moment*, Les Arènes, 2014.
Tulard, Jean, *Dictionnaire Napoléon* (nouvelle édition revue et augmentée), Fayard, 1999.
Valls Galfetti, Giovanna, *Accrochée à la vie*, JC Lattès, 2015.
Védrine, Hubert, *François Mitterrand, un dessein, un destin*, Découvertes Gallimard, 2005.
Veil, Simone, *Une vie*, Stock, 2007.
Waresquiel, Emmanuel de, *Talleyrand, le prince immobile*, Fayard, 2003.
Wieviorka, Annette, *Maurice et Jeannette. Biographie du couple Thorez*, Fayard, 2010.
Winock, Michel, *Clemenceau*, Perrin, « Tempus », 2011.
—, *François Mitterrand*, Gallimard, 2015.

Remerciements

Nous saluons la mémoire des grands témoins qui, au fil des années, souvent de manière informelle, nous ont fait partager leur connaissance de la vie politique : Raymond Barre, Jacques Barrot, Alain de Boissieu, Pierre Bosquet, Jacques Chaban-Delmas, Jean Charbonnel, Jean François Deniau, Yvonne et Michel Duhamel, Jean-Michel Gaillard, Olivier Guichard, Raymond Joyon, Marcel Jullian, Pierre Lefranc, Georges Marchais, Pierre Mauroy, Pierre Messmer, Pierre Miquel, René Monory, Michel d'Ornano, Charles Pasqua, Alain Peyrefitte, Alain Poher, Michel Poniatowski, Philippe Ragueneau, Philippe Séguin, Aymeric Simon-Lorière, Bernard Stasi, Bernard Tricot.

Notre gratitude va aussi naturellement à nos interlocuteurs d'aujourd'hui, qui ont accepté, en nous livrant souvenirs personnels ou de famille, de nous parler des femmes et des hommes de ce livre : Christine Albanel, Philippe Augier, Robert Badinter, Francis Balle, Didier Barbelivien, François Bayrou, Georges-Marc Benamou, Dominique Besnehard, Christian Blanckaert, Yvan de Boishue, Patrick de Carolis, Jean-Jacques Chaban-Delmas, Arlette Chabot, Meï-Chen Chalais, Michel Charasse, Claude Chirac, Gérard Cicurel, Marie-Hélène Descamps, Julien Dray, Michel Drucker, Alain Duhamel, François Gall, Constance Giscard d'Estaing, Louis Giscard d'Estaing, Xavier Gouyou-Beauchamps, Laurent Juppé, Marie-France Lavarini, Bernard

Lehideux, Olivier Marchais, Mireille Meunier-Saint-Cricq, Thierry Moulonguet, Bernard Murat, Anne d'Ornano, Malcy Ozannat, Françoise de Panafieu, Alain Pompidou, Constance et Ladislas Poniatowski, Jean-Pierre Raffarin, Jean-Marie Rouart, Philippe Sainteny, Marielle de Sarnez, Brigitte Schmit, Catherine Séguin, Manuel Valls, Hubert Védrine, Agnès Vincent, Odile Warin.

Nous adressons enfin nos remerciements, pour la confiance qu'ils nous ont accordée, pour leur attention de tous les instants, et surtout pour leur infinie patience, à notre éditrice Muriel Beyer, notre responsable éditorial Grégory Berthier-Gabrièle, notre responsable de la communication Bénédicte Avel, et notre documentaliste Elisabeth Grange.

Patrice Duhamel

Jacques Santamaria

Table

La photocomposition de cet ouvrage
a été réalisée par
GRAPHIC HAINAUT
59410 Anzin

Impression réalisée par

CPI
BRODARD & TAUPIN

La Flèche (Sarthe)
en septembre 2015

Dépôt légal : octobre 2015
N° d'impression : 3012184
Imprimé en France